인공지능과 자율주행자동차, 그리고 법

고려대학교
파안연구총서
개척 01

인공지능과 자율주행 자동차, 그리고 법

명순구 · 김기창 · 김현철
박종수 · 이상돈 · 이제우 · 정채연

세창출판사

머리말

　지식의 비약적 발전에 따라 주체와 객체의 경계조차 모호해지는 이 시대에 법학은 고답적인 시각에서 벗어나 그 지평을 넓혀 가야 합니다. 다른 학문과의 융합, 다른 사람과의 협업이 중요한 이유입니다. 고려대학교 법학은 이와 같은 시대적 요구를 감당하기에 가장 적합한 학문공동체입니다. 고려대학교 법학은 대한민국의 독립, 산업화, 민주화의 각 시대마다 변화를 선도함으로써 사회와 역사 발전에 기여했습니다. 혁신과 진화에 대한 의지와 그것을 실천하는 힘은 고려대학교 법학에 내재하는 유전자입니다.

　제4차 산업혁명을 말하는 이 시대에 법학의 패러다임도 대전환을 맞이하고 있습니다. 이 시기에 고려대학교에서 협업과 융합을 핵심가치로 하는 파안연구총서가 출범했습니다. 고려대학교 법학의 이름으로 연구총서를 출간하는 일은 적잖이 새로운 형식의 학문적 성과라고 생각합니다. 연구총서는 과거 연구결과의 결산이면서 앞으로도 계속 같은 형식으로 연구결과를 내겠다는 희망찬 약속이기 때문입니다. 오늘 파안연구총서의 출범을 설레는 마음으로 축하하는 이유입니다.

　앞으로 파안연구총서는 해마다 두 권의 책을 출간합니다. 그 하나는 '개척'이고, 다른 하나는 '공감'입니다. 두 시리즈 모두 여러 학자가 공동으로 집필하는 형식을 취하는데 그 내용과 목적에는 차이가 있습니다. 사회적으로 많은 사람들의 관심을 받는 이슈를 법률전문가가 아닌 일반 시민도 쉽게 이해할 수 있도록 소개하는 일반학술서인 '공감'과 달리, '개척'은 전문가를 대상으로 하는 전문학술서로서 새로운 사회이슈에 대한 법적 시각을 보여줍니다. 법학의 지평을 확장시켜 간다는 의미에서

'개척'이라는 이름을 달았습니다.

파안연구총서 '개척' 제1권의 주제는 "인공지능과 자율주행자동차, 그리고 법"입니다. 우리는 오늘날 정보의 처리가 컴퓨터의 연산작용 수준을 넘어 인공지능(Artificial Intelligence, AI)이 결합된 지능정보기술에 의해 이루어지는 지능정보사회(intelligent information society)에 살고 있습니다. 인공지능을 기반으로 하는 기술 중 가장 빠른 속도로 우리의 생활에 변화를 줄 것이 자율주행자동차입니다. 자율주행자동차의 도입은 교통사고의 획기적 감소 등 사회적 효용을 가져오지만, 그로 인해 새로운 법적 · 윤리적 문제도 야기합니다. 자율주행자동차의 등장은 법제도에 많은 변화를 요구합니다. 이와 같은 인식을 바탕으로 이 책은 모두 5개의 논문을 담고 있으며, 이들 논문은 각각 자율주행자동차의 기술이 어떤 것인지, 자율주행자동차로 인한 윤리적 이슈는 어떤 것인지, 자율주행자동차에 대한 주요 국가의 법제도는 어떻게 전개되고 있는지, 자율주행자동차의 등장에 따라 우리나라의 공법과 사법은 어떻게 대응해야 하는지를 고민하고 있습니다. 귀한 글을 써 주신 여섯 분의 공동저자들께 깊이 감사드립니다.

2009년 법학교육의 중심이 법학전문대학원으로 전환되면서 학문으로서의 법학을 어떻게 수행해야 할 것인가에 대하여 많은 고민이 있습니다. 법학전문대학원의 주된 목적이 전문직업인으로서의 법조인을 양성하는 기관이고 보면 학문으로서의 법학의 바람직한 모습을 고민하는 것은 당연해 보입니다. 고려대학교는 법학전문대학원에서 교육을 받은 사람 중의 일부가 학문으로서의 법학을 수행함으로써 그들을 미래의 강건한 학문후속세대로 성장시킬 수 있는 프로그램을 개발하고 있습니다. 파안연구총서는 이러한 프로그램을 견인하는 역할을 할 것으로 기대합니다.

파안연구총서는 파안연구기금으로 이루어지는 연구사업의 하나입니다. 파안연구기금은 파안(坡岸) 명위진(明渭珍) 회장님께서 2016년 5월 고려대학교 법학전문대학원에 지정 기탁한 기부금을 재원으로 조성되었습니다. 명위진 회장님께서는 어느 연설에서 "나이가 들면 들수록 역시 희망은 오직 사람에게서 찾을 수 있다는 생각이 더 간절합니다. 우리 세대가 대한민국을 가난의 굴레에서 벗어나도록 하기 위해 일했다면, 앞으로의 세대는 세계의 평화와 희망을 위해 일해야 한다고 생각합니다."라고 밝혔습니다. 고려대학교 법학전문대학원은 이 말씀을 마음에 깊이 새기고자 합니다. 파안연구기금을 계기로 교수님들의 학식과 지혜가 모여 훌륭한 성과물을 만들고, 이것이 교육으로 이어지는 선순환의 좋은 본보기를 보여 줄 것입니다. 건전한 학문·교육 생태계 조성에 큰 힘이 되어 주신 명위진 회장님의 귀한 뜻에 감사와 존경의 마음을 드립니다.

 고려대학교 법학은 사회에 믿음을 주고 사람들로부터 사랑받는 "우아하고 굳건한 학문공동체"를 지향합니다. 파안연구총서의 출간은 고려대학교 법학이 더 우아해지고, 더 굳건해지는 계기가 될 것으로 믿습니다.

2017. 11.
고려대학교 법학전문대학원장
고려대학교 파안연구기금 기획운영위원장
명순구

차 례 ───────

자율주행자동차 관련 법적 규제에 관한 비교법적 고찰 _ 김기창

자율주행자동차의 등장과 사법의 변화 _ 명순구 · 이제우

자율주행자동차의 등장과 공법의 변화 _ 박종수

자율주행자동차의 지능정보기술

김현철*

Ⅰ. 도 입

인간은 끊임없이 물리적 그리고 시간적 공간을 확대하려는 노력을 해 오고 있다. 물리적 공간의 한계를 극복하고자 인간은 이동 기술과 도구를 진화시켜 왔으며, 더 빠르고 더 효율적인 이동 기술과 도구를 가진 자는 역사의 주인공이 될 수 있었다. 13세기 칭기즈 칸은 그 당시 가장 빠른 이동 도구였던 말을 사용하여 유럽을 정복할 수 있었으며, 그 이후 마차, 기차, 그리고 자동차, 비행기와 같은 새로운 이동 수단의 등장은 인류의 문명과 세계 지도의 모습을 바꾸어 놓았다.

또한 우리 인류의 기술의 역사는 인간이 가지고 있는 근본적인 한계를 끊임없이 극복하고 해결하고자 하는 과정이었으며 그것을 위한 도구 개발의 역사였는데, 인간의 신체적 한계를 극복하고 육체적 노동을 대신하게 하고자 기계가 등장했고, 인간의 인지적 노동을 대신하게 하고자 소프트웨어가 등장했다. 인간의 노동을 대신하여 자동으로 해 주는

---

* 고려대학교 정보대학 컴퓨터학과 교수.

이러한 새로운 형태의 자동화 과정은 산업혁명이라는 이름으로 불리는 패러다임의 대변화를 가져왔다. 자동차는 이동성에 대한 인간의 욕망, 그리고 자동화라는 기술의 역사를 그대로 반영하여 보여 주는 대표적인 사례이다.

자동차라는 이름에 사용된 '자동'의 의미는 자동화의 역사에서 보여주는 것과 맥을 같이 한다. 이동도구라는 관점에서, 인간이 가진 혹은 말이라는 동물이 가진 신체적 근육의 힘의 한계를 극복하고자 증기기관, 휘발유 엔진이 만들어졌고, 단순 반복적인 신체적 다리 움직임의 속도와 피로의 한계를 극복하고자 만들어진 것이 바퀴와 엔진을 결합한 현재의 자동차이다. 그리고 이제 그 자동화는 인간의 인지적 노동 부분, 즉 '운전'이라는 영역까지 들어오고 있는 것이다. 운전이라는 행위는 주변상황인식, 판단, 그리고 기계의 제어까지 포함하는 매우 고차원의 복잡한 인지 활동이며, 많은 부분에 있어서 사회문화 맥락적인 상식공간과 윤리적 그리고 법적 요소가 사용되어야 하는 부분이 존재한다.

자율주행자동차(Autonomous Vehicle, Self-driving Car)란 운전자의 개입 없이 스스로 주변 환경을 인식하고 주행 상황을 판단하여 차량을 제어함으로써 스스로 주어진 목적지까지 주행하는 자동차[1]를 말한다. 정확하게는 무인 자동차(driverless car, 운전자 없이 주행하는 차)와 다른 개념이지만 혼용돼 사용하고 있다. 해외에서는 Self-driving car란 단어를 더 자주 사용하는 것으로 보이는데 자율주행자동차 개발을 주도하고 있는 구글에서도 그들이 궁극적인 목표가 fully self-driving cars 개발이라고 밝히고 있다. 자율주행 자동차와 기존의 자동차의 차이를 비교하여 보면, 기존의 자동차에 새로운 친환경적인 동력 에너지, 그리고 각종 첨단 센서와 GPS 등의 하드웨어에서 실시간으로 수집되는 데이터, 통신을 통해 외부 인프라 사물로부터 지속적으로 공유되는 데이터를 사용하

1 안경환 외, "자율주행 자동차 기술 동향," 전자통신동향분석 제28권 제4호, 2013. 8, pp.35-44.

고 자율주행이 가능하도록 하는 인공지능 소프트웨어가 사용되어 움직이는 일종의 지능형 로봇, 혹은 스마트 기기의 형태라고 볼 수도 있다. 특히 인지적 노동을 대신하는 역할을 하는 인공지능 소프트웨어의 혁신은 자동차라는 것의 주체와 패러다임 자체를 변화시킬 것인데, 이것을 우리는 4차 산업혁명이라고 말한다. 지난 거의 150년 동안 자동차 혁신의 주체는 휘발유 엔진 분야에서 앞선 기술을 가진 회사들이었지만, 현재 자율주행자동차의 혁신 주체는 구글이나 테슬라처럼 새로운 동력 에너지, 그리고 인공지능 소프트웨어에 앞선 기술을 가진 회사들이며, 환경과 안전을 중요시하는 정부와 시민의식이 그를 위한 사회적 인프라와 합의를 만들어 나가고 있다.

II. 제4차 산업혁명: 자동화

인간에게 있어서 기술(technology)의 역사는 자동화(automation) 기술의 역사와 같다고 할 수 있다. 우리가 경험하고 있는 이 모든 변화는 바로 '자동화(automation)' 때문이며, 그로 인한 생산성의 폭발적 증가 때문이다. 18-19세기에 증기기관과 내연기관이라는 동력원이 만들어지면서 그것을 이용한 기계들이 등장하였다. 원래 기계(machine)란 것은 단순 반복적인 일을 자동으로 대신하여 주는 도구를 말하는 것인데, 18-19세기에 등장하여 사용된 기계는 주로 인간의 '신체적 노동'을 대신하여 주는 기계였다.

그러한 기계의 개발은 인간의 신체적인 작업 동작을 분석하여 단순 반복적인 모델로 만들고, 그것을 수행할 수 있는 요소들을 조합하여 자동으로 돌아가도록 만드는 작업이다. 아래의 그림은 1880년에 만들어진 담배를 마는 기계를 보여 주고 있다. 사람의 노동력으로 하던 일, 즉 말린 담배 잎을 종이로 말아서 길게 만드는 과정을 분석하여 작은 작업

단위들로 분해하고, 그 단위 작업들을 순서대로 진행하는 '작업 절차'를 만들고, 그것에 따라서 그것을 그대로 수행하는 물리적 기계를 만드는 과정이다. 이러한 인간의 신체적 노동을 대신한 기계의 등장은 생산성을 크게 증가시켰으며, 그러한 생산성의 증가는 사회, 경제, 문화, 산업 그리고 인간의 생활과 사고방식에도 커다란 변화를 가져왔다. 그것을 우리는 18-20세기에 걸쳐서 진행되었던 제1-2차 산업혁명 시대라고 부른다. 자동차도 석유를 사용한 엔진이라는 내연기관을 사용하여 물체를 자동으로 이동시키는 전형적인 '기계'라고 할 수 있으며 19세기 말에 등장하여 대중화되었고, 그것이 가져온 생산성의 증가는 많은 사회, 경제, 문화적 변화를 가져왔으며 근대적인 도시의 형태를 만드는 데 가장 큰 영향을 주었다.

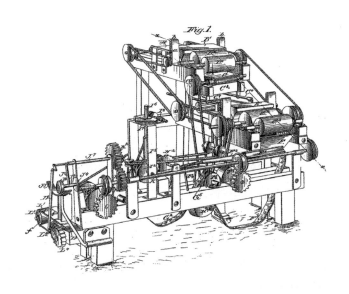

[그림 1] 미국의 James Albert Bonsack이 1880년에 만들고 1881년에 특허를 받은 담배 마는 기계. (WIKIPEDIA, https://en.wikipedia.org/wiki/James_Albert_Bonsack)

하지만 조금 더 자세히 살펴보면 그 당시의 자동차라는 기계가 자동으로 수행한 단순반복 작업은 사람이나 말과 같은 가축이 힘을 써서 발걸음을 무수히 반복하는 과정, 즉 신체적 노동을 자동화한 것이라고 볼수 있다. 하지만 '인지적인 혹은 지능적인 노동', 즉 상황을 인식하여 속도를 조절하고 방향을 정하고 동작을 제어하는 '운전' 일을 대신 해 주는 기계는 그 당시에는 없었다.

20세기 중반에 등장한 컴퓨터는 인간이 그동안 수행하던 단순반복적인 수치 계산을 대신 자동으로 해 주는 기계(machine)의 역할을 수행하였다. 단순한 계산을 반복적으로 그것도 매우 빠르게 그리고 정확하게 실수 없이 해야 하는 일이야말로 인간의 인지적 노동 중에서 가장 힘든 부분이었다. 이 컴퓨터라는 기계의 등장이 갖는 의미는 매우 혁신적인 것인데, 그 이유는 그동안의 기계는 인간의 '신체적 육체적 노동'을 분석하여 그것을 단순 반복적인 형태로 해석하고 그것을 수행하는 물리적 기계를 만든 것인 데 비하여, 컴퓨터는 비록 단순한 수치계산이긴 하지만 인간의 '인지적인 노동'을 대신 해 주는 기계를 만들었다는 것이다.

인간의 인지적인 노동 중에서 단순 반복적인 수치계산만 담당하던 초기의 컴퓨터는 점점 더 그 영역을 넓혀가기 시작하는데 수치 정보에서 텍스트 정보, 그리고 이미지와 음성, 동영상 데이터까지 다루기 시작하였고, 인지적 노동도 단순한 계산뿐만 아니라 좀 더 복잡하고 다양한 영역도 포함하기 시작했다. 하지만 그러한 모든 것들도 본질적으로는 단순반복적인 형태로 해석하여 표현될 수 있기 때문에 자동화할 수 있는 것이다. 그렇게 자동화될 수 있는 형태의 모델을 '알고리즘'이라고 부르며, 그 알고리즘을 실제로 자동화 기계(automated machine)로 만든 것을 우리는 '소프트웨어(software)'라고 부른다. 물론 그 소프트웨어는 하드웨어(hardware)라고 부르는 물리적 형태의 기계에서 수행되기는 하지만, 노동과 작업을 자동으로 수행하는 형태의 기계는 눈에 보이지 않는 소프트웨어이다.

인간의 인지적 노동을 대신 해 주는 기계인 소프트웨어는 인터넷(특히 무선인터넷) 그리고 빅데이터와 결합되면서 상상을 초월하는 엄청난 생산성의 증가와 잠재력을 보이기 시작한다. 그리고 그것이 다루는 영역은 점점 확장되어 급기야는 단순반복적인 형태의 알고리즘 모델로는 불가능하다고 생각되었던 인간의 '지능(intelligence)'적 행위까지 포함하기 시작하였다. 2016년 봄 우리를 충격에 몰아넣었던 알파고(AlphaGo)에서 우리는 그 소프트웨어라는 기계가 이제는 우리의 지능적 행위와 판단까지 자동화시킬 수 있을 것이라는 기대감과 두려움을 동시에 주었다. 소프트웨어는 인간의 인지적 노동을 대신하는 기계인데, 인간의 인지적 노동 중에서 지능적인 부분까지 자동화하는 기계를 우리는 '인공지능' 소프트웨어라고 부른다.

인공지능 기술이 등장한 것은 매우 오래되었는데, 초기에는 주로 인간의 지능적 행위 중에서 추론(reasoning) 부분과 탐색적 문제해결 부분(problem solving as search)에서 일부 성공적인 성과를 내었다. 그리고 1980년대 후반부터는 정형 데이터를 기반으로 한 학습(learning)을 통하여 모델을 만들어 내는 기계학습(machine learning)과 데이터마이닝 등이 관심을 끌기 시작했다. 그리고 스마트폰의 등장으로 인한 비정형 데이터(SNS 채팅, 사진이미지, 음성 등)의 급속한 증가와 더욱 강력해진 컴퓨팅 처리 속도와 규모를 바탕으로 약 5-6년 전에 등장한 딥러닝(Deep Learning)은 그동안 거의 불가능하다고 느껴졌었던 인간의 인식(recognition; 주로 이미지와 음성의 인식) 능력을 성공적으로 수행할 수 있음을 보였다. 이로서 인공지능은 인간의 인식, 추론, 학습, 판단 능력을 매우 성공적으로 대신하기 시작하고 있으며, 이것은 인간의 인지적 노동 관점에서 엄청난 생산성의 증가를 가져오게 될 것이며, 그로 인한 기대감과 불안감, 두려움이 동시에 우리 옆에 다가와 버렸다. 이것이 바로 제4차 산업혁명의 시작이라고 할 수 있다.

이러한 자동화 기술의 발전과 진화는 '자동'차에도 직접적인 영향을 주게 된다. 이전의 '자동'은 인간의 단순반복적인 신체적 노동을 대신하는 기계의 역할을 했었다고 한다면, 이제는 운전자의 인지적이고 지능적인 노동, 즉 상황을 인식하고 판단하며 적절한 제어를 하는 행위를 대신하는 기계로서의 역할도 하게 될 것이라는 것이다. 사실 운전이라는 행위의 99%는 무수한 단순반복적인 행위로 이루어져 있으며, 이것은 대부분 자동화할 수 있는 부분이다. 하지만 1% 정도의 예기치 못한 상황이 곧 치명적인 결과로 연결될 가능성이 있기 때문에 그리고 그것이 비록 1%에 불과하더라도 그것이 가지게 될 다양한 상황은 무한에 가까울 수 있기 때문에 관련 소프트웨어 기능과 성능의 엄청난 향상에도 불구하고 그러한 상황에서 사용하는 것에 대한 불안감은 여전히 존재한다. 하지만 기술 발전의 속도와 규모는 점점 빨라지면서 이러한 문제들은 점점 해결되어 나갈 것으로 예상되고 있다.

Ⅲ. 변 화

자동차는 본질적으로 빠른 속도로 이동을 할 수 있도록 하는 도구이다. 그 목적을 이루기 위하여 자동차를 움직이게 하는 힘, 즉 동력원이 필요하고, 원하는 방향과 속도를 가지고 상황 판단을 하여 움직이게 하는 운전자가 필요하고, 그 자동차가 달릴 수 있는 환경, 즉 도로와 교통 시스템이 필요하다. 이러한 각각의 요소들이 어떠한 변화를 거치고 있는지를 살펴보도록 하자.

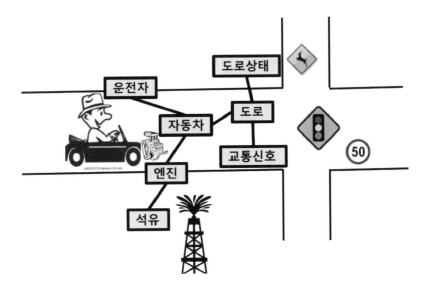

[그림 2] 현재의 자동차 운전 환경.

1. 동력원: 근육에서 휘발유로, 그리고 전기로

사람의 공간적 그리고 그로 인한 시간적 영역을 변화시키고 있는 이 동수단인 자동차의 가장 기본적인 기능은 먼저 빠른 속도로 움직이게 하는 것인데 그러한 목적으로 보면, 둥근 형태의 바퀴의 등장과 그 바퀴를 움직이게 하는 동력원에 대한 기술은 가장 기본적인 요소이다.

BC 5000년 전의 것으로 추정되는 메소포타미아 유적에서 발견된, 통나무를 납작하게 잘라 만든 둥근 바퀴가 세계에서 가장 오래된 것이다. 하지만 탈것에 바퀴가 사용된 흔적은 그 이후라고 추정된다. 그 이후 BC 3500년경의 나무바퀴는 여러 조각의 두꺼운 판자를 맞춰 연결대를 대고, 구리 못을 박아 만든 형태로 진화했는데 그 가운데에 구멍을 뚫어 축에 끼워 이륜 수레를 만들기도 하였다. 이러한 둥근 형태의 바퀴는 적

은 힘(동력)만으로도 더 쉽고 빠르게 이동을 할 수 있게 한 중요한 시작
이었다. 이것의 발명으로 사람 혹은 말과 같은 동물의 근육의 힘을 동력
원으로 사용하여 '마차'라는 이동수단을 처음에 만들어 냈을 것이다. 그
리고 그 마차라는 형태는 오늘날 대부분의 이동 수단의 모습에 이어져
사용되고 있다.

[그림 3] BC 5000년 전의 둥근 바퀴. 이동성을 위
한 기술의 시작. (1stdibs, https://www.
1stdibs.com)

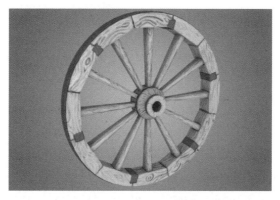

[그림 4] 바퀴의 진화. 연결대와 축을 사용하여 이동을 위한 차
에 사용하기 시작. (1stdibs, https://www.1stdibs.com)

그러한 둥근 바퀴 위에 만들어진 차체를 실제로 움직이게 하는 힘, 즉 동력원에 대한 시도는 다양하게 진행되어 왔다. 주로 사람과 동물이 동력원의 역할을 하였으나 레오나르도 다빈치처럼 태엽을 동력원으로 사용하여 탈것을 개발하려는 시도도 있었다. 산업혁명이 시작되면서 새로운 동력원이 등장하는데 그것이 바로 수증기 열에너지를 기계적인 일로 바꾸는 장치인 증기기관이다. 1705년 영국의 뉴커먼이 발명했고 1769년 제임스 와트가 개량하여 특허를 받았다. 이 새로운 동력원은 탈것에도 적용이 되는데 1769년 프랑스에서 세계최초의 증기자동차가 발명되었고, 이것이 바로 스스로 움직이는, 즉 자동으로 움직이는 이동도구의 시작이라고 할 수 있다.

[그림 5] 18세기 말 최초의 증기기관을 이용한 자동차의 모습. 최초의 자동차 사고를 일으킨 것으로 기록. (Yükselen TV, www.yukselentv.com/4/)

엔진 자동차

동력원에 대한 기술의 발전은 이후 계속 진행되는데 증기기관에서 현재의 엔진과 비슷한 내연기관이 발명된다. 기관의 외부의 열을 이용하는 증기기관과 같은 외연기관과 달리 내연기관은 연료와 공기를 연소실 내부에서 연소시켜 에너지를 얻는 방식인데 그 엔진의 크기와 힘, 그리고 효율성에 있어서 탁월한 성능을 보였다. 1859년에 최초의 상업적으로 성공한 내연기관이 소개되었고, 1866년 독일의 카를 벤츠는 세계최초의 휘발유 내연기관이 달린 자동차를 개발한다. 이후 이 휘발유를 연료로 사용하는 내연기관은 자동차 산업의 성장에 큰 기여를 하게 되었으며, 아울러 석유산업을 이끌어 내며 관련 산업뿐만 아니라 세계 정치 · 경제적인 판도에도 영향을 주게 된다.

[그림 6] 19세기 말의 석유 내연기관을 이용한 자동차.
(WIKIPEDIA, https://ko.wikipedia.org/ wiki/자동차)

동력원의 변화와 함께 이동의 속도와 효율성에 영향을 주는 둥근 형태의 바퀴도 기술적인 변화와 진화를 하게 된다. 나무와 금속 재질의 바퀴는 고무 재질로 바뀌게 되는데, 최초의 고무타이어는 미국의 찰스 굿이어(Goodyear)가 고무의 탄성을 증가시키는 방법을 발명하여 1844년에 특허권을 따면서 등장했다. 그 고무타이어에 공기를 넣은 공기압 타이어를 최초로 발명한 사람은 영국의 던롭이라는 사람인데 그는 자전거 고무바퀴에 공기를 넣은 것이었다. 1895년에 프랑스의 미쉐린 형제는 던롭의 공기주입 타이어를 본떠 공기튜브식 자동차 타이어를 발명하여 더 나은 승차감과 속도, 그리고 정비편의성을 갖추게 된다. 고무타이어의 등장은 19세기 말 변화기에 크게 성장한 고무 관련 산업과 직접 관련이 있다. 이처럼 가솔린 내연기관과 공기압타이어의 등장은 현대적 의미의 자동차 역사에 큰 변화를 가져온 기술적인 요소이다.

현대적 의미의 자동차 등장에서 또 하나 생각해야 하는 것은 바로 새로운 생산방식의 도입이다. 1908년 미국의 포드사는 컨베이어 벨트를 사용한, 자동차의 대량생산방식을 도입한다. 이것은 자동차 생산방식에 커다란 혁신을 가져온 것이며 이러한 생산방식에 기반하여 다양하고 새로운 자동차들이 빠르게 일반 대중들에게 값싸게 보급되기 시작하였다. 이것은 보편적 관점에서의 인류의 이동수단에 새로운 시대를 열게 해준 것이며, 자동차 대중화를 의미하는 것이다. 이러한 대중화는 미국과 유럽에 자동차 제조업이라는 종합기계산업이 새롭게 등장하게 하여 많은 자동차 브랜드가 등장하고 대중적인 차를 대량 생산하게 되면서 자동차의 형태와 구조에 대한 기준, 그리고 그것을 기반으로 하는 교통시스템, 도로, 법률, 금융산업(대출과 보험)이 성장하게 하였고, 이러한 인프라의 변화를 기반으로 연쇄적으로 우리의 사회, 문화, 경제에 영향을 주게 되었다. 대중이 어떠한 특정한 도구와 테크놀로지를 받아들이게 되면, 그것을 기반으로 한 사회, 경제, 문화의 인프라가 바뀌게 되며 그로 인한 사회 체제 그리고 사고방식도 바뀌게 된다. 또한 그러한 체제의 변화와 사고방식의 변화는 우리가 예상하지 못했던 완전히 다른 효과를 가져오기도 한다. 따라서 자동차라는 이동수단 체제와 주체의 변화는 이러한 모든 변화를 의미하게 될 것이므로 우리는 그러한 변화에 대한 기대감과 두려움을 함께 갖게 되는 이유이다.

전기자동차

최근 자동차 기술의 큰 변화 중의 하나는 바로 지난 100년 넘게 지속해 왔던 휘발유 내연기관, 즉 엔진이라는 동력원에 근본적인 변화가 등장했다는 것이다. 그것은 바로 휘발유와 엔진 대신, 전기와 모터를 사용하는 전기자동차(electric car)의 등장이다. 전기자동차는 배터리에 축적된 전기로 모터를 회전시켜서 자동차를 구동시킨다. 전기자동차의 등장은 에너지와 환경에 대한 문제에 기인한다.

[그림 7] 충전하고 있는 전기 자동차. (Be Inspired!, inspireexpo.blogspot.kr/2014/04/future-trends-by-dave-nemeth.html)

전기자동차는 사실 휘발유를 연료로 사용하는 엔진 자동차보다는 먼저 등장하였는데, 1800년대 초반에 이미 전기를 사용한 마차가 시도되었다. 휘발유 엔진 자동차의 대중화는 1900년대 초 원유가 대량 발견되어 휘발유 가격이 떨어지고, 내연기관 자동차 제조 산업에 대량 생산방식이 도입되면서 휘발유 자동차 가격이 많이 내려가면서 시작이 된 것이다. 반면에 전기 자동차는 가격이 비싸고, 배터리의 무게와 충전시간 등의 이유로 1900년대 초부터는 거의 생산이 되지 않았다. 전지를 사용한 현대식 전기 자동차는 1959년 헤니 킬로와트(Kilowatt)가 발표한 것인데, 그 이후에도 전기자동차에 대한 연구는 지속적으로 진행되었고,

1990년대 들어 가솔린 자동차에 의한 환경문제가 대두되면서 상업용 전기자동차가 등장하였지만 수익성을 맞추기 힘들어 성공하지는 못했다. 전기자동차 대중화의 문제는 배터리의 성능과 가격과 관련되어 있는데 최근에 내연기관과 전기 동력을 함께 사용할 수 있는 하이브리드(hybrid) 자동차의 대중화 추세를 보면 이 부분은 단지 시간의 문제이며 점차 해결될 것으로 보고 있다.

특히 2000년대 들어 고유가와 엄격해진 배기가스 규제 강화가 전기차 개발의 속도를 빠르게 하고 있다. 환경 관련법은 유럽과 미국 캘리포니아 주를 중심으로 강화되기 시작하여 온실 가스 배출에 대한 규제는 전 세계적으로 강화되고 있다. 네덜란드는 2025년부터 석유 연료 차량을 판매할 수 없도록 하는 법안을 추진 중이며, 노르웨이도 2025년부터 일반차량은 무공해자동차(zero emission vehicle)로만 제한하도록 규정을 변경 중이라고 한다. 이러한 변화는 독일과 프랑스 등 주변 국가에도 큰 영향을 주고 있으며, 자동차가 친환경 차량으로 변화하는 것은 시간문제로 보고 있다.

최근 전기차 분야에서 가장 큰 약진을 보이고 있는 국가는 바로 중국이다. 현재 전기차 생산 세계 1위 기업은 중국의 BYD인데 2015년 기준으로 보면 테슬라보다도 많은 61,722대의 전기자동차를 판매하였다. BYD에서 나온 전기자동차 모델인 e6의 경우를 보면 1회 충전에 약 400km를 달릴 수 있는데 이러한 성능이 가능하고 이러한 매출이 가능한 것은 중국 중앙정부의 지원이 큰 역할을 한다. 전기자동차에 대하여 중국정부에서 지급하는 세금 혜택과 보조금은 1회 충전당 주행거리에 비례하여 액수가 커지는 정책을 시행하고 있기 때문이다.

전기차 확산은 에너지와 충전인프라, 자동차부품 등 연관 산업에 적잖은 파장을 예고하고 있으며, 핵심부품인 배터리는 일본과 한국, 중국은 물론 독일까지도 가담하는 새로운 산업 분야가 되고 있다.

2. 운전자: 인간에서 인공지능으로

지난 100년 이상 동안 자동차라는 이름에 붙은 '자동'이라는 단어는 주로 이동을 가능하게 하는 동력과 반복적인 신체 물리적 동작에 대한 것이었다. 하지만 그 자동차를 움직이게 하는 운전이라는 행위는 여전히 수동이고, 사람만이 해오고 있는 것이었다. 하지만 사람의 인지적 정신적 노동을 대신해 주는 기계인 소프트웨어가 보편화되어 그 적용 영역이 급속히 확대되고, 특히 최근에 인공지능 소프트웨어가 큰 성공을 보이고 무선 인터넷이 보편화되고 강력한 하드웨어 센서와 컴퓨팅 성능이 등장하면서 상황은 변화되고 있다. 즉 운전이라고 하는 인간의 인지적인 노동 행위를 인공지능 소프트웨어가 대신할 수 있게 하는 시도가 시작되었다. 사실 운전이라는 행위의 대부분은 단순반복적인 것에 해당하므로 쉽게 소프트웨어로 만들 수 있기는 하지만 1%에 해당하는 예기치 못한 상황에 대한 대처는 그 피해가 극심하고 치명적이어서, 그 완벽성이 보장되기 전에는 실제 사용하기 힘든 면이 있는 것이다. 하지만 최근의 로보틱스와 인공지능 소프트웨어 분야에서의 급속한 발전은 운전의 자동화가 가능한 방향으로 가도록 하고 있다. 즉, 자동차는 이제 움직이는 지능형 로봇으로 진화하고 있는 것이다.

운전은 일반적으로 인식, 판단 그리고 제어, 그렇게 세 가지로 구성되어 있다. '인식'은 도로와 위치, 주변 상황에 대한 정확한 인식이며, 판단은 그러한 인식에 기반하여 나의 운전 행위와 전략에 대한 판단을 하는 것이고, 그리고 그러한 판단에 따라 자동차의 기계적 행위를 조작하는 것이 '제어'이다. 인식과 판단 부분이 인간의 지능적인 행위에 대한 것이며 자동화하기가 가장 어려웠던 부분인데, 최근의 인공지능 기술의 괄목할 만한 발전은 이 문제를 해결하기 시작하고 있다. 특히 전통적인 인공지능에서 사용하던 규칙기반의 시스템보다는, 실제 사례 데이터를 통하여 학습하여 스스로 지능적인 행동 기준을 만들 수 있도록 하는 기계학습 및 딥러닝 기술이 크게 사용되고 있다. 그리고 거기에 사용되는 학습용 데이터는 다양한 센서를 통하여 지속적으로 수집되고 있다. 센서는 제어 부분에도 매우 효율적으로 사용되고 있다.

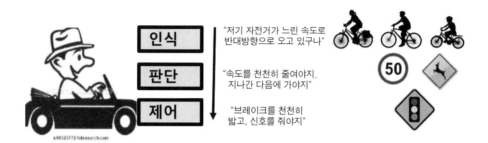

[그림 8] 운전이라는 행위는 일반적으로 인식, 판단, 제어로 이루어져 있다.

기계학습 딥러닝

운전이라는 행위에서 가장 중요한 요소는 지각(perception)이라는 부분인데, 그것은 시각적(visual) 데이터를 처리하고 인식하는 것과 그것을 바탕으로 복잡한 상황을 판단하고 적절한 대응 방법을 찾아내는 것이다. 시각 데이터를 처리하여 사물이 무엇인지를 인식하고 그것이 다른 방향, 다른 크기로 오더라도 바르게 인식하고 이해하는 그 능력을 자동화하는 것은, 그래서 소프트웨어로 만드는 것은 무척이나 어려운 문제여서 지난 몇십 년 동안 많은 노력에도 불구하고 큰 진전은 없었다. 하지만 2012년 컴퓨터비전 분야의 알고리즘 경진대회에서 소개된 딥러닝(Deep Learning) 알고리즘은 수천 장의 이미지에 들어 있는 사물들을 인간 정도의 수준으로 정확하게 분류해 내는 놀라운 성능을 보여 큰 관심을 받았다. 딥러닝은 기계학습의 한 분야인데, 기계학습(machine learning)은 근본적으로 충분히 많은 양의 데이터를 수집하고 그것을 훈련데이터로 사용하여 새로운 지식과 패턴을 스스로 학습하여 나가는 알고리즘을 만드는 분야이다. 딥러닝은 기계학습에서도 특히 이미지에 있는 사물들을 정확하게 인식하는 능력이 매우 뛰어나다. 따라서 무인자동차를 위한 딥러닝 소프트웨어를 개발하기 위해서는 매일 거리를 돌아다니면서 내장 카메라로 엄청난 양의 시각 데이터를 수집하고, 이것을 소프트웨어에 제공하여 훈련과 학습을 시켜서 인식 능력을 향상시켜야 한다. 충분한 양의 양질의 데이터가 확보되면 그것으로 알고리즘을 훈련시켜 시각적 인식이 가능한 소프트웨어를 만들 수 있는 것이다.

인공지능 분야는 일반적으로 크게 두 가지 방식으로 구분되는데 그하나가 기계학습 방식이고, 또 하나의 다른 방식이 오래전부터 있어 왔는데 그것은 기호(symbol)와 논리적 규칙을 사용하여 문제를 해결하는 지식기반(knowledge-based) 시스템이다. 기계학습은 많은 데이터로부터 스스로 학습을 하여 지능형 모델을 만들어 내는 데이터기반 방식이지만, 지식기반 방식은 이미 지식이 존재한다고 가정하고 그것을 논리적으로 조합하여 새로운 지식을 추론해 내거나 판단하는 것을 말한다. 지식기반 방식에 비하여 데이터기반 방식인 기계학습과 딥러닝은 지속적으로 세상을 관찰하고 (그렇게 수집된 데이터를 가지고) 스스로 학습하여 개선시켜 나갈 수 있다는 장점이 있다. 최근의 딥러닝 연구는 인공시각뿐만 아니라 음성인식과 같은 분야에서도 힘을 발휘하고 있다. 딥러닝은 자율주행자동차의 핵심 기술이며, 기계학습과 딥러닝의 앞선 연구를하고 있는 구글과 바이두, 네이버 같은 인터넷 기반의 인공지능 기술을 보유한 회사가 자율주행자동차를 선도하고 있는 것은 어쩌면 당연하다고 할 수도 있다. 그들은 엄청난 양의 실제 데이터를 보유하고 있으며 딥러닝에 대한 전문성과 컴퓨팅 하드웨어 파워를 가지고 있다.

기계학습과 딥러닝은 기본적으로 많은 양의 데이터를 기반으로 훈련되고, 훈련된 시스템은 상황에 대한 데이터를 받아서 적절한 판단과 제어를 하게 된다. 따라서 정확한 양질의 데이터를 수집하고 제공하는 것은 무엇보다도 중요한데 그러한 데이터는 센서를 통하여 수집되고 제공된다. 대부분의 무인 자동차는 여러 대의 디지털 카메라와 레이더, 그리고 라이다(lidar: Light Detection and Ranging)라고 부르는 레이저 레이더 (laser radar) 장비를 사용하여 자신의 주변 상황 정보를 수집한다. 또한 자신의 위치를 위도와 경도로 파악해 주는 GPS(Global Positioning System)와 GPS의 오차를 보정하는 또 다른 위치 추적 장비인 관성 측정 장치(IMU: Internal Measurement Unit)를 함께 사용하여 그 데이터를 교차 로와 교통신호등과 같은 교통 관련 정보를 가지고 있는 디지털 정밀지 도에 연결하여 차량의 외부 세상과 나를 연결하는 디지털 모형을 만들 어 낸다.

제어(control) 시스템과 인공지능

제어공학은 자동차의 기계적인 부분을 제어하는 분야를 말한다. 낮은 수준의 제어는 브레이크, 엑셀러레이터, 운전대 등 차량의 내부 시스템 조율을 담당한다. 그리고 높은 수준의 제어는 주행 지시나 경로 설정 같 은 차량의 전략수립을 담당한다. 이를 위하여 복잡한 시스템을 제어하 는 소프트웨어를 만들고 활용한다.

제어 시스템이 차량에 사용되기 시작한 것은 꽤 오래되었다. 예를 들 어 ABS(Anti-lock Brake System)와 크루즈컨트롤은 이제 대부분의 차량 에 장착되어 사용되고 있는데 도로의 노면 상태에 따라 브레이크를 효 율적으로 작동하게 해 주고 운전자가 엑셀러레이트를 밟지 않아도 일정 한 속도를 유지하도록 해 주는 제어 시스템이다. 최근의 제어장치는 대 부분 센서를 장착하고 센서에서 나오는 데이터를 활용하여 기계를 제어 하는 전자회로 혹은 컴퓨터를 사용하고 있다. 연료 분사라든가 엔진의 상태, 각종 오일 상태를 체크하여 장치를 부드럽고 효율적으로 움직이 게 한다. 가파른 언덕을 부드럽게 오르게 하기 위해서 얼마나 많은 연료 를 어떠한 속도로 분사할 것인지는 소프트웨어에 의해 계산되어 결정된 다. 연료분사는 엔진부하, 공기 중 습도, 주변 산소 농도 등의 다양한 변 수와 데이터를 분석하여야 하는 가장 힘든 부분인데 여기에 예측 불가능한 기계 · 화학적인 지체시간(lag time)이 들어오기 때문에 많은 문제점을 발생시킨다. 이러한 이유 때문에 대부분의 자율주행 자동차는 가솔린 엔진 대신에 전기 모터를 사용하여 제어를 쉽게 하고자 하고 있다. 전기 엔진의 도입은 앞으로 그동안 축적되었던 가솔린엔진에 대한 수많은 연구와 특허를 무용지물로 만들게 될 가능성이 높다.

높은 수준의 제어는 경로 설정과 길안내와 같은 것인데 고차원의 지능 행위와 같다. 검색과 탐색 알고리즘과 같은 인공지능 소프트웨어가 적용되는 부분이며 매우 성공적인 제어 작업을 하고 있다. 하지만 시각적 정보의 인식과 순간적인 정확한 상황판단과 필요한 의사 결정 부분은 여전히 어려운 부분인데 이것은 기존의 제어 시스템 범위를 벗어나는 것이며 이곳에 기계학습과 딥러닝이 큰 역할을 해낼 것으로 기대하고 있다. 그 의사결정에 따라서 제어 소프트웨어를 통하여 차량의 기계적인 부분을 제어하는 것이다.

3. 자율주행 기술의 단계

미국 도로교통안전청(NHTSA)는 자율주행 자동차 기술의 단계를 0~5단계로 분류한다. 0단계는 항상 수동 조작이 필요한 기존의 자동차들, 1단계는 조향 또는 가 · 감속 제어를 보조하는 수준이고, 2단계는 조향과 가 · 감 속 제어를 통합 보조하는 수준, 3단계는 조건부 자율 주행이 가능하나 돌발 상황 시 수동으로 전환하는 수준이다. 마지막 4단계는 완전 자율주행이 가능한 수준이다. 구글이 목표하는 완전 자율주행 자동차는 이 4단계에 해당된다.

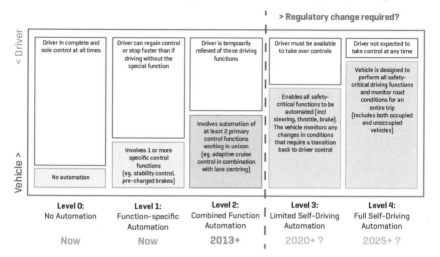

Levels of driving automation (NHTSA)

[그림 9] 미국 도로교통안전청에서 제시한 자율주행 기술은 1-4단계로 이루어져 있다.

- 0단계(No Automation)는 모든 단계에서 운전자가 참여하는 비자동운전 단계이다. 주행 보조 장치가 없다.
- 1단계(Function-specific Automation)는 특정 기능의 자동화 단계인 선택적 능동제어 단계이다. 이 단계에서는 운전자는 특정 주행조건 아래서 개별 기술의 도움을 받을 수 있다. 현재도 많은 자동차에서 지원하는 차선이탈경보장치나 크루즈 컨트롤, 자동브레이킹, 차선유지 지원 시스템 등의 기능이 이 단계에 속한다. 현재에도 1단계는 상당 부분 구현되어 있다. 상황에 따라 '제어' 과정에 개입하는 형태이다.
- 2단계(Combined Function Automation)는 테슬라의 오토파일럿처럼 기존의 자율주행 기술들이 통합되어 기능하는 통합적 능동제어 단계로, 운전자들의 시선은 전방을 유지하지만 운전대와 페달을 이용하

지 않아도 된다. 운전자가 여전히 모니터링 및 안전에 책임을 지고 자동차 제어권을 소유한다.

■ 3단계(Limited Self-Driving Automation)는 운전자의 조작 없이도 목적지 경로상 일정 부분 자율 주행이 가능하며, 특정 환경에서 자동차가 모든 안전 기능을 제어한다. 자동차가 모니터링 권한을 가지지만 운전자의 제어가 필요한 경우나 위급상황 시에 경보신호를 제공하여 운전자 개입을 가능하도록 한다. 차량이 교통신호와 도로 흐름을 인식해 운전자가 다른 활동을 할 수 있고 특정 상황에서만 운전자의 개입이 필요한 제한적 자율주행 단계로, 구글의 자율주행 자동차가 이 단계에 속한다. 책임 소재는 차량에 있다.

■ 최종 4단계(Full Self-Driving Automation)는 모든 상황에서 운전자의 참여 없는 완전 자율주행 단계이다. 모든 시스템에 대한 통제 권한이 자동차에 있는 완전 자율주행 시스템을 의미한다. 탑승자는 목적지만 입력하고 안전에 대한 모든 책임은 차량에 있다.

4. 해결되는 문제: 교통사고, 교통체증, 주차

인간이 인공지능 소프트웨어에게 운전대를 넘기는 것은 기존의 인간이 직접 운전했던 것으로 인해 발생했던 많은 문제들을 해결하고자 하는 것에서 시작된다. 교통사고로 인한 사상자 증가, 출퇴근 거리로 인한 교통체증 그리고 주차장 문제, 그리고 대부분의 사람들이 혼자 차를 몰고 화물트럭들이 많은 물류를 비효율적으로 옮기면서 도시는 공해와 스모그로 뒤덮이게 되었다. 자율주행 자동차는 이러한 문제들을 해결할 수 있다는 기대를 가지고 있다.

현재 자동차의 안전 기술이 진보하고 있음에도 여전히 자동차 사고로 목숨을 잃는 사람의 수는 심각한 수준이다. 우리나라에서도 연간 5천 명이 사망하고 있으며 전 세계적으로는 사망자수가 매년 120~130만 명에 이른다. 이 숫자는 전쟁과 폭력 범죄 등으로 인한 사망자 수를 모두 합친 것과 비슷하다. 최근 중국과 인도에서 자동차의 수가 증가하면서 전 세계의 사망자 수는 점점 더 증가할 것으로 예측되고 있다. 획기적인 대책을 세워야 하는 부분인데, 근래에까지 별다른 근본적인 해결책이 나오지 않은 상태이다. 통계에 의하면 교통사고의 80-90%는 운전자의 부주의(전방주시 태만, 졸음, 안전거리 미확보 등)로 인해 발생한다고 한다. 하지만 인간 운전자를 대신하여 인공지능 소프트웨어와 고성능의 센서를 도입한 자율주행 자동차가 그 문제를 해결할 수 있게 될 것으로 전망하고 있다. Eno Center for Transportation 연구결과에 따르면 미국에서 도로를 달리는 자동차의 90%가 자율주행 차량으로 대체되면 교통사고 사망자수가 약 1/3로 줄어들 것이라는 예측을 내놓았다.[2]

교통체증은 또 다른 문제인데 여러 보고서에 따르면 자율주행 자동차가 도입되면 도로를 달리는 자동차의 수를 50-90% 감소할 수 있을 것으로 예상한다. 도로의 90%의 차량이 자율 주행차인 경우에 도로를 두 배 늘이는 것과 같은 효과가 나타날 것이며 정체 지연시간은 도로 형태에 따라서 15-60% 줄어들 것이라고 한다.

주차는 도시 공간의 효율적 사용과 도시 형태에 대한 문제를 가지고 있다. 운전자가 목적지에 도착한 후에 주차를 위해 보통 5-15분 정도를 소비하고 있는데, 이 과정에서 교통정체, 교통사고 유발, 연료 낭비와 공기 오염, 보행과 교통흐름 방해 등의 문제를 가져온다. 주차공간은 자동차 한 대당 약 11.5제곱미터인데 그 공간을 차지하고 있는 95% 정도의 시간은 무의미하게 죽은 공간으로 사용되고 있는 것이다. 도심 공간의 엄청난 낭비이며, 주차 공간의 변화는 도시의 형태와 외관뿐만 아니라 삶의 모습을 변화시킬 수 있을 것이다. 자율주행 자동차는 주차 문제

2　Daniel Fagnant and Kara Kochelman, "Preparing a National for Autonomous Vehicles: Opportunities, Barriers and Policy recommendations," Eno center for Transportation, October 2013.

를 획기적으로 개선시킬 가장 큰 대안으로 이야기되고 있다.

이 외에도 또한 장거리 이동으로 인한 졸음 및 피곤, 초보운전, 음주운전, 노약자 및 장애인 운전 등의 문제 등 인간 운전으로 인하여 발생하는 많은 에너지 낭비와 비용을 근본적으로 해결할 수 있는 방법이 될 수 있을 것이다.

여러 보고서에 따르면 자율주행 자동차는 2025년경부터 판매가 될 것이며 2035년에는 새롭게 출시되는 자동차의 10%를 차지하게 될 것이고 2050년에는 완전히 자율주행차로 바뀌게 될 것이라고 내다보고 있다. 일단 변화가 시작되면 그 변화의 속도는 우리가 예상하는 것보다 더 빠르게 변화할지 모른다. 아래 사진을 보면, 1900년 뉴욕의 부활절 퍼레이드의 모습은 모두 마차였으며 그중에 한 대의 자동차가 등장하고 있음을 보여 주고 있다. 그 다음 사진은 같은 곳의 1913년 부활절 퍼레이드 모습인데 모두 자동차로 바뀌어 있는 것을 볼 수 있다. 100년 전임에도 불구에도 변화의 속도는 빨라서 불과 13년 만에 이동의 주체가 바뀌어 버린 것이다. 동력원이 말에서 석유 엔진으로 바뀌어 버렸다. 이제 자율주행 자동차에서는 동력원은 석유와 엔진 대신에 전기와 모터가 될 것이며, 운전이라는 행위가 인공지능 소프트웨어에 의해 새롭게 자동화 될 시점에 있다. 이것이 가져오게 될 사회, 문화, 경제, 산업에서의 영향은 상상하기 힘들 정도로 크게 될 것이다.

[그림 10] **말, 마차 ⟶ 석유엔진, 기계 ⟶ 전기, 인공지능**

IV. 핵심 기술[3]

1. 인식, 판단, 제어

자율주행 프로세스는 일반적으로 아래의 그림과 같이 인식, 판단, 제어의 과정을 거친다.

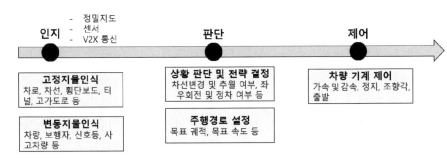

[그림 11] 자율주행 행위의 프로세스는 세 가지로 이루어져 있다.

(1) 외부 환경 인식
- 외부 환경 인식은 자동차에 설치된 각종 센서들을 통해 들어오는 정보와 V2X를 통해 들어오는 정보를 통하여 고정 혹은 변동 지물을 인식한다. 이것을 통하여 외부 환경에 대한 정확한 인식을 하고, 그것을 바탕으로 행동을 판단하게 된다.
- 센서는 GPS, 라이다, 레이더, 초음파센서, 카메라 등이 사용되어 차선, 차량, 보행자, 장애물, 대상물과의 거리 및 상대적 속도 등을 파악한다.

---

3 Hod Lipson and Melba Kurman, "Driveless: Intelligent Car and the Road Ahead," MIT Press. 2016(박세연 옮김, 자율주행혁명, 더퀘스트, 2017)에서 내용 일부 인용.

- 환경 인식 기술은 주변 사물과 상황을 즉각적으로 판단할 수 있어야 하는 매우 중요한 부분이며 최근에는 인공지능의 딥러닝 방식이 크게 주목을 받고 있고, 이 부분은 구글, 네이버 같은 곳이 큰 장점을 가지고 있다.
- 또한 V2X 플랫폼을 사용한다고 하면 외부 차량이나 인프라와 정보를 실시간 공유하여 도로에서 벌어지고 있는 모든 상황을 수집하여 더 나은 판단을 위해 사용할 수도 있다. 정밀 디지털 지도는 이렇게 센서나 V2X를 통하여 수집된 데이터를 매핑하여 주변 상황을 더 정확하게 인식하고 판단할 수 있도록 해 준다.

(2) 판단 및 전략

- 인식된 정보를 해석하여 주행상황을 판단하고 그에 따라 가속 및 감속, 정지, 선회 등의 동작 여부를 결정하고, 장애물 및 교통신호 등을 반영하여 주행 경로를 판단한다.
- 센서와 외부로부터 수집된 정보를 융합시키고 맵과 비교해 자동차 전후방 차량과 신호등, 장애물, 보행자에 대한 대응을 판단하고 의사 결정을 한다.
- 판단과 전략을 위하여서는 정밀 지도, 센서 데이터, GPS 정보, 위치 정보 등의 정확한 정보가 필수적이며, 그것을 통하여 주행을 판단하게 된다.

(3) 차량제어

- 결정된 판단을 이용하여 실제 주행에 반영하고자 자동차 운전의 기계적 시스템을 제어한다. 가속 및 감속, 정지 및 출발, 방향의 조향 등을 제어한다.

즉, 자동차는 센서 등을 통하여 주변 환경을 정확히 인지하고 여기서 수집된 데이터를 중심으로 거리, 도로상황 등을 매핑하여 조향, 가속, 감속, 정지 등의 적절한 제어를 통하여 운행한다. 응급상황에 대비할 수 있도록 비상용 센서와 같은 백업 시스템은 물론 기계적 문제 발생 시에도 대응할 수 있는 백업 시나리오도 반드시 준비되어야 한다. 이외에도 자율주행과 직접 운전 모드 간의 변환에 사용되는 인터페이스(HMI)도 필요하다.

또한 이 모든 과정에서 수집된 데이터를 기반으로 인식, 판단, 제어를 결정하는 인공지능 기반의 딥러닝 소프트웨어 기술이 더욱 중요해지고 있다. 따라서 최근의 자율주행자동차의 선도 기업은 대부분 이 부분의 기술력을 가지고 있는 곳이며, 이 부분 기술력 확보를 위하여 많은 노력이 경주되고 있다.

2. 도로와 V2X

무인자동차를 실현하기 위한 오래된 아이디어 중의 하나는 바로 전자 고속도로(electronic highway)를 통한 시도였다. 1939년 뉴욕 만국박람회에서 당시의 기술혁신 기업이었던 GM은 1960년대라는 미래를 가정하여 Futurama 라는 자동화 고속도로(Automated Highway)를 전시하였다. 그 아이디어에서는 자동화 고속도로라는 것이 있고 그곳을 달리는 자동차는 무선 제어시스템이 작동하여 자동화 고속도로를 따라 원하는 모든 곳으로 안전하고 경제적으로 이동하는 모습을 보여 주었다. 아마도 1900년대 초는 2차 산업혁명이 활발할 때였고 컨베이어벨트로 대표되는 자동화 기반의 대량생산체제가 연구되던 시점이었기 때문에, 자동차와 운전이라는 것도 마치 컨베이어 벨트 위에 놓여진 부품들처럼 계획되고 자동화된 모습을 보인 것으로 추정된다.

[그림 12] 1939년 뉴욕 만국박람회에서 전시된 Futurama 데
모 전시장 모습 (computerhistory.org, http://www.
computerhistory.org/atchm/wp-content/uploads/2
014/05/1.0_1939-Futurama-Imagelores.jpg)

이러한 Futurama의 아이디어는 1950-60년대 미국 연방 고속도로 법
이 제안되어 자동차 기반의 교통시스템이 강화되면서 더욱 탄력을 받았
다. 고속도로 기반의 교통시스템이 제도화 되면서 그것을 바탕으로 미
국의 자동차 기반 문화가 시작되었고 그로 인하여 사회, 경제, 문화의
모습이 변화하였다. GM은 당시 혁신적인 전자 회사였던 RCA와 함께
전자고속도로(Electronic Highway)라는 독창적인 솔루션을 발표하였다.
1960년에 전자 고속도로 시범 트랙을 만들어 운행을 했는데, 자동차와
고속도로의 상호작용을 통하여 인간의 직접적인 간섭이 없는 상태에서
시동을 걸고, 가속을 하고, 운전대를 조작하고 정지를 하는 모습을 보여

주었다. 여기서 소개된 대표적인 시스템은 자동차 추적을 예상하는 추적시스템과 차선유지를 위한 좌우 제어시스템이었다. 하지만 이러한 시스템은 도로를 따라 지면에 설치된 케이블과 송수신 시설에 따라서 자동차가 그 위를 지나가면 여기서 발생한 전기적 신호가 네트워크를 통해 추적 장치로 전달되어 인근 차량에 경고 시스템을 작동시킨다. 그것을 통하여 속도를 필요한 만큼 제어할 수 있도록 규칙을 만들어 놓은 것이다. 이것은 마치 우리나라의 고속도로에서 설치된 과속방지 카메라가 그 바로 앞의 도로에 매설된 센서 위를 자동차가 지나갈 때 그 신호를 받아서 속도 측정과 사진 촬영을 하도록 한 것과 비슷한 시스템이라고 할 수 있다. 하지만 이러한 전자고속도로의 관심은 1970년대에 접어 들면서 점차 사그러지기 시작하는데, 그 이유는 엄청나게 예산이 많이 드는 방식이었기 때문이다. 모든 도로에 그러한 센서를 매설하여 그것을 통하여 모든 차량을 제어한다는 것은 현실적이지 않기 때문이다. 따라서 그러한 방식은 제한된 장소와 규모에서만 현실적으로 가능한 것이며, 현재는 공항 활주로와 같은 특정한 분야에서 사용되고 있다.

최근에도 이와 관련된 연구가 이어서 지속되고 있는데 그것이 바로 V2X에 대한 연구이다. V2X는 차량 대 차량(Vehicle-to-Vehicle) 또는 차량 대 제반시설(Vehicle-to-Infrastructure)을 위한 커뮤니케이션 시스템을 포괄하는 용어로 사용하고 있다. 미국 교통국 산하 도로교통안전청(NHTSA)이 주도하고 있는 V2X의 목표는 무선 네트워크를 기반으로 자동차들 간에, 그리고 자동차와 도로변에 설치된 전송기와 연결하여 데이터를 서로 주고받으면서 차량의 움직임을 제어하여 안정성을 높이고자 하는 것이다. V2X 기능이 탑재된 자동차들끼리는 서로 간에 자신의 속도와 위치, 크기, 방향, 브레이크 상태 등 안전과 관련된 기본적인 데이터와 기상정보나 도로공사 상황에 대한 데이터를 담은 메시지를 주고받는다. 또한 도로 제반시설에서는 특수한 장치가 설치되어 그러한 자동차들로부터 데이터를 수집하여 신호등을 조작하고 공사로 인한 도로에 문제가 발생했을 때 돌아가는 길 정보를 제공할 수도 있는 것이다. 연구 결과에 따르면 모든 자동차가 V2X 기능을 가지고 있으면 전체 사고의 78%에 해당하는 자동차 사고를 예방할 수 있다고 한다. 2016년 출간된 Driveless의 저자인 호드립슨은 V2X의 이러한 장점에도 불구하고 여러 단점이 있다고 주장한다.[4] 모든 자동차와 도로변에 V2X 장비가 설치되어 있어야 한다는 것은 현실적으로 어려운 가정이라고 할 수 있으며, 도로와 자동차와의 연결에 기반한 무인자동차 개발 접근방법은 독자적인 자율주행 자동차에 대한 연구개발에 방해가 될 수 있다고 주장한다. 또한 데이터 전송에 대한 기준도 없으며 보안에 대한 문제도 커지게 될 것이라고 주장한다.

아마도 현재 도로교통안전청(NHTSA)에서 진행하고 있는 V2X 형태는 아니더라도, 일반 고속도로에서 완전 자율주행 자동차가 움직이고, 모든 교차로와 고속도로 톨게이트, 스쿨존이나 도로공사 구간 등에 설치된 송신기를 통해 정보가 업데이트 되고 그것에 따라 V2X가 설치된 차량들 간에 차량 흐름과 위험 구간에 대한 정보를 주고받는 것은 가능할 것이다. 또한 그러한 정보를 통하여 속도와 경로를 설정하게 하여 교통체증과 공회전을 줄일 수 있으며 교통사고도 줄일 수 있을 것이다. 이러한 V2X에 기반한 자율주행 방식 연구는 일부 계속 진행되고 있다.

3. 센서와 데이터

첨단 운전자 지원 시스템(Advanced Driver Assistance System), 즉 ADAS는 차량용 센서와 카메라에서 감지한 외부환경 정보를 바탕으로 운전자로 하여금 적절한 조치를 취하거나 자율적으로 차량을 제어해 더욱 안전한 운전환경을 구축하는 시스템을 말한다. 자율주행 자동차가

4　Hod Lipson and Melba Kurman, "Driveless: Intelligent Car and the Road Ahead," MIT Press, 2016(박세연 옮김, 자율주행혁명, 더퀘스트, 2017).

외부 환경과 상황에 대한 더 정확한 인식과 판단을 하기 위하여서는, 정확하고 다양한 데이터가 즉각 수집되어 제공되어야 한다. 센서는 그러한 데이터를 측정하고 수집하여 제공하는 역할을 하는 대표적인 도구이다.

정밀 디지털지도

디지털 지도는 자동차의 위치를 확인시켜 주는 정적인 저장 데이터이다. 정밀 디지털 지도는 일반적인 디지털 지도와는 다르다. 정밀지도는 산과 호수 등 거대한 지형적 특징들, 그리고 가로수나 인도 같은 작은 사물에 대한 정밀한 표현 이미지를 보여 준다. 심지어 차선, 교차로, 공사구간, 도로표지판 등에 대한 세부적인 정보도 보여 준다. 또한 눈에 보이지 않는 백엔드 프로세스를 포함하고 있어서 일종의 데이터베이스라고 할 수 있으며 여기서 각각의 데이터는 물리적 위치와 크기, 방향 등 다양한 관련정보와 연동되어 있다.

GPS와 IMU

GPS는 디지털 정밀지도상에 차량의 정확한 위치를 저장하기 위해 좌표를 제공하는 역할을 한다. 현재 지구를 돌고 있는 인공위성으로부터 신호를 수신받아 내가 있는 위치의 위도와 경도를 계산한다. 하지만 일반적인 GPS 수신기는 약 4미터의 오차를 가질 수 있으며, 비나 구름의 간섭이 있으면 인공위성 신호에 방해가 될 수 있어서 위치 정보의 정확성이 감소될 수 있다. 도심에서는 높은 빌딩에 인공위성 펄스가 반사되어 들어오면 착각 오류가 발생할 수 있는데 이것을 도심 협곡 효과라고 부른다.

이러한 GPS의 오류는 간혹 치명적일 수도 있기 때문에 이것을 보완해 주는 기술이 사용되는데 그것이 IMU이다. IMU는 주행거리계, 가속도계, 자이로스코프, 나침판 등 다양한 정보가 복잡하게 모인 형태인데 각 장비에서 나온 데이터를 종합하여 분석하는 기능을 한다. IMU는

GPS 분석 값들 사이에서 차량의 위치를 정확하게 파악하고 GPS의 오차를 보완하기 위해 추측항법 이라는 방법을 활용한다. 이러한 방법을 통하여 터널에 진입했을 때나 빌딩이 많은 도심 협곡에서처럼 정확한 위성신호를 수신하기 힘든 상황일 때 유용하게 활용된다. 이렇게 얻어진 차량의 위치정보는 정밀지도와 매핑되어 주변 상황을 인식하고 판단하는 데 사용된다.

디지털 카메라

디지털 카메라는 인간의 눈에 해당하는 센서로 실시간 데이터 흐름을 통하여 차량 외부의 시각정보를 포착하고 수집한다. 그리고 디지털 이미지는 딥러닝 소프트웨어로 바로 이어진다. 자율주행자동차에 사용되는 디지털 카메라는 하드웨어 내부에서 실시간으로 데이터를 분석하여 이미지를 더 빠른 속도로 처리하고 정제하기도 한다. 최근에는 여기서 한발 더 나아가 인식된 사물의 목록을 작성하고 그 결과를 정리하는 방식으로 이미지 안에 무엇이 들어 있는지를 미리 분석한다. 예를 들어 '왼쪽 차선에서 트럭이 초속 5미터 속도로 다가오고 있다'라는 식의 설명을 할 수 있다.

입체시각을 갖게 하기 위하여 차량에 여러 대의 카메라를 장착하여 그 차이 정보를 이용하여 3D 모형으로 구현하여 주변 공간을 입체적으로 이해할 수 있게도 한다. 디지털 카메라의 다른 단점은 먼지, 흙탕물, 벌레 등과 같은 방해물이 카메라를 가려 버릴 수 있다는 점이다. 이것도 와이퍼나 눈꺼풀과 같은 기능을 가진 장비를 개발해 내고 있다.

라이다(레이저 레이다)

라이다는 외부로 강파장 빛을 분사하여 그것이 반사되어 돌아오는 시간을 측정하여 주변의 물리적 환경에 대한 3D 디지털 모형을 구현한다. 센서는 레이저 간선을 고속으로 회전시키며 발사하여 주변의 여러 장면을 동시다발적으로 스캔하고 측정할 수 있다. 최근의 무인자동차는 디지털 카메라와 라이다를 동시에 활용한다.

[그림 13] 차량지붕에 설치한 라이다로 주변 환경을 인식한다. (silverwing, http://www.silverwing.com.hk/news_view_552_153.html)

레이더

레이더 센서는 전자파 반사를 통해 주변 사물의 존재를 확인하는 장비로 여러 전자파를 사방으로 발산한다. 레이더는 카메라와 달리 비, 먼지, 모래 등과 같이 시각적으로 열악한 상황에서도 시야 확보를 할 수 있고, 전기가 통하지 않는 얇은 재질을 쉽게 관통할 수 있어서 도로에 굴러다니는 비닐봉지가 마른 풀 같은 것의 방해를 받지 않는다. 또한 레이더는 물체의 위치뿐만 아니라 물체가 움직이는 속도까지 추적할 수 있다.

구글 무인자동차의 사례

2단계 자율주행 자동차라고 판정되는 테슬라는 고속도로에서 실시간 교통상황에 대응하기 위해 12개의 360도 장거리 초음파 센서와 전방 인지 레이더 시스템을 장착했다. 그리고 백미러에 부착된 전망 카메라를 통해 거리 측정과 신호 인식, 보행자 감지 기능을 수행하도록 했다.

라이다
차량의 주변을 360도로 200미터까지에 대해 3차원 지도로 만든다

64개의 레이저
64개의 레이저가 분당 640회전을 한다.

레이더
레이더는 주변 대상물과의 거리 측정

구글지도

GPS 수신기
차량의 위치 정보를 받아들여 구글 지도와 매치 시킨다.

카메라
교통신호등을 파악하고, 데이터를 컴퓨터에 보내 보행자나 자전거와 같은 변동지물을 인식하게 한다.

레이더
앞차의 속도를 측정

방향센서
차량의 움직임과 균형을 추적

바퀴센서
차량의 위치를 파악하기 위해 회전 수를 측정하는 센서

[그림 14] 구글 무인자동차의 센서 (GADGETTE, https://www.gadgette.com/2016/02/15/we-need-to-prepare-for- a-world-with-robots/)

반면 구글은 라이다 기술을 채택하여 현재 3단계 수준에서 4단계 수준의 자율주행 기술을 지향하고 있다. 테슬라처럼 전기 배터리를 동력으로 사용하며 한 번에 160km까지 주행한다. 360도 전방위를 탐지할 수 있는 라이다가 장착되어 있고, 기존의 무인 자동차보다 카메라와 센서가 더 많으며, 이들은 사각지대를 줄이고 자동차 주위 축구장 두 개만한 공간에 있는 물체를 추적할 수 있다. 또한 안전을 고려해 최대 시속은 40km이며, 아직 신호등을 완벽히 감지할 수 없는 등의 단점도 존재한다.

4. 인공지능 기반의 자율주행

인공지능이라는 분야는 논리 규칙을 사용하는 분야와 데이터로부터 학습을 해내는 기계학습 분야로 구분할 수 있다. 초기의 자율주행 자동차는 주로 전문가가 미리 집어넣어 준 지식을 가지고 논리 규칙에 따라 행동하는 방식이었다. 예를 들어 센서로부터 전면에 장애물이 나타났다는 데이터를 받으면 운전대를 조작하여 장애물을 피해 돌아가는 규칙을 미리 만들어 놓는 것이었다. 하지만 교통과 운전의 상황이 복잡하기 때문에 이 방식으로는 그 수많은 상황을 모두 규칙으로 만들어 놓는 것도 어려운 일이며 예기치 못한 상항에서는 무용지물이 될 수 있는 단점이 있었다.

2005년 미국 국방성의 DARPA 주관으로 개최된 무인자동차 경주에서 우승한 스탠포드대학의 Sebastian Thrun 교수팀은 조금 다른 방식을 사용했는데 그들은 기계학습과 빅데이터라고 부르는 기술을 사용하였다. 규칙을 일일이 프로그램하여 넣어 주는 것이 아니라 인간에게 운전을 가르치는 것과 똑같은 방식으로 로봇을 가르치는 시도를 한 것이었다. 사막으로 가서 사람이 먼저 시범을 보이면 로봇이 따라 움직이게 하고 실수는 스스로 수정해 나가도록 하는 방식을 사용하였다. 이 방식은 성공적이었고 이후 대부분의 무인 자동차는 이 방식을 사용하고 있다. 물론 수행해야 하는 작업의 종류와 성격에 따라서는 논리 규칙도 여전히 사용된다. 다음 그림은 인공지능 기술이 자율주행 자동차의 요소기술에 어떻게 사용되는지를 보여 주고 있다. Thrun 교수는 그 이후에 구글의 무인자동차 연구개발팀을 이끌게 되어, 현재 완전자율주행자동차 분야의 가장 앞선 연구를 진행하고 있다.

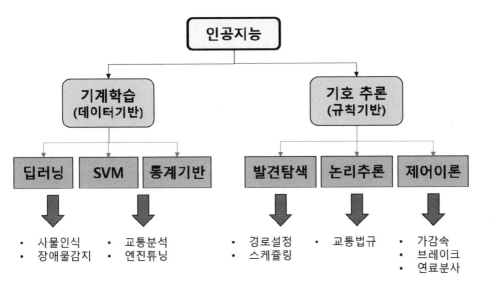

[그림 15] 인공지능 기술의 종류와 자율주행자동차에의 적용 사례. [그림 참조. Hod Lipson and Melba Kurman, "Driveless: Intelligent Car and the Road Ahead," MIT Press. 2016(박세연 옮김, 자율주행혁명, 더퀘스트, 2017)

딥러닝과 GPU

데이터를 기반으로 스스로 학습하여 모델을 만들어 내는 알고리즘을 다루는 분야인 기계학습(machine learning) 분야에서 가장 큰 역할을 해오고 있는 것은 바로 신경망 학습(neural network learning)이다. 우리 두뇌의 수많은 뉴런들이 시냅스로 연결되어 정보를 처리하는 것을 흉내낸 것이다. 학습된다는 것은 그 뉴런들 간의 연결성과 연결의 강도가 변화하여 수렴된다는 것을 의미하는 것이고, 그러한 학습은 모두 데이터에 따라서 결정된다. 이 분야의 연구는 1950년대부터 진행되어 왔으며 1980년에 소개된 다층 신경망과 역전파(back-propagation) 알고리즘 학습은 충분한 양의 데이터만 주어진다면 모든 임의의 비선형모델을 다만들 수 있다는 자신감을 주었다.

2000년대 들어오면서 스마트폰이 보급되면서 데이터는 엄청난 규모로 생산되고, 특히 과거와는 다른 비정형 데이터들(SNS 대화, 이미지, 음성 등)이 쏟아져 나오기 시작했으며, 그 데이터를 활용해야 할 필요가 생겼다. 하지만 기존의 신경망 학습은 그러한 비정형 데이터, 특히 이미지 데이터에 대하여서는 만족할 만한 결과를 주지 못하고 있었다. 이런 와중에 이미지 데이터를 수집하여 공유용 데이터베이스를 만들고 그것의 인식 문제를 해결하기 위한 노력은 계속되었다. 2012년부터 시작해서 이미지 인식용 신경망 알고리즘이 쏟아져 나오기 시작했고 그 성능은 일반적인 인간의 수준을 뛰어넘는 성능을 보였는데, 이 부분의 신경망 알고리즘을 포괄하여 '딥러닝(Deep Learning)'이라고 부른다.

딥러닝은 엄청난 계산량을 필요로 한다. 그래서 그동안 게임이나 그래픽 디자인과 같은 고수준의 계산이 필요한 부분에 사용이 되던 그래픽처리 장치(GPU: Graphic Processing Unit)를 사용하기 시작했으며 그 결과는 매우 성공적이었다. GPU를 이용한 게임 분야의 강자였던 엔비디아(Nvidia)가 자율주행 자동차 산업에서도 강자로 부각된 것은 이러한 관점에서 이해해 볼 수가 있는 것이다.

[그림 16] 실시간 도로 상황에서 사물을 인식하는 딥러닝. [출처: NVIDIA 웹사이트]

일반적인 CPU를 사용했을 때보다도 GPU를 사용하면 일반적으로 최소한 10배 정도는 좋은 성능속도를 보이는데 그들을 병렬로 연결하여 훨씬 더 좋은 성능을 내도록 만들어 사용하고 있다. 바둑 게임에 딥러닝 알고리즘을 사용했던 알파고(AlphaGo)도 CPU 1202개와 GPU 176개를 연결하여 사용하였는데 이것만 보더라도 컴퓨팅 파워의 역할이 얼마나 중요한지 알 수 있을 것이다.

데이터 생산

딥러닝 소프트웨어가 새로운 방식으로 외부세상을 보기 시작하면서 자율주행 차량은 데이터에 점점 더 의존하게 될 것이다. 많은 양의 데이터를 소비하면서 인식하고 판단하고 제어하지만, 동시에 방대한 양의 데이터를 생산하여 제공하게 될 것이다. 그리고 그러한 데이터를 활용하는 새로운 영역이 확장되어 나갈 것이다.

- 정밀지도는 무인자동차가 경로 탐색과 주변 상황 인지를 위하여 반드시 필요한 데이터베이스이다. 이 지도를 만들기 위하여 구글과 같은 회사는 오랫동안 엄청난 예산과 인력을 투입하여 만들어 활용해오고 있다. 하지만 이러한 지도를 만드는 것도 자동으로 할 수가 있게 될 것이다. SLAM(Simultaneous Localization and Mapping)은 이러한 지도 개발 방식인데, 본질적으로 자율적으로 완성되는 지도이다. 이 이동형 로봇(자동차)이 특정 지점에서 앞으로 나가면서 새로운 환경에 대한 데이터를 신속하게 수집해 가면서 지도를 지속적으로 업데이트하고 조합해 나간다. SLAM을 계속 반복하는 동안 로봇은 아주 빠른 속도로 그것도 자동으로 특정 지역에 대한 완전하고 정확한 지도를 완성해 나갈 수 있다. 이러한 SLAM기술은 군사 정찰, 가정용 로봇 청소기까지 다양하게 활용되고 있다.
- 무인자동차가 거리를 다니게 되면 그 위치와 속도, 선택경로 등 매우 유용한 데이터를 지속적으로 생산해 낼 것인데, 이러한 방대한 양의

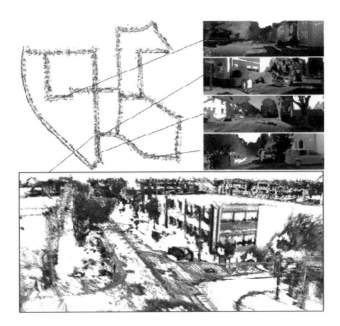

[그림 17] SLAM을 이용하여 완성한 지도
[출처: http://vision.in.tum.de/research/vslam/lsdslam]

데이터는 교통을 예측하고 필요한 판단을 하는 데 유용하게 사용될
수 있다.

■ 스마트폰과 SNS처럼 자율주행자동차는 우리에게 개인정보와 관련
된 여러 가지 윤리적 문제를 안겨 줄 것이다. 내가 자동차를 사용한
데이터와 패턴, 예를 들면 어디로 가는지 누구와 가는지 어떤 옷과
대화를 했는지 등등의 데이터가 기록되어 악용될 가능성이 있기 때
문에 그에 대한 사회적 합의가 이루어져야 한다. 또한 윤리적 문제에
서 트롤리 딜레마(Trolley Problem) 같은 경우가 발생하는데, 자동차
가 멈출 수 없는 상황에 한쪽엔 인부 5명이 있고, 다른 한쪽엔 1명이
있다면 자동차가 어떻게 선택할 것인가에 대한 문제이다. 현재에는
그 순간에 인간 운전자의 의사결정에 의한 것이지만, 자율주행자동
차는 앞선 시간에 그 소프트웨어를 설계한 프로그래머에 의해 사전

에 이미 규정되어 있어야 한다는 것이다. 만약 자율주행 자동차를 구매하는 소비자가 이러한 윤리적 딜레마가 어떻게 자동차에 소프트웨어로 미리 정의되어 있는지를 요구하게 된다면 그것을 미리 알려 주어야 할 수도 있을 것이다.

무인자동차는 훈련 중

구글은 2005년 무인자동차 개발 경진대회에서 우승한 스탠포드 대학의 Thrun 교수와 함께 2009년부터 자율자동차에 대한 연구 개발과 시험을 활발하게 진행해 오고 있다. 그 이후 자율주행 자동차와 관련된 많은 기술을 개발하고 많은 시험을 통하여 개선해 나가고 있다. 2010년에는 도요타 프리우스를 개조한 무인자동차로 샌프란시스코에서 로스엔젤레스로 주행하는 데 성공한 것을 시작으로, 2012년 세계 최초로 자율주행 자동차용 시험면허를 취득하였다. 또한 2014년에는 자체개발한 2인승 자율주행자동차인 Waymo의 시제품을 공개하여 시험하고 있다. 그리고 2014년부터는 더 앞선 기술을 이용하여 핸들과 페달이 존재하지 않는 자율주행차를 개발 중에 있다.

2009년에 테스트를 시작한 이래로 2016년까지 총 약 400만km를 주행 중에 약 17건의 가벼운 접촉사고와 버스와의 저속 접촉사고 1회를 기록했다. 그 17회의 접촉사고는 상대차량 인간 운전자의 잘못이었지만 2016년 2월 14일 발생한 버스 접촉사고는 자율주행 차량의 소프트웨어의 판단 잘못으로 발생한 것으로 보고되고 있다. 즉 저속으로 오는 버스를 보고 내가 전진하면 버스가 멈출 것이라고 잘못 판단한 경우이다. 구글 무인차량은 우회전을 준비 중에 잠시 정지했다가 우회전하는 중에 도로 배수로 근처에 있던 모래주머니를 발견하고 조금 더 앞섰다가 직진으로 오던 버스의 오른쪽 옆과 충돌했다고 한다. 구글 차량은 3.2km로, 버스는 24.1km로 주행하고 있었다. 뒤에 버스가 따라온다는 것은 차량 시스템과 탑승하고 있던 구글 직원 모두 알고 있었지만, 뒤쪽에서 오던 버스가 속도를 줄여 양보할 것이라고 예상한 것이 이번 사고의 원인이 됐다. 충돌로 인한 부상자는 없고 자율주행 차량에 가벼운 손상만 입었다.

2016년 9월에는 교차로에서 신호를 무시하고 달려온 벤과 충돌사고를 당했다. 자율자동차의 오류는 없었는데, 교통법규를 무시한 '인간 운전자'를 피하는 법을 알아내는 일은 자율주행 자동차가 해결해야 할 문제 중의 하나이다. 자율주행 시스템은 도로법을 정확하게 적용하여 예기치 못한 위험에 신속하게 대응하도록 설계되었지만, 도로교통법을 지키지 않는 사람의 순식간의 예기치 못한 행동에 대한 대응을 찾는 것은 아마도 불가능 할 수가 있다. 자율자동차와 인간 운전자가 같은 도로와 같은 공간을 사용하는 것은 언제든지 사고가 날 수 있는 가능성이 있다는 것이며 사고를 완전히 예방하기 힘들 수가 있다.

혁신적인 전기자동차로 많이 알려진 테슬라는 자율주행기술 2단계인 오토파일럿이라는 기술을 사용하는 준자율주행 자동차인데 2016년 5월 발생한 테슬라 차량의 사고는 미국 도로교통안전청이 공인한 미국 자율주행 차에서 발생한 첫 사망 사례로 보고되고 있다. 발표에 따르면 차체가 높은 컨테이너 트레일러가 도로를 가로지르며 좌회전하는 상황이었는데, 직진하고 있었던 테슬라 모델S의 센서가 컨테이너의 흰색 측면을 하늘과 구분하지 못했고, 또한 차체가 높은 트레일러 하부 공간으로 차량이 통과할 수 있을 것이라고 판단하여 차량이 속도를 줄이지 않고 그대로 주행했다고 한다. 이 사고로 운전자는 결국 사망했다. 운전자는 '오토 파일럿'이라는 자율주행 모드를 작동하여 달리고 있었는데 사고 당시 '오토 파일럿'과 운전자 모두 브레이크를 밟지 않았던 것으로 밝혀졌다. '오토 파일럿'은 카메라와 레이더로 주변 환경을 인식해 주행 차로를 벗어나지 않도록 해주며, 앞차와의 일정 간격을 유지해 주고, 앞차와 추돌 위험이 감지될 때는 스스로 브레이크를 밟아주는 기능이 들어 있는 준자율주행 시스템이라고 할 수 있는데, 이 사고에서는 인식의 잘못으로 작동하지 않았다. 그 이유는 운전자도 오토파일럿 센서도 트레일러의 하얀색 측면을 맑은 날씨의 하늘과 구분하여 인지하지 못했던 것으로 알려져 있다.

공유경제 택시 서비스로 알려진 우버는 자율주행 택시에 대한 연구를 진행 중인데, 2016년 9월 미국 피츠버그에서 시범 운행을 시작했고, 2017년 2월 아리조나 템피에서 승객을 받는 테스트를 시행했으나 약 한 달 만인 3월에 충돌사고가 나면서 현재 운행을 중단한 상태이다. 자율주행 택시는 NuTonomy 라는 스타트업이 싱가포르에서 2016년 8월 6대의 택시로 처음 시범 운영을 시작한 것이 시초이다.

자율주행 차량은 아직 눈길이나 안개 길에선 효율적이지 않으며, 일상적인 운전의 상식과 사회적 의미를 가지고 주행하는 수준은 아니다. 예를 들어, 교차로 일단 정지 지역에서 사람들의 고개 끄덕임이나 손짓의 의미를 읽고 그 맥락을 이해하지는 못한다. 보행자의 세밀한 눈빛이나 걸음걸이의 모습에서 알아차릴 수 있는 다양한 맥락이 자율주행 자동차의 판단과 결정에 사용되지는 못하고 있다. 컨슈머리포츠의 자동차 시험 국장 제이크 피셔도 "자율주행 자동차 시스템의 성능이 실제론 사람들 생각보다 많이 떨어진다"며 "자율주행 자동차의 가장 어려운 점은 인간을 대하는 것인데, 인간은 예측 불가한 면이 있다"고 지적했다.

이와 같은 사고와 우려에도 불구하고 혹은 그러한 사고의 원인 분석을 통하여 자율주행자동차의 안정성을 높이려는 노력은 계속되고 있다. 미국은 이미 지난 2016년 2월 도로교통안전청(NHTSA)이 구글의 완전 자율주행 시험 차량의 소프트웨어를 '운전자'로 인정했다. 이는 만일에 대비해 사람 운전자가 보조자로 '동승'할 필요가 없다는 뜻이다.

V. 결 론

제4차 산업혁명의 특징적인 요소는 인공지능 소프트웨어와 데이터, 그리고 초연결성이다. 그리고 그것으로 가능해진 인지적, 지능적 노동의 자동화이다. 그리고 그것으로 발생되는 생산성의 폭발적인 증가와 그로 인한 사회, 경제, 문화, 산업 패러다임의 변화이다.

그동안 자동차라는 분야는 많은 기계장치들을 사용하여 이동이라는 물리적 노동을 자동화한 것이지만, 이제 인공지능과 초연결성을 이용하여 '운전'이라는 인지적이고 지능적인 노동을 자동화하는 자율주행자동차의 시대로 돌입하고 있다. 운전이라는 행위가 기계에 의하여 자동화된다고 할 때, 우리는 기대감과 더불어 많은 불안감과 두려움도 가지고 있다.

기대감이라고 하면, 교통사고, 교통체증, 주차문제 해결로 인한 도시형태의 재설계, 노인과 장애인의 이동권 등의 문제를 근본적으로 해결할 수 있을 것으로 기대한다. 불안감이라고 하면 1%의 예측불가능한 상황이 가져오게 될 치명적 상황을 생각할 때 가지게 되는 신뢰성과 책임성에 대한 문제이다. 또한 트롤리 문제처럼 인간의 윤리적인 판단을 기계에게 맡길 수 있겠는가에 대한 근본적인 고민이다. 이것은 또한 데이터 보안과 같은, 기존에는 존재하지 않았던 새로운 문제를 발생시키고 그것에 대한 법적인 제도적인 준비가 아직 없는 것에 대한 불안감이다.

다행히 그러한 불안감의 원인들은 우리가 합의를 하여 해결할 수 있는 법적인 제도적인 것들이 대부분이어서 다행이라 할 수 있다. 현재 자율주행 기술은 3단계에서 4단계로 넘어가고 있다. 기술적인 진보에 맞추어 그에 맞는 법과 제도적 준비, 그리고 사회적 합의가 시작되어 새로운 기술의 등장에 대한 준비를 해 나가야 할 것이다.

자율주행자동차의 윤리화의 과제와 전망*

이상돈** · 정채연***

I. 자율주행의 윤리문제

20세기 후반의 사회를 정보사회라고 한다면, 오늘날의 사회는 지능정보사회(intelligent information society)라고 부를 수 있다. 정보사회에서 말하는 '정보'의 처리가 컴퓨터의 연산작용 차원을 넘어, 인공지능(Artificial Intelligence: AI)이 결합한 지능정보기술에 의해 이루어지는 사회가 지능정보사회라고 할 수 있다. 지능정보사회는 법제도에도 많은 변화를 요구한다. 그 변화가 어디까지 갈 것인지는 지금 시점에서 예단하기 어렵다. 다만 그런 변화의 필요성을 보여 주면서도 동시에 그 변화의 방향성을 가늠하게 해 주는 대표적인 현상은 바로 자율주행자동차(autonomous vehicle),[1] 킬러로봇(killer robot)과 같은 군사용 로봇, 의료진단과 수술에

* 이 글은 이상돈 · 정채연, "자율주행자동차의 윤리화의 과제와 전망,"「IT와 법연구」 제15집, 경북대학교 IT와 법연구소, 2017, 281-325면을 총서에 적합한 형태로 재구성한 것임을 밝힌다.
** 고려대학교 법학전문대학원 교수, 법학박사.
*** 포항공과대학교(POSTECH) 인문사회학부 대우교수, 법학박사, 뉴욕 주 변호사.

서 활용되는 의료로봇 등이라고 할 수 있다. 이 세 가지 현상 가운데에서도 이 글은 자율주행자동차의 윤리적 쟁점을 다루려고 한다. 왜냐하면 자율주행자동차는 킬러로봇이나 의료로봇보다 더 많은 시민들에게 가장 인상 깊게 지능정보사회의 도래를 알려 주고 있기 때문이다.

물론 자율주행자동차는 기술적으로 아직 완성된 단계에 있지 않다. 그러나 2016년 유수의 독일이나 미국 자동차회사들은 이미 상당히 발전된 반(半)자율주행자동차를 내놓은 바 있고, 우리나라 시장에도 들어와 판매되고 있다. 또한 우리나라 역시 국토교통부가 2015년 자율주행자동차 상용화를 위한 지원방안을 발표했고, 2016년 2월 시험운행허가제도를 마련하였으며, 2018년에 시범운행을 거쳐 2020년에 일부 상용화를 추진할 계획임을 밝힌 바 있다.[2]

자율주행자동차의 상용화를 통해 인공지능의 지각, 판단, 행동이 우리의 생활세계에 많은 영향을 미치게 될 것이다. 이를테면 자율주행자동차의 도입은 교통사고의 획기적인 감소 등과 같은 사회적 효용을 기대할 수 있게 하지만, 동시에 새로운 형태의 교통사고를 가져오기도 하며,[3] 그로 인해 새로운 법적·윤리적 문제가 등장하게 된다. 특히 윤리적 문제의 등장은 자동차의 자율주행에서 인공지능의 정보처리가 인간

1 자율주행자동차는 그 정의에 따라 'autonomous driving vehicle'을 비롯해 'self-driving car', 'driverless car', 'robot car' 등 다양한 개념으로 지칭되고 있다.

2 국토교통부, "자율주행자동차 2020년 상용화(일부 레벨3) 추진," 2015.5.6. (http://www.molit.go.kr/USR/NEWS/m_71/dtl.jsp?id=95075598).

3 가령 2016년 2월, 구글 카(Google Car)는 모래주머니를 피하기 위해 차선을 변경하여 지나가려 하였으나 옆 차선에서 주행 중이던 버스와 접촉사고를 일으킨 바 있으며, 이는 구글 카가 실질적으로 자신의 과실에 기인한 사고임을 인정한 최초의 사건이라고 할 수 있다(관련 기사 참조: https://www.theguardian.com/technology/2016/feb/29/google-self-driving-car-accident-california). 또한 2016년 5월, 테슬라(Tesla)의 모델 S는 오토파일럿(autopilot) 모드로 주행 중 대형트럭과 충돌하여 운전자가 사망하는 사고가 발생하였고, 테슬라는 밝은 낮이라 흰색의 트럭 측면을 구별하지 못하여 발생한 사고일 수 있다는 분석을 내놓은 바 있다(관련 기사 참조: https://electrek.co/2016/05/26/tesla-model-s-crash-autopilot-video).

의 생명 및 신체에 대해 인간이 내려온 일련의 의사결정과정을 대신하고 있다는 점에 근거한다. 곧, 자율주행자동차는 과학기술시대의 총아이면서도 다음과 같은 새로운 윤리적 문제를 발생시킨다.

> 가령 자율주행자동차가 갑자기 무단횡단하는 보행자 3인을 피하기 위해 우측으로 회전할 경우 그 자동차가 도로에 접한 건물에 충돌함으로써 운행자와 탑승자 2인이 생명을 잃게 되는 딜레마 상황에서, 자율주행자동차는 그대로 직진함으로써 운행자와 탑승자 2인의 생명을 구하고 보행자 3인을 죽게 하는 선택을 할 것인가 아니면 보행자 3인을 구하기 위해 우측 회전을 할 것인가 하는 문제는 매우 풀기 어려운 윤리적 난제가 된다.

이러한 난제는 오늘날 과학기술이 결코 가치나 윤리에 중립적일 수 없음을 보여 준다. 이처럼 과학기술의 시대에 윤리가 더 주목받게 되는 현상은 역사의 아이러니처럼 보일 수 있다. 과학기술에서 제기되는 윤리란 주로 "각 개인이 양심을 기초로 하여 선한 것이라고 생각하는 규범"[4]을 가리킨다. 특히 '선함'의 구체적인 내용에 대해 해당 공동체의 모든 구성원들이 동일한 기준을 가질 수는 없고, 시대적 · 문화적으로 변화하며, 본질적으로 주관적인 가치체계를 바탕으로 삼는 규범을 윤리로 이해한다.[5] 다시 말해 과학기술사회에서 새로이 제기되는 사회문제들은 개별 상황마다 가치판단이 가변적일 수 있다. 또한 가치판단에 대한 선호도 역시 다양하다. 그렇기 때문에 모든 이에게 보편적으로 적용될 수 있는 규율을 발견하는 것은 사실상 불가능하거나 매우 어려운 일이 된다. 여기서 핵심도덕(예: 사람을 살해하지 말라)이나 민 · 형법과 같이 보편적인 법(규범)보다는 윤리 개념이 더 널리 사용되고 있는 까닭을 알

---

4 이상돈, 「법학입문」, 법문사, 2009, 170면.
5 김윤명, 「인공지능과 리걸 프레임, 10가지 이슈」, 커뮤니케이션북스, 2016, 100면.

수 있다.

그럼에도 불구하고 인공지능의 상용화가 제기하는 윤리적 쟁점은 현재 시점에서 기술적 발전이 아직 완료되지 않은 기술발전의 초기 단계에서부터 이미 선재되어야 할 규범적 · 기술적 과제로서 다루어지고 있다. 이는 아마도 그런 기술발전은 인간의 생명을 보호하면서도 침해할 위험을 직접적으로 초래하는 것이기 때문일 듯하다. 또한 다른 한편 법은 자율주행자동차와 같은 기술발전의 윤리적 문제들을 어떻게 다루느냐에 따라 또 다른 단계의 역사적 발전, 흔히 '포스트휴머니즘'(posthumanism)에 부응하는 발전을 경험할 수도 있게 된다.

II. 자율주행자동차와 로봇윤리

자율주행자동차가 가져오는 윤리적 문제를 해결하기 위한 법담론을 아직은 거의 찾아보기 어렵다.[6] 그런데 자율주행자동차는 운전자가 운행하는 물건으로서 자동차일 뿐만 아니라 "스스로 운전하는 행위주체",[7] 즉 지능로봇의 성격도 갖는다고 할 수 있다. 바로 이 점에서 자율주행자동차의 윤리문제를 다루기 위해서는 로봇윤리에 관한 실천윤리학의 기존 논의를 참조하고 응용해야 할 필요가 인정된다.

로봇은 인간이 특정한 목적을 위해 제작한 유용한 도구로서 지능을 가진 인공물(intelligent artefacts)[8]이다. 여기서 지능적이란 의미는 로봇

---

6 피터 아사로, "우리가 로봇윤리에서 무엇을 바라는가?,"「로봇윤리: 로봇의 윤리적 문제들」(라파엘 카푸로/미카엘 나겐보르그 편, 변순용/송선영 역), 어문학사, 2013, 46면.

7 이중기, "자율주행차의 발전단계로 본 운전자와 인공지능의 주의의무의 변화와 규범적 판단능력의 사전 프로그래밍 필요성,"「홍익법학」제17권 제4호, 홍익대학교 법학연구소, 2016, 445면.

8 고인석, "로봇윤리의 기본 원칙: 로봇 존재론으로부터,"「범한철학」제75집, 범한

이 인간의 능동적인 정신을 모사하면서,[9] 그 자체로 행동의 능동성을 지닌 존재라는 점을 가리킨다. 인간의 정신과 행동을 빼닮음으로써 자연인간의 삶에 기여하기도 하지만 해악을 끼칠 수도 있다. 그렇기에 로봇의 수혜는 높이면서 그 폐해는 낮추기 위한 담론이 성장하게 되었고, 이 담론은 실천윤리학의 한 분야로서 이해되는[10] 로봇윤리로 전개되고 있다.[11] 로봇윤리담론은 다음 세 가지로 유형화될 수 있다: ① 로봇공학의 윤리적 지침, ② 도덕적 주체로서 로봇의 지위, ③ 로봇에 대한 윤리적 처우(로봇권).

1. 로봇윤리담론의 세 가지 유형

(1) 로봇공학의 윤리적 지침

첫째, 로봇윤리는 로봇을 설계, 제작, 관리하는 자들의 직업전문성에 바탕을 둔 윤리를 다룬다. 로봇공학의 가장 기본적인 윤리적 요청은 로봇이 인간사회에 가져올 수 있는 해악 및 위험을 방지하는 수단에 대한 강구와 같이 방어적이고 소극적인 차원에서 시작된다.[12] 이를 위해 로봇을 설계 · 제작 · 관리하는 자의 관점에서 어떻게 "도덕적으로 건전한 로봇"을 만들어야 하는지에 대한 진지한 고민을 다루는 공학윤리는 로

철학회, 2014, 402면.

9   고인석, "로봇윤리의 기본 원칙," 위의 논문, 403면.

10 이런 입장으로 신현우, "진화론적 지능형 서비스 로봇에 대한 실천윤리학적 고찰," 「윤리연구」 제79호, 한국윤리학회, 2010, 11면.

11 로봇윤리는 기계윤리(machine ethics), 컴퓨터윤리(computer ethics), 기계도덕(machine morals), 사이보그윤리(cyborg ethics), 계산적 윤리(computational ethics), 인공적 도덕(artificial morals) 등 다양한 개념과 병렬적 · 중첩적으로 사용되고 있다. 대표적인 연구성과들로, M. Anderson/S. L. Anderson(eds.), *Machine Ethics*, Cambridge University Press, 2011; D. G. Johnson, *Computer Ethics*, 4th edition, Pearson, 2009; W. Wallach/C. Allen, *Moral Machines: Teaching Robots Right from Wrong*, Oxford University Press, 2010 등 참고.

12 피터 아사로, "우리가 로봇윤리에서 무엇을 바라는가?," 앞의 책, 41-42면.

봇윤리의 중요한 한 축을 담당한다.[13] 이때의 로봇윤리는 로봇 자체의
윤리라기보다는 "로봇을 설계, 제작, 관리, 사용하는 인간의 윤리"[14]를
지칭하는 개념이라고 할 수 있다.[15] 로봇공학에 관한 윤리적 지침은 대
체로 로봇공학이 인간의 존엄을 수호해야 하고, 인간사회를 규율하는
규범체계에 기초하여 공공의 안전 및 복리에 최대한 부합해야 한다는
것을 내용으로 삼는다.[16] 이러한 의미의 로봇윤리는 사회공동체에서 인
간과 로봇의 관계성 및 상호공존을 위한 규범적 조건에 대한 담론이라

---

13 윤지영/임석순, "지능형 로봇시대를 대비한 국가별 전략 및 제도적 정비 현황,"「법
   과학을 적용한 형사사법의 선진화 방안(VI)」, 한국형사정책연구원, 2015, 182면.
14 이중기/오병두, "자율주행자동차와 로봇윤리: 그 법적 시사점,"「홍익법학」제17
   권 제2호, 홍익대학교 법학연구소, 2016, 5면.
15 로봇공학의 대표적인 윤리적 지침으로 2011년 영국의 공학 · 물리학 연구협의회
   (Engineering and Physical Sciences Research Council: EPSRC)와 예술과 휴머니
   티 연구협의회(Arts and Humanities Research Council: AHRC)가 공표한 로봇공
   학원칙(Principles of Robotics), 전기 · 전자 공학자 협회(Institute of Electrical
   and Electronics Engineers: IEEE)의 공학자 윤리헌장(Code of Ethics for
   Engineers), 그리고 우리나라에서「지능형 로봇 개발 및 보급 촉진법」(지능형로봇
   법) 제18조에 근거하여 2007년에 마련된 지능형 로봇윤리헌장초안을 예로 들 수
   있다. 우리나라의 로봇윤리헌장(초안)의 내용은 다음과 같다:
   제1장(목표) 로봇 윤리 헌장의 목표는 인간과 로봇의 공존공영을 위해 인간 중심
   의 윤리 규범을 확립하는 데 있다.
   제2장(인간, 로봇의 공동 원칙) 인간과 로봇은 상호 간 생명의 존엄성과 정보, 공학
   적 윤리를 지켜야 한다.
   제3장(인간 윤리) 인간은 로봇을 제조하고 사용할 때 항상 선한 방법으로 판단하고
   결정해야 한다.
   제4장(로봇 윤리) 로봇은 인간의 명령에 순종하는 친구 · 도우미 · 동반자로서 인간
   을 다치게 해서는 안 된다.
   제5장(제조자 윤리) 로봇 제조자는 인간의 존엄성을 지키는 로봇을 제조하고 로봇
   재활용, 정보 보호 의무를 진다.
   제6장(사용자 윤리) 로봇 사용자는 로봇을 인간의 친구로 존중해야 하며, 불법 개
   조나 로봇 남용은 금한다.
   제7장(실행의 약속) 정부와 지자체는 헌장의 정신을 구현하기 위해 유효한 조치를
   시행해야 한다.
16 고인석, "로봇윤리의 기본 원칙," 앞의 논문, 408면.

고도 할 수 있다.

(2) 도덕적 주체로서 로봇의 지위

둘째, 로봇윤리는 인공지능 및 지능로봇이 인간과 같은 독립적인 도덕적 판단 및 행위의 주체로서 승인될 수 있는지를 다룬다. 즉, 인공지능이 선과 악에 관한 인간의 도덕적 가치를 학습하는 것이 가능한지 여부, 또한 도덕가치의 학습이 가능하다고 할지라도 인공지능에게 자율적인 도덕적 판단의 주체라는 지위 및 역할을 부여하는 것이 이론적·실천적으로 가능한지 여부가 논란이 되고 있다. 다시 말해 지능로봇이 '인공적 도덕 행위자'(artificial moral agent; AMA)[17]나 인공적 규범 행위자(artificial normative agent)가 될 수 있는가 하는 문제이다. 여기서 행위주체성 (agency)[18]이란 "더 이상 인간의 직접적 조작에 의해 작동하거나 지속적인 개입을 필요로 하는 수동적 존재가 아니며, 일종의 직권 위임에 의해 스스로의 자율적 판단을 통하여 작동하는 능동적 행위자"[19]의 속성을 의미한다. 히마(Himma)는 행위주체성이 행위(act or action)로서 여겨질 수 있는 무엇인가를 할 수 있는 상태(being capable of doing something)에 대한 관념이라고 할 수 있으며, 이는 개념적으로 해당 행위를 수행할 수 있는 역량을 갖춘 것을 말한다고 본다.[20]

물론 도덕적 행위자로서 로봇의 지위를 승인하는 것이 인간과 같은

---

17 웬델 월러치/콜린 알렌(노태복 역), 「왜 로봇의 도덕인가」, 메디치미디어, 2014, 14면.

18 행위주체성 혹은 행위자성 개념에 대해 보다 자세히는, D. J. Gunkel, *The Machine Question: Critical Perspectives on AI, Robots, and Ethics*, The MIT Press, 2012, p.18 이하.

19 신상규, "자율기술과 플로리디의 정보 윤리," 「철학논집」 제45집, 서강대학교 철학연구소, 2016, 271면.

20 K. E. Himma, "Artificial Agency, Consciousness, and the Criteria for Moral Agency: What Properties Must an Artificial Agent Have to Be a Moral Agent?," *Ethics and Information Technology*, Vol. 11, Iss. 1, 2009, pp.19-20.

수준의 온전한 자의식 및 자유의지를 갖는 것을 전제로 하는 것은 아니다.[21] 그렇기에 도덕적 주체로서 로봇은 인간과 동일한 수준은 아니지만 "인간의 위임에 따라 조건화된 자율성의 범위 안에서 작동하는 인공물"[22]을 의미한다고 볼 수 있다. 특히 로봇과 인간을 비교할 때, 로봇이 인간과 동일한 기능을 수행하고 동일한 의식적 경험을 갖고 있다면 인간과 동일한 윤리적 지위를 부여할 수도 있을 것이다.[23] 정보윤리의 관점에서는 도덕적이라고 평가될 수 있는 행동을 수행할 수 있는 모든 자율적 존재를 도덕적 행위자로 간주함으로써, 로봇과 같은 인공적인 행위자까지도 도덕적 행위자의 개념에 포섭시킬 수 있는 가능성이 검토된 바 있다.[24] 또한 플로리디(Floridi)에 의하면 그런 행위자의 도덕적 '책임'(responsibility)은 근대적 인과성이 입증되지 않아서 책임질 수 없는 경우에도 도덕적인 행동을 하도록 해야 한다는 당위적 요청, 즉 '책무'(accountability) 내지 '책망'(censure; 견책)의 의미로 확장되어야 한다고 본다.[25] 도덕적 책무 개념은 정신 및 감정이 없는 인공 행위자들, 즉 로봇에게도 부여될 수 있고,[26] 이는 인간의 규범 및 가치판단, 그리고 행위 기대를 알고리즘으로 대체한 것이라는 점에서 '알고리즘 책무'(algorithm accountability)[27]라고 부를 수 있겠다. 알고리즘 책무란 로봇의 인공지능

21 이런 견해로 라파엘 카푸로/미카엘 나겐보르그 편(변순용/송선영 역), 「로봇윤리: 로봇의 윤리적 문제들」, 어문학사, 2013, 6면.

22 고인석, "로봇윤리의 기본 원칙," 앞의 논문, 415-416면.

23 N. Bostrom/E. Yudkowsky, "The Ethics of Artificial Intelligence," *The Cambridge Handbook of Artificial Intelligence* [F. Keith/W. M. Ramsey(eds.)], Cambridge University Press, 2014, p.323(이재현, "인공지능에 관한 비판적 스케치," 「마르크스주의 연구」 제13권 제3호, 경상대학교 사회과학연구소, 2016, 22면에서 재인용).

24 이에 관해 자세히는 신상규, "자율기술과 플로리디의 정보 윤리," 앞의 논문, 291면.

25 신상규, "자율기술과 플로리디의 정보 윤리," 앞의 논문, 291-292면.

26 이상형, "윤리적 인공지능은 가능한가?," 「법과정책연구」 제16권 제4호, 한국법정 책학회, 2016, 298면.

27 이원태, 「인공지능의 규범이슈와 정책적 시사점」, KISDI Premium Report 15-7,

알고리즘[28]을 안전, 보안, 신뢰의 관점에서 적절하게 통제하는 모든 제도화 방안을 말한다.[29]

(3) 로봇권

셋째, 로봇윤리는 윤리적 주체로서의 로봇뿐만 아니라 객체로서의 로봇, 즉 로봇에 대한 윤리적 처우(treatment) 문제 역시 논의의 대상으로 삼는다. 로봇을 윤리적 객체로 바라보는 관점은 (로봇의 관점에서는) 로봇권(robot rights)으로 표현될 수 있다. 인간-로봇의 상호작용(human robot interaction; HRI)에 대한 연구를 바탕으로 인간과 로봇의 관계성 및 파트너십(human-machine partnerships)[30]이 이러한 로봇권의 근거로서 제시되기도 한다. 이러한 관점에서 로봇권을 누리는 로봇은 사회적 상호작용 역량을 전제로 하므로 '사회적 로봇'(social robot)이 된다. 이처럼 지능로봇이 권리 주체가 되고 일정한 권리능력도 누리게 된다면, 로봇권의 관념은 법인격을 자연인간에서 법인(legal person), 그리고 전자인간(electronic person)과 같은 비인간적 존재로 확장하는 역사[31]의 연장선상에 서게 된다. 다시 말해 로봇은 인간을 넘어선 인격성(personhood beyond human)[32]을 가지는 것이며, 이런 로봇권에 대한 담론은 동물권과 같은 이차적 권리(second-order rights)에 대한 담론과도 연결된다.[33]

정보통신정책연구원, 2015, 3-4면.

28 알고리즘이란 "컴퓨터가 소프트웨어를 통해 데이터를 처리하는 일련의 구조"를 말한다(구본권, "인공지능 시대가 가져올 변화와 과제," 「포스트휴먼 시대의 휴먼」, 아카넷, 2016, 247면).

29 이원태, 「인공지능의 규범이슈와 정책적 시사점」, 앞의 책, 22면.

30 H. Knight, "How Humans Respond to Robots: Building Public Policy through Good Design," Center for Technology Innovation at Brookings, July 2014, pp. 1-20.

31 이중기, "인공지능을 가진 로봇의 법적 취급: 자율주행자동차 사고의 법적 인식과 책임을 중심으로." 「홍익법학」 제17권 제3호, 홍익대학교 법학연구소, 2016, 19면.

32 이원태, 「인공지능의 규범이슈와 정책적 시사점」, 앞의 책, 18면.

2. 자율주행자동차의 자율성

이러한 로봇윤리의 담론을 자율주행자동차의 윤리문제에서 적용할 수 있으려면 자율주행자동차가 지능로봇의 성격을 갖고 있음을 인정할 수 있어야 한다. 자율주행자동차에서 자율성(autonomy)의 의미는 그 윤리문제가 적용될 범위(외연)를 설정할 뿐만 아니라 로봇과의 구조적 · 기능적 동일성을 근거 짓는 요소이다. 그러므로 '자율'의 의미를 먼저 이해하여야 한다.

자율주행자동차는 흔히 '자동화된 자동차'(automated vehicle)의 연장선에서 이해된다.[34] 2013년 5월, 미국도로교통안전청(National Highway Traffic Safety Administration: NHTSA)은 아래와 같이 자율주행자동차의 자동화 수준을 5단계로 분류하여 제시한 바 있다.

NHTSA의 자동화 수준을 기준으로 볼 때, 현재 시점에서 논의되고 있는 자율주행자동차의 상용화는 3레벨에서 4레벨로 나아가는 자동차의 자동화 기술을 전제로 하고 있다고 할 수 있다. 실제로 윤리적 쟁점이 가시화되는 수준은 3~4레벨의 자율주행자동차라고 할 수 있겠다. 이 레벨의 자율주행자동차와 기존의 자동화된 일반자동차(예: 크루즈 컨트롤, 차선유지 장치 등) 사이의 실질적인 차이는 운행자의 개입 비중의 차이에 있다. 지능로봇에 대한 윤리규범을 설정하는 데 있어서 기본적인 두 축은 서로 반비례관계에 놓이는 '인공지능 알고리즘의 자율성'과 '인간 주체의 통제권'이라고 할 수 있다.[35] 자율주행자동차의 완성된 형태는 운전자 없는(driverless) 자율적인 자기주행(self-driving) 로봇일 것이다. 다만 여기서 말하는 자율적 판단이란 알고리즘에 따라 도출된 자동화된

---

33 K. Darling, "Extending Legal Rights to Social Robots," We Robot Conference, University of Miami, April 2012, pp.1-18.
34 이중기/오병두, "자율주행자동차와 로봇윤리," 앞의 논문, 2면.
35 이원태, 「인공지능의 규범이슈와 정책적 시사점」, 앞의 책, 10면.

[NHTSA의 자동차 자동화 수준][36]

0레벨	비-자동화 (No automation)	- 운전자가 자동차 조향, 제동 등에 대한 완전한 단독의 통제권한을 갖고 있음 - 운전자가 도로상황 모니터링 등에 대해 항시 전적인 책임을 지며, 자동차는 주행 관련 사항에 대한 경보 정도의 부수적·편의상 역할을 수행함
1레벨	특정 기능 자동화 (Function-specific automation)	- 자동차가 한 가지 이상의 통제 기능을 독립적으로 수행할 수 있는 자동화 단계
2레벨	통합 기능 자동화 (Combined-function automation)	- 두 가지 이상의 주요 통제 기능이 자동화되고 이들이 함께 결합되어 작동하는 단계(예: 크루즈 컨트롤과 차선 유지 장치의 결합) - 운전자는 여전히 도로 및 주행상황에 대한 모니터링에 있어 책임을 지며, 항시 그리고 갑작스러운 통보에도 운행을 통제할 수 있도록 준비되어야 함
3레벨	제한된 자율주행 자동화 (Limited self-driving automation)	- 운전자가 주행 중 도로상황에 대해 항상 모니터링할 것이 요청되지 않으며, 다만 간헐적인 통제(occasional control)가 가능해야 함 - 특정 상황에서는 운전자가 자동차에게 통제권한을 양도할 수 있음 - 운전자에게 통제권한이 다시 전환될 때에는 운전자가 이를 충분히 확보하도록 적절한 시간이 주어짐
4레벨	완전 자율주행 자동화 (Full self-driving automation)	- 자동차는 운전자의 개입에 대한 기대 없이 전체 운행을 안전하게 지배함

---

36 NHTSA, "Preliminary Statement of Policy Concerning Automated Vehicles," 2013(https://www.nhtsa.gov/staticfiles/rulemaking/pdf/Automated_Vehicles_P olicy.pdf).

판단이라는 점에서[37] 인간의 자유의지에 기초한 자율성을 뜻하지는 않
는다. 그럼에도 불구하고 자율주행자동차의 '의식 없는 지능', '자유의지
없는 지능'이 자유의지의 주체인 인간을 대신해 지능적 기능을 수행하
는 한에서 새로운 행위주체로 인정될 여지가 있다.[38] 특히 자율주행자동
차의 인식-판단-행동이라는 일련의 과정에서 알고리즘의 작동에 따른
행위의 결과를 프로그래머가 사전에 예측 · 판단할 수 없는 지평이 존재
한다는 점에서, 알고리즘적 판단에는 모종의 자율성이 인정될 수 있는
것이다. 알고리즘적 판단의 예측불가능성[39]과 비가시성[40]으로 인해 알고
리즘 작동방식에 대한 인간의 통제 권한을 온전히 확보하기는 어렵고,
그 지점에서 자율주행자동차의 '자율성'은 시작된다고 볼 수 있다.

3. 자율주행자동차의 로봇성

자율주행자동차는 흔히 "목표지점이 설정되면 인위적인 추가 조작 없
이 스스로 주행환경을 인식하면서 목표지점까지 자율적으로 운행하는 자
동차",[41] "일정한 조건하에서 스스로 주행환경을 인식하면서 자율적으로
운행하는 자동차"[42] 등으로 정의된다.[43] 이러한 개념 정의에 따를 때, 자율

---

37 이런 점에서 자율주행자동차의 자율 개념에 회의적인 O. Etzioni, "The Future of
　AI," 2016 국제법률 심포지움 〈4차 산업혁명의 도전과 응전: 사법의 미래〉, 대법
　원, 2016.10.18, 75면 참조.
38 구본권, "인공지능 시대가 가져올 변화와 과제," 앞의 책, 261면.
39 양종모, "인공지능의 위험의 특성과 법적 규제방안," 「홍익법학」 제17권 제4호,
　홍익대학교 법학연구소, 2016, 544면.
40 구본권, "인공지능 시대가 가져올 변화와 과제," 앞의 책, 249면.
41 이중기/황창근, "자율주행자동차 운행에 대비한 책임법제와 책임보험제도의 정비
　필요성: 소프트웨어의 흠결, 설계상 흠결 문제를 중심으로," 「금융법연구」 제13권
　제1호, 한국금융법학회, 2016, 95면.
42 이중기, "자율주행차의 발전단계로 본 운전자와 인공지능의 주의의무의 변화와
　규범적 판단능력의 사전 프로그래밍 필요성," 앞의 논문, 448면.
43 자동차관리법 제2조 제1호의3에서는 자율주행자동차를 "운전자는 탑승하나 조작
　없이 목표 지점까지 자동차 스스로 주행 환경을 인식 · 운행할 수 있는 자동차"로

주행자동차는 지각(sensing)-정보처리(computing)-운동출력(motion)이
라는 요소를 갖고 있음을 알 수 있다.[44] 그런데 이 세 요소는 바로 지능
로봇의 구성요소에 상응하는 것이다. 지능로봇이란 흔히 "외부 환경의
변화를 인식하고, 스스로 상황을 판단하여, 자율적으로 동작하거나 인
간과 상호작용을 하는 로봇"[45]이라고 정의되는데, 해당 정의에는 인지
센서를 통한 지각, 지능적인 판단과 결정, 그리고 결정을 실행에 옮기는
행동이라는 세 가지 요소가 기본을 이루고 있기 때문이다. 게다가 자율
주행자동차는 도로교통체계 인프라와 총체적으로 결합하여 기능한다는
점에서, '교통통제 로봇시스템'과 결합되어 사회적 기반시설로 작동하는
'사회기반형 로봇'[46]의 일종으로 분류될 수 있기도 하다.

또한 자율주행자동차는 로봇과 마찬가지로 자동화된 인공적인 시스
템이며, 가치판단 및 이에 기반한 행위의 실행을 부분적으로 위임받는
다.[47] 이러한 점에서 자율주행자동차는 준-자율적(semi-autonomous) 내
지 유사-자율적(quasi-autonomous)인 존재로서 로봇의 지위가 인정된
다.[48] 자율주행자동차 역시 주변 환경을 인식하고 판단능력을 보유하며
운행행위를 수행한다는 점에서 적어도 '현상적 차원'에서의 자율적인 주
체성을 인정할 가능성이 열리게 되는 것이다.[49]

정의하고 있다.
44 고인석, "로봇윤리의 기본 원칙," 앞의 논문, 404면.
45 김대식, "지능형 로봇기술의 발전 현황과 전망,"「법과학을 적용한 형사사법의 선
    진화 방안(VI)」, 한국형사정책연구원, 2015, 21면.
46 사회기반형 로봇의 예로서 교통통제 로봇시스템을 제시하는, 고인석, "체계적인
    로봇윤리의 정립을 위한 로봇 존재론, 특히 로봇의 분류에 관하여,"「철학논총」
    제70집, 새한철학회, 2012, 191면.
47 고인석, "아시모프의 로봇 3법칙 다시 보기: 윤리적인 로봇 만들기,"「철학연구」
    제93집, 철학연구회, 2011, 99면.
48 변순용/송선영, "로봇윤리의 이론적 기초를 위한 근본 과제 연구,"「윤리연구」제
    88호, 한국윤리학회, 2013, 19면.
49 이중기, "자율주행자동차: 로봇으로서의 윤리와 법적 문제,"「국토」통권 제416
    호, 국토연구원, 2016, 39면.

4. 자율주행자동차 윤리의 세 가지 차원

이처럼 인공지능이 체화된 지능형 자동차 역시 로봇의 한 유형으로 분류될 수 있으므로, 자율주행자동차의 윤리문제도 로봇윤리의 담론 안에서 이론적 · 실천적으로 다루어질 수 있다. 앞서 설명한 로봇윤리의 세 가지 유형을 자율주행자동차에 적용해보면 다음 세 가지 차원의 윤리적 문제가 등장한다.

- ① 자율주행자동차 생산의 윤리적 지침: 자동차 사고 예방을 위한 프로그래밍의 윤리적 방향
- ② 도덕적 행위자로서 자율주행자동차의 책임: 자동차 사고에서 법적 책임의 귀속과 분배의 공정성 문제
- ③ 자율주행자동차권

첫 번째의 윤리문제(①)는 자율주행자동차가 운행되기 이전에 그 설계와 생산의 과정에서 등장한다는 점에서 사전적 차원의 윤리문제인 반면, 두 번째와 세 번째의 윤리문제(②, ③)는 생산된 자율주행자동차가 운행하는 과정에서 직면한다는 점에서 사후적 차원의 윤리문제라고 할 수 있다.

(1) 사전적 차원의 윤리문제

첫 번째 윤리문제(①)의 경우, 현재까지는 자동차 사고를 예방하기 위해 자율주행자동차를 어떻게 프로그래밍할 것이냐는 문제에 주로 집중되어 왔다. 자율주행자동차가 아무리 발전하여도 자동차의 기계적 장비 및 자율주행 소프트웨어 프로그램의 결함 내지 오작동으로 인한 교통사고의 발생 가능성이 완전하게 제로가 될 수는 없을 것이다.[50] 자동차의 주행환경은 상당히 다양하고 가변적인 변수들의 영향을 받게 되므로, 자율주행자

동차의 센서를 비롯해 모든 알고리즘 기능이 완벽하게 작동할 때에도 일정 비율의 자동차 사고는 발생할 수밖에 없다.[51] 즉, 자율주행자동차의 경우에도 자동차 사고는 일상적이고 회피불가능한(unavoidable) 것이다.[52] 이를 자동차 사고의 일상성 내지 정상성이라고 부를 수 있다. 이러한 일상성을 고려할 때, 자율주행자동차의 주행 중 예측되는 충돌상황 등 교통사고에 대해 어떠한 의사결정을 내리도록 프로그래밍해야 하는가라는 문제는 윤리적 문제가 된다. 앞에서 언급했듯이 인간의 생명 및 신체에 상당한 영향을 미치는 의사결정을 인간이 아닌 자율주행자동차가 내리게 되는 현상이 특수하거나 예외적인 상황이 아니라 일반적이고 정상적인 것이 될수록 사회에서 수용 가능한 인공지능의 윤리적 가치판단 역량은 기본전제가 될 수밖에 없기 때문이다. 따라서 단순히 미연에 자동차 사고를 예방하기 위한 충돌회피 알고리즘만으로는 자율주행자동차의 상용화가 가져오게 될 다양한 사회문제를 해결할 수 없으며, 충돌 최적화 전략 등 윤리적인 고려가 충분히 이루어져야 하는 것이다.[53] 오늘날 자율주행자동차의 윤리담론이라고 하면 주로 이러한 윤리문제에 관한 것이라 할 수 있다. 그렇기에 이 글의 III, IV 단락은 이 문제를 좀 더 자세히, 예시적으로 다룰 것이다.

(2) 사후적 차원의 윤리문제

사후적 차원의 윤리문제 가운데 로봇권과 같은 자율주행자동차의 윤

---

50 신동현, "자율주행자동차 운행의 법적 문제에 관한 시론," 「과학기술법연구」 제22집 제3호, 한남대학교 과학기술법연구원, 2016, 211면.

51 N. J. Goodall, "Ethical Decision Making During Automated Vehicle Crashes," *Transportation Research Record: Journal of the Transportation Research Board*, No. 2424, Transportation Research Board of the National Academies, 2014, p.58.

52 P. Lin, "Why Ethics Matters for Autonomous Cars," *Autonomous Driving* [M. Maurer/J. C. Gerdes/B. Lenz/H. Winner(eds.)], Springer, 2016, p.71.

53 P. Lin, "Why Ethics Matters for Autonomous Cars," *supra*, p.81.

리담론, 즉 자율주행자동차'권'에 대한 논의는 아직까지는 너무 미미하며, 거의 상상력의 수준에 머물러 있다. 이 글에서는 더 이상 다루지 않고, 미래적 과제로 남겨 두기로 한다. 하지만 도덕적 행위자로서 자율주행자동차가 어떤 책임을 떠맡아야 하는가의 문제는 사전적 차원의 윤리문제보다 그 비중이 상대적으로 약하지만 이 글에서도 짧게나마 미래에 전개될 방향에 대한 전망적 차원의 논의를 할 필요가 있다. 현재까지 이러한 논의의 중심은 주로 자율주행자동차의 알고리즘에 따라 이루어진 '자동화된 결정'(automated decision)[54]이 제기하는 새로운 책임귀속의 문제(responsibility ascription problem)[55]에 쏠려 있다. 즉, '운행지배'에 대한 인간 운전자와 자율주행자동차의 개입이 갖는 대항적 관계를 고려할 때, 자율주행자동차의 자동화 내지 자율성 수준은 운행자의 주의의무와 제조물책임의 법리적용에 큰 변화를 가져올 수 있다는 것이다. 왜냐하면 자동차의 자율주행에서 인간 운전자는 운행지배를 하지 않거나 극히 제한된 범위 내에서만 통제권을 가진다는 점에서 운행자의 주의의무위반과 운행자 책임을 온전히 인정하기 어렵게 되기 때문이다.

가령 NHTSA 기준 3레벨의 자동화가 이루어진 자동차(半자율주행자동차)의 자율주행에서 운전자는 주의를 집중한(attentive) 상태를 계속적으로 유지할 필요가 없으며 사전경보를 받고 일정 시간이 지난 후에나 자동차에 대한 통제권한을 되찾게 되는데, 이때 수초에 이르는 짧은 시간 안에 인간 운전자로 하여금 상황에 대한 전적인 통제권한 및 이에 상응하는 책임을 요청하는 것은 비현실적이다.[56] 그런 상황의 운전자는 충

---

54 이원태, 「인공지능의 규범이슈와 정책적 시사점」, 앞의 책, 17면.

55 M. Santoro/D. Marino/G. Tamburrini, "Learning Robots Interacting with Humans: From Epistemic Risk to Responsibility," *AI & Society*, Vol. 22, No. 3, 2008, pp.301-314[라파엘 카푸로/미카엘 나겐보르그 편(변순용/송선영 역), 「로봇윤리」, 앞의 책, 284면에서 재인용].

56 N. J. Goodall, "Ethical Decision Making During Automated Vehicle Crashes," *supra*, p.60.

돌이 불가피한 상황에서도 최대한 안전성을 확보하기 위해 사전계획 없이 매우 급작스럽게 고도의 스트레스를 동반한 의사결정을 내리게 된다는 점을 고려할 때 더욱 그러하다고 한다.[57]

만일 이와 같은 운전자에게 교통사고의 책임을 귀속시키지 않을 경우에는 새로운 책임(귀속)의 공백영역이 발생하게 된다. 이 공백영역은 교통사고에 대한 책임을 운행자로부터 제조자로 이전시키는 책임구조의 변화를 필요로 한다.[58] 즉, 자율주행자동차의 교통사고에 대한 책임은 운전자 책임이 아니라 제조물책임으로 그 중심이 옮겨간다. 따라서 자동차 제조자의 윤리적 책무가 더욱더 중요하게 된다.

그런데 자율주행자동차라는 제조물의 핵심은 알고리즘 소프트웨어에 기반한다. 제조물책임은 궁극적으로는 자율주행자동차의 프로그래머 및 알고리즘 개발자에 대한 책임으로 환원된다. 이때 먼저 자율주행자동차의 알고리즘 소프트웨어가 기존 제조물책임법리상 제조물인지 여부에 대해서도 의문이 있을 수 있다.[59] 그러나 더 중요한 점은 스프트웨어를 제조물이라고 보더라도 알고리즘 개발자에게 책임을 귀속시키기 어렵다는 것이다. 그 역시 알고리즘 작동에 따른 판단 및 행동을 완벽하게 예측할 수 없기 때문이다.[60] 그렇다면 자율주행자동차의 교통사고로 인한 손해에 대해 "누구도 책임지지 않는 사태"[61]가 발생할 가능성이 생기게 된다. 그러나 자율주행자동차의 교통사고 피해자의 손해를 보상해

---

57 N. J. Goodall, "Ethical Decision Making During Automated Vehicle Crashes," *supra*, p.60.
58 이중기/황창근, "자율주행자동차 운행에 대비한 책임법제와 책임보험제도의 정비 필요성," 앞의 논문, 95면.
59 소프트웨어에 대한 제조물책임법리의 적용가능여부를 비롯해 자율주행자동차의 제조물책임 관련 핵심쟁점들을 고찰하는 최병록, "자율주행자동차에 있어서 제조물책임의 주요 쟁점에 관한 연구," 「IT와 법연구」 제14집, 경북대학교 IT와 법연구소, 2017, 211-233면.
60 김대식, "지능형 로봇기술의 발전 현황과 전망," 앞의 논문, 97면.
61 이중기/황창근, "자율주행자동차 운행에 대비한 책임법제와 책임보험제도의 정비 필요성," 앞의 논문, 96면.

주는 것은 손해의 공평한 분배라는 도덕적 요청에 속한다고 볼 수 있다. 이 윤리적 요청은 법적으로는 책임보험제도에 의해 충족될 수 있다. 이런 점에서 자율주행자동차의 생산자가 지는 책임보험법적 책무는 점점 더 중요해질 것이며, 자동차 생산자는 머지않아 사실상(de facto) 자동차 보험사로서의 지위를 얻게 될 것이라는 전망도 나온다.[62]

III. 자율주행자동차의 윤리화: 과제와 방법

1. 윤리적 프로그래밍의 과제

오늘날 자율주행자동차의 윤리담론은 주로 자율주행자동차에 대한 윤리적 프로그래밍에 집중되어 있다. 로봇의 자율적인 판단 및 행동은 알고리즘과 그에 바탕한 일련의 학습과정에 의해 이루어진다는 점에서 인간의 그것과 구별될 수 있다.[63] 자율주행자동차의 주의의무 및 윤리 판단이 이루어져야 할 주행상황의 설정은 제조 당시 사전적으로(ex ante) 미리 결정되어 프로그래밍을 통해 반영되어야 하는 것이다.[64] 특히 기존의 법적 · 윤리적 규범체계를 프로그래밍하는 것은 로봇 사용에 따른 피해를 최소화하는 방안으로써 중요하게 고려되고 있다.[65] 나아가

---

62 이런 관점으로 J.-F. Bonnefon/A. Shariff/I. Rahwan, "Autonomous Vehicles Need Experimental Ethics: Are We Ready for Utilitarian Cars?," 2015(https://pdfs.semanticscholar.org/13d4/56d4c53d7b03b90ba59845a8f61b23b9f6e8.pdf), p.2.

63 고인석, "아시모프의 로봇 3법칙 다시 보기," 앞의 논문, 114면.

64 이중기, "자율주행차의 발전단계로 본 운전자와 인공지능의 주의의무의 변화와 규범적 판단능력의 사전 프로그래밍 필요성," 앞의 논문, 459면.

65 P. Lin/K. Abney/G. A. Bekey(eds.), Robot Ethics: The Ethical and Social Implications of Robotics, MIT Press, 2011(이원태, 「인공지능의 규범이슈와 정책적 시사점」, 앞의 책, 10면에서 재인용).

법정책적 차원에서 이러한 사전적 프로그래밍은 제조자의 관점에서 자율주행자동차 제조를 위한 일종의 자기인증 기준으로 작동하게 될 것으로 예측되고 있다.[66] 이처럼 자율주행자동차의 윤리담론은 주로 예방적 점검의 윤리학으로 전개되고 있다.[67]

자율주행자동차의 윤리적 프로그래밍에 있어서 핵심은 충돌상황에서의 대처방법에 관한 것이다. 이와 관련하여 구달(Goodall)은 자율주행자동차의 충돌상황이 갖는 특성과 이에 따른 고려사항을 아래와 같이 정리한 바 있다.[68]

- ① 자율주행자동차는 거의 반드시 충돌상황을 수반하게 될 것이다.
- ② 해당 충돌상황에 선행하는 자율주행자동차의 의사결정에는 도덕적·윤리적 판단요소가 담겨 있다.
- ③ 인간의 복잡한 도덕체계를 인공지능 소프트웨어에 효과적으로 구현(encode)하기 위한 명백한 방법은 존재하지 않는다.

구달에 의하면 자율주행자동차의 의사결정은 윤리적 문제를 내포하고 있으며 그 문제는 단일한 답을 갖고 있지 않다. 이는 자율주행자동차의 의사결정이 일종의 가치결정임을 말해 준다. 게다가 자동차를 윤리적으로 자율적인 기계로 만들기 위해 자동차의 컴퓨터에 인간의 윤리체계를 알고리즘으로 짜 넣는 작업이 필요하게 된다. 즉, 윤리적 프로그래밍을 통해 윤리적 로봇을 만들어 가는 과정은 인간의 규범적 가치기준

---

66 이중기, "자율주행차의 발전단계로 본 운전자와 인공지능의 주의의무의 변화와 규범적 판단능력의 사전 프로그래밍 필요성," 앞의 논문, 464면 이하.
67 김형준, "「지능정보사회 기본법(안)」 전문가 세미나 토론문," 지능정보사회 기본법 입법세미나 〈미래혁명! 지능정보사회로 가는길〉, 연세대학교 법학연구원 공공거버넌스와 법 센터, 2017.1.24, 55면.
68 N. J. Goodall, "Ethical Decision Making During Automated Vehicle Crashes," *supra*, p.58.

을 인공지능에 전이(transfer)하여 로봇에 구현하는 것을 의미한다.[69] 이러한 작업은 인공지능 연구 중에서도 가장 난해한 도전으로 악명이 높다.[70] 그러므로 자율주행자동차가 충돌상황에서 내리는 결정은 가치문제와 기술적 문제를 함께 갖고 있는 셈이다. 하지만 자율주행자동차의 윤리담론은 기술적 차원의 문제보다는 윤리적 가치결정의 문제에 보다 집중하여 전개되고 있다.

2. 윤리적 로봇 만들기의 방법론

그럼 가치문제의 차원으로 환원된 의미에서 윤리적 자율주행자동차는 어떻게 만들 수 있는 것인가? 이 물음에 답하기 위해서 윤리적 로봇(ethical robot)을 만들기 위한 몇 가지 접근방법들을 참고할 수 있다.

(1) 하향식 접근방법

먼저 보편적으로 승인될 수 있는 도덕 원칙을 특수한 사례에 연역적으로 적용하면서 규범 및 가치판단을 수행하는 하향식(top-down approach) 방법론[71]이 있다. 이는 이성적 추론에 의해[72] 보편적으로 승인될 수 있는 윤리이론의 규칙집합들로 구성된 로봇윤리를 구현하는 알고리즘과 하부체계를 설계하는 방법이다.[73] 하향식 접근방법의 대표적인 윤리이론으로 공리주의(utilitarianism)와 의무론(deontology)이 있다.

1) 공리주의   벤담(Bentham)과 밀(Mill)에서 비롯되는 공리주의는 공

---

69 김윤명, 「인공지능과 리걸 프레임, 10가지 이슈」, 앞의 책, 102면.

70 P. Lin, "Why Ethics Matters for Autonomous Cars," *supra*, p.69.

71 이상형, "윤리적 인공지능은 가능한가?," 앞의 논문, 287면.

72 이 방법은 논리 기반 접근방법 혹은 이성적 접근방식(rational approaches)으로 지칭되기도 한다(N. J. Goodall, "Ethical Decision Making During Automated Vehicle Crashes," *supra*, p.61 참조).

73 최현철/변순용/신현주, "인공적 도덕행위자(AMA) 개발을 위한 윤리적 원칙 개발," 「윤리연구」 제111호, 한국윤리학회, 2016, 33-34면.

리 내지 효용(utility)이라는 가치에 기초하여 윤리적 판단의 정당성을 평가하게 되며, 행위의 결과를 중시한다는 점에서 결과주의(consequentialism)라고도 지칭된다. 오늘날 공리주의적 관점은 '최대다수의 최대행복'이라는 원칙으로 공식화된다. 이에 따르면 결과적으로 가장 큰 효용을 산출하는 행위가 도덕적으로 옳은 행위라는 평가를 받는다.[74] 효용의 극대화는 쾌락의 최대화와 고통의 최소화를 요구한다. 이와 같은 윤리적 가치평가를 하려면 고통과 쾌락에 대한 정확한 측정, 산출 내지 계산(calculation)이 필요하고, 고통과 쾌락의 강도(intensity)나 지속성(duration) 등이 이 계산에서 고려되어야 한다.

그러나 고통과 쾌락에 대한 평가는 양적 판단만이 아니라 주관성이 개입될 수밖에 없는 질적 판단 역시 요청하며, 어떤 계산법도 그 계산방식 자체에 대한 윤리적 가치평가의 문제를 남겨 놓는다는 한계가 있다. 또한 총효용의 극대화를 지향하게 되면 (집단과 구별되는) 개인의 권리에 대한 인식과 고려가 줄어들 수밖에 없는 한계도 내재한다.[75]

2) 의무론　　　　칸트(Kant)의 정언명령(categorical imperative)에서 보는 바와 같은[76] 의무론은 행위의 동기를 윤리판단의 정당성을 결정하는 기준으로 삼으면서,[77] 일련의 의무체계에 따른 윤리적 판단을 강조한

74　최현철/변순용/신현주, "인공적 도덕행위자(AMA) 개발을 위한 윤리적 원칙 개발," 위의 논문, 34면.

75　이와 같은 지적으로 N. J. Goodall, "Machine Ethics and Automated Vehicles," Pre-print Version(http://people.virginia.edu/~njg2q/machineethics.pdf), p.5. Published in G. Meyer/S. Beiker(eds.), *Road Vehicle Automation*, Springer, 2014, pp.93-102.

76　파워스(Powers)는 정언명령과 같이 명확한 연역적인 정식(formula)들에 바탕을 두고 있는 칸트의 의무론이 윤리적 프로그램의 방법론으로서 갖는 실천적 효용성에 주목한다. 이에 대해 자세히는 T. Powers, "Prospects for a Kantian Machine," IEEE Intelligent Systems, Vol. 21, Iss. 4, 2016, pp.46-51(최현철/변순용/신현주, "인공적 도덕행위자(AMA) 개발을 위한 윤리적 원칙 개발," 앞의 논문, 40면에서 재인용).

77　이중기, "자율주행자동차," 앞의 논문, 40면.

다.[78] 이에 따라 의무론은 행위의 결과와 상관없이, 의무체계에 입각한 원칙들에 부합하는지 여부에 따라 윤리적 가치평가를 수행하게 된다.[79] 로봇의 윤리적 프로그래밍을 수행하는 로봇공학은 이런 의무론을 결과론보다 선호하는 경향이 크다. 공리주의와 같은 결과론을 따르게 되면 효용의 산출을 위해서 복잡한 추론과정을 거쳐야 하지만, 의무론을 따르면 일련의 기본 원칙들을 선정하고 해당 원칙에 부합하는지 여부를 판단하는 연역적인 논리체계만 설계하면 되기 때문이다.[80]

의무론에 따른 로봇윤리의 대표적인 예로 아시모프(Asimov)의 로봇공학 3법칙(Three Laws of Robotics)을 들 수 있다. 아시모프는 1942년 출간된 단편소설 「런어라운드」(Runaround)에서 다음과 같은 법칙을 제시한 바 있다.

- 제1법칙   로봇은 인간에 해를 가하거나, 혹은 부작위를 통해 인간에게 해를 가하도록 해서는 안 된다.
- 제2법칙   로봇은 인간이 내린 명령에 복종해야만 하며, 단 이러한 명령이 제1법칙과 충돌할 때는 예외로 한다.
- 제3법칙   로봇은 제1법칙 또는 제2법칙과 충돌하지 않는 한, 자신의 존재를 보호해야 한다.

이 법칙들은 로봇에게 도덕적 행위자라는 주체의 지위를 부여한다. 즉, 아시모프의 로봇공학 3법칙은 객체가 아닌 주체로서의 로봇에게 의무를 부과하는 시도였다는 점에서 의의를 갖는다고 한다.[81] 이 법칙은

---

78 이중기/오병두, "자율주행자동차와 로봇윤리," 앞의 논문, 9면.
79 최현철/변순용/신현주, "인공적 도덕행위자(AMA) 개발을 위한 윤리적 원칙 개발," 앞의 논문, 35면.
80 최현철/변순용/신현주, "인공적 도덕행위자(AMA) 개발을 위한 윤리적 원칙 개발," 앞의 논문, 40면.
81 변순용/송선영, "로봇윤리의 이론적 기초를 위한 근본 과제 연구," 앞의 논문, 18면.

그 이론적 · 실천적 한계를 수정 및 보완하기 위한 맥락에서 다양한 변용을 시도하면서, 오늘날까지도 로봇윤리 담론에서 핵심적인 위치를 차지하고 있다.

그러나 의무론은 서로 모순적이거나 상충적인 관계에 놓여 있는 다수의 의무들 가운데 어떤 의무를 선택해야 하는지에 대한 기준을 제시하고 있지 못하다.[82] 특히 최상위의 도덕규칙이 과연 무엇이어야 하는지에 대해서는 윤리학자들 사이에서도 의견의 일치를 보지 못하고 있다.[83] 또한 의무론은 모든 행위자에게 적용될 수 있는 보편타당성의 개념에 의존적이지만, 이러한 보편적인 의무를 구체적이고 개별적인 경험에서 도출해내야 하는 딜레마에도 빠진다.[84] 그렇기에 의무론이 갖는 규칙체계는 언제나 미완적인 것(incompleteness)일 수밖에 없다.[85] 이는 의무론이 각 사회에 특유한 맥락적 상황요소를 고려하여 각기 상이한 가치체계를 설정하는 경우[86]에도 마찬가지이다.

(2) 상향식 접근방법

공리주의의 방법에 의하든 의무론의 방법에 의하든 자율주행자동차에 윤리규범을 객관화하는 프로그래밍은 근원적인 한계가 있음[87]을 인정한다면 아래로부터 위로의 상향식 접근(bottom-up approach)으로 나아가게 된다. 즉, 윤리규범의 기본적인 속성을 고려할 때 구체적인 현실이나 경험을 기반으로 하는 특정 맥락에서의 사례마다 구체적 타당성을 찾는 접근법이 주목된다. 이 접근방법은 주로 진화적 기계학습을 바탕

---

82 이중기, "자율주행자동차," 앞의 논문, 40면.
83 이상형, "윤리적 인공지능은 가능한가?," 앞의 논문, 288면.
84 이상형, "윤리적 인공지능은 가능한가?," 앞의 논문, 289면.
85 이와 같은 근본적인 한계를 지적하는 N. J. Goodall, "Ethical Decision Making During Automated Vehicle Crashes," *supra*, p.62.
86 이에 관해 N. J. Goodall, "Machine Ethics and Automated Vehicles," *supra*, p.6.
87 김윤명, 「인공지능과 리걸 프레임, 10가지 이슈」, 앞의 책, 102면.

으로 한다.[88] 다시 말해 인공지능이[89] 인간의 행위를 관찰함으로써 인간의 윤리를 '귀납적으로' 학습하게 한다는 것이다. 이런 진화적 기계학습은 인간 아이가 사회적 가치 및 규범을 습득해 나아가는 과정에 비견될 수 있다.[90]

상향식 접근방법은 개별적인 상황에서 행위자에게 가장 적합한 윤리적 판단이 무엇인지 집중한다는 점에서 규칙 중심적인 하향식 접근방식에 비해 복잡한 현실상황에 적용될 수 있는 실천성이 높다. 그러나 상향식 접근방법은 개별 상황에 특수한 윤리판단에만 초점을 맞추어 판단의 정당성을 일반적인 수준에서 확보하기는 어렵다는 난점이 있다.[91]

(3) 트롤리 문제에 대한 적용

지금까지 간략히 살핀 접근방법들을 오늘날 자율주행자동차의 윤리화 프로그래밍에 관한 논쟁에서 다시금 주목받고 있는 트롤리 문제 (Trolley Problem; 전차문제)에 적용하여 그 방법들의 의미를 좀 더 구체화해 보기로 하자. 트롤리 문제란 1967년 영국의 윤리철학자 필리파 풋 (Philippa Foot)이 제시한 다음 사례와 같은 윤리적 딜레마에 대한 사고실험(thought experiment)을 말한다.

물음 1: 브레이크가 고장난 전차가 다가오는 철로 위에 5명의 사람이 있고 다른 철로 위에는 1명의 사람이 있을 경우, 선로를 변경할 수 있는 조종대 앞에 서 있는 자는 5명의 사람이 죽도록 내버려 둘

---

88 최현철/변순용/신현주, "인공적 도덕행위자(AMA) 개발을 위한 윤리적 원칙 개발," 앞의 논문, 34면.

89 이런 점에서 상향식 접근방법은 인공지능 접근방식(artificial intelligence approaches)으로 지칭되기도 한다(N. J. Goodall, "Ethical Decision Making During Automated Vehicle Crashes," *supra*, p.62).

90 이상형, "윤리적 인공지능은 가능한가?," 앞의 논문, 289면.

91 이상형, "윤리적 인공지능은 가능한가?," 앞의 논문, 289면.

것인가 아니면 선로를 변경하여 5명을 살리고 1명을 희생시킬
것인가?

물음 2: 철로 위에 5명이 같은 위기에 처한 상황에서 선로 위에 있는 난
간에 80kg이 넘는 남자가 있고, 80kg이 넘는 물체가 선로 위에
떨어지면 자동으로 전차가 멈추는 시스템이 작동한다고 할 때,
이런 사실을 알고 있는 자라면 그 남자를 밀어서 선로 위로 떨어
뜨릴 것인가?

하향식 접근방법 중 공리주의적 접근방법에 의하면 물음 1에서 전차
의 선로를 바꾸어 1명을 죽게 하고 5명을 구하는 것이 더 윤리적인 반
면, 의무론적 접근방법에 의하면 필연적으로 단일한 답이 나오는 것은
아니지만, 가령 누구도 다른 누구를 죽이고 다른 누구를 살릴지를 결정
할 권리를 갖지 않는다는 의무론적 규칙을 설정한다면 선로를 바꾸는
것은 윤리적일 수 없다. 이러한 하향식 접근방법과는 달리 구체적 맥락
에서의 경험을 기반으로 윤리적 타당성을 찾는 상향식 접근방법에 의하
면 물음 1에서는 의무론적 관점이 더 타당하다는 경험적 반성과 물음 2
에서는 타인을 선로에 떨어뜨려 다치게 할 권리는 없지만 부상을 입는
부정의 결과보다는 5명의 생명을 구하는 긍정의 결과가 더 윤리적이라
는 경험적 반성이 일어날 수 있다. 물론 이와 다른 경험적 반성과 학습
이 이루어질 수도 있을 것이다. 하지만 이 설명에서 보듯 상향식 접근방
법은 하향식 접근방법의 두 방법을 혼합하는 방식으로 작동할 수도 있
다.[92]

---

[92] 하향식 접근방법과 상향식 접근방법을 혼합하는 혼합식 접근법은 인공지능의 법
적 논증에서도 시도되고 있으며, 이로 인해 대륙법적 전통의 규칙기반논증(rule-
based reasoning)과 영미법 기반의 사례기반 논증(case-based reasoning)이 결합
됨으로써 대륙법과 영미법의 체계적 융합 현상이 촉진될 것으로 전망된다(정채
연, "법패러다임 변화의 관점에서 인공지능과 법담론: 법에서 탈근대성의 수용과
발전," 「법과사회」 제53호, 법과사회이론학회, 2016, 125면 이하).

3. 윤리적 자율주행자동차 만들기의 방법론

윤리적 로봇 만들기의 방법론은 자율주행자동차의 윤리적 프로그래 밍에도 참조할 수 있다. 자율주행자동차가 예측되는 충돌상황에 대해 결과발생 확률 및 안전성 등을 종합적으로 고려하여 가장 낮은 피해를 초래할 가능성을 선택할 수 있는 역량, 즉 불가피한 충돌상황에서 '최적 의 충돌 전략'(optimal crashing strategies)을 보여 줄 수 있다.[93] 현재 자율 주행자동차의 윤리적 프로그래밍에 있어서, 하향식 접근으로 가장 많이 활용되고 있는 윤리이론은 공리주의적 관점에서 해악 최소화 알고리즘 과 의무론적 관점에서 아시모프의 로봇공학 3법칙이라고 한다.[94] 이들 은 각기 다른 장단점을 갖고 있고, 따라서 상호보완적일 수 있다.

(1) 공리주의적 접근

자율주행자동차의 윤리적 프로그래밍에서 공리주의적 접근방식은 주 로 해악 최소화 알고리즘(harm-minimizing algorithm)으로 등장한다.[95] 해악 최소화 알고리즘은 자율주행자동차와 탑승자의 안전을 극단적으 로 보호함으로써 보행자 등의 피해를 과도하게 초래하는 자기보존 알고 리즘(self-preservation algorithm)과 이와 정반대의 이타주의적인 자기희 생 알고리즘(self-sacrifice algorithm) 양자를 지양하여, 해당 상황에서의 해악을 구체적으로 산정함을 통해 윤리적 결정을 한다. 그러나 공리주 의적 방법의 근본문제는 효용계산의 주관성을 넘어설 수 없다는 점이 다. 또한 인간과 달리 컴퓨터는 공리주의적 계산을 즉각적으로 냉정하 게(dispassionately) 수행할 수 있으나,[96] 이로 인해 인간의 일반적 상식

---

93 N. J. Goodall, "Ethical Decision Making During Automated Vehicle Crashes," *supra*, p.58.
94 이중기/오병두, "자율주행자동차와 로봇윤리," 앞의 논문, 9면.
95 이중기/오병두, "자율주행자동차와 로봇윤리," 앞의 논문, 14면.
96 J.-F. Bonnefon/A. Shariff/I. Rahwan, "Autonomous Vehicles Need Experimental

(common sense)과 불일치할 수 있다는 점도 문제이다. 이를테면 특정 개인 혹은 집단의 안전이 향상되는 측면은 분명 누군가의 희생이라는 대가를 치르고 가능한 것이라는 점에서 전반적인 사망자(fatalities)의 감소가 반드시 윤리적이라고만 볼 수는 없다.[97] 그러므로 공리주의적 방법은 상식적으로 바람직하지 않은 결과를 초래할 수도 있는 것이다.

하지만 이러한 문제점들에도 불구하고 본느퐁(Bonnefon), 샤리프(Shariff), 라완(Rahwan)이 행한 실증연구에 따르면 일반인들이 사망자 수를 최소화하도록 설계된 공리주의적 자율주행자동차에 대해 상대적으로 높은 수용도를 보인 바 있다.[98] 이는 공리주의적 접근이 적어도 실험윤리(experimental ethics)에서는 시민들의 도덕적 기대를 가장 잘 반영하는 것임을 말해 준다.

(2) 의무론적 접근

의무론적 접근의 대표적인 예는 앞서 살핀 아시모프의 로봇공학 3법칙이다. 하지만 아시모프의 로봇공학 3법칙은 그 추상성이 지속적으로 비판받아 왔다.[99] 예컨대 기존 로봇공학 3법칙의 제1법칙은 트롤리 문제에 대해서 윤리적 판단을 위한 아무런 지침을 제공해 주지 못한다. 이는 이 법칙이 위계서열구조에 놓인 상충적인 이익들 사이에서는 조정기능을 발휘할 수 있어도 동일서열에서의 충돌상황에서는 아무런 기능도

Ethics," *supra*, p.8.

97 P. Lin, "The Ethics of Saving Lives with Autonomous Cars Are Far Murkier than You Think," Wired Opinion, 30 July 2013(https://www.wired.com/2013/07/the-surprising-ethics-of-robot-cars).

98 저자들은 세 가지 설문조사에 대한 분석을 바탕으로 이러한 결과를 발표하였는데, 다만 자율주행자동차 자신과 탑승객보다 타인을 우선시하는 자기희생적 선택에 대해서는 좀 더 신중한 태도를 보였다고 한다(J.-F. Bonnefon/A. Shariff/I. Rahwan, "Autonomous Vehicles Need Experimental Ethics," *supra*, pp.1-15).

99 N. J. Goodall, "Ethical Decision Making During Automated Vehicle Crashes," *supra*, p.62.

발휘할 수 없음을 뜻한다.[100] 이로써 로봇공학 3법칙은 자율주행자동차
의 윤리적 프로그래밍을 위한 이론적 기초가 되기에 한계가 있음을 알
수 있다. 로봇공학 3법칙의 한계를 극복하기 위한 로봇공학자들과 윤리
학자들의 시도 역시 다양한 방식으로 이루어졌다. 대표적으로 다음과
같은 저디스(Gerdes)와 손튼(Thornton)의 3법칙과 로하스(Rojas)의 4법
칙이 소개된 바 있다.[101]

저디스와 손튼의 3법칙은 충돌대상을 유형화하고 보행자/자전거운전
자, 다른 자동차, 기타 대상물의 순으로 위계서열에 따른 보호의 우선순
위를 설정하여 이를 윤리적 지침의 기본적인 표본으로 삼았다.[102] 이는
인간 생명 관념과 충돌상황에서 가장 취약한(vulnerable) 도로 사용자에
대한 우선성을 바탕으로 한다.[103] 저디스와 손튼은 해악(harm)과 손해
(injury)라는 추상적인 관념을 충돌(collision)이라는 보다 객관적인 관념
이 대체하도록 함으로써, 자동화된 자동차의 윤리적 알고리즘에 실제
실행가능한 원칙들을 도출할 필요성을 역설한다.[104] 그러나 이 또한 트
롤리 문제를 근본적으로 해결해 주지는 못한다고 할 수 있다. 로하스의
4법칙은 객관적인 판단기준으로 교통법규를 제2법칙에서 설정하고 있
는 것이 흥미롭기는 하지만, 그 실천적 유용성에 있어서 별다른 진전을
이루지 못한다.

---

100 이중기/오병두, "자율주행자동차와 로봇윤리," 앞의 논문, 15-16면.
101 이중기/오병두, "자율주행자동차와 로봇윤리," 앞의 논문, 12-13면.
102 이중기/오병두, "자율주행자동차와 로봇윤리," 앞의 논문, 13면.
103 J. C. Gerdes/S. M. Thornton, "Implementable Ethics for Autonomous Vehicles,"
     Autonomous Driving: Technical, Legal and Social Aspects [M. Maurer/J. C.
     Gerdes/B. Lenz/H. Winner(eds.)], Springer, 2016, p.96.
104 J. C. Gerdes/S. M. Thornton, "Implementable Ethics for Autonomous Vehicles,"
     supra, p.96.
105 J. C. Gerdes/S. M. Thornton, "Implementable Ethics for Autonomous Vehicles,"

저디스와 손튼의 3법칙[105]	로하스의 4법칙[106]
제1법칙 자동화된 자동차는 보행자 또는 자전거운전자와 충돌해서는 안 된다.	제1법칙 자동차는 인간을 해치거나 혹은 부작위로 인해 인간에게 위험을 초래해서는 안 된다.
제2법칙 자동화된 자동차는 충돌을 회피하는 것이 제1법칙과 상충되는 경우를 제외하고는, 다른 자동차와 충돌해서는 안 된다.	제2법칙 자동차는 제1법칙과 상충되는 경우를 제외하고는, 교통법규를 준수해야 한다.
제3법칙 자동화된 자동차는 충돌을 회피하는 것이 제1법칙 또는 제2법칙과 상충되는 경우를 제외하고는, 주변의 그 어떤 대상과도 충돌해서는 안 된다.	제3법칙 자동차는 인간이 내린 명령이 제1법칙 또는 제2법칙과 상충되는 경우를 제외하고는, 인간의 명령에 복종해야 한다.
	제4법칙 자동차는 제1법칙, 제2법칙 또는 제3법칙과 상충되지 않는 한, 자신의 존재를 보호해야 한다.

현재까지 윤리적 프로그래밍을 위한 알고리즘의 발전은 윤리적인 행위와 비윤리적 행위를 선별해내는 데 충분하지 않다고 볼 수 있다. 이는 아직까지 자율주행자동차의 윤리적 알고리즘에 대한 사회적인 수용가능성이 충분히 검토되지 않았다는 데 기인할 수 있다.

(3) 혼합적 방법

공리주의적 접근과 의무론적 접근을 포함한 하향식 접근법의 한계를 극복하기 위해 상향식 접근법이 자율주행자동차의 윤리화 프로그래밍에서도 검토되고 있지만, 앞서 살펴보았듯이 상향식 접근법 역시 내재

---

supra, p.96.
106 R. Rojas, "I, Car: The Four Laws of Robotic Cars"(http://www.inf.fu-berlin.de/inst/ag-ki/rojas_home/documents/tutorials/I-Car-Laws.pdf).

적인 한계를 지닌다는 점에서 단독의 방법론으로 삼기에는 부적절하다고 할 수 있다. 특히 상향식 접근법에 기초한 윤리학습을 통해 자율주행자동차가 운전자의 편견 및 잘못된 운전습관을 학습할 가능성까지 열려 있게 된다는 부작용에 대한 지적이 있다.[107]

이에 따라 자율주행자동차의 윤리적 프로그래밍에서도 하향식 접근법과 상향식 접근법의 한계를 극복하는 방법론으로 혼합식 접근법(hybrid approach)을 생각할 수 있다. 이를테면 이중기, 오병두는 (수정 · 변용된) 아시모프의 로봇공학 3법칙과 같은 의무론적 요소와 해악 최소화 알고리즘과 같은 공리주의적 요소가 결합된 접근법으로 윤리적 문제를 해결하되, 해당 지역의 운행상 관행 등 문화적 규범 등을 기계학습에 의해 반영하는 방식으로 보완하는 혼합형 접근법을 제안한다.[108] 또한 구달의 다음과 같은 방법론도 혼합식 접근법의 전형을 보여 준다.

　— 제1단계　　일반적 · 보편적으로 승인된 원칙들에 근거하여 충돌의 여파를 최소화하는 행위를 하도록 하향식 접근에 기반한 도덕체계를 구축하고,

　— 제2단계　　기계학습에 기반하여 현실세계의 충돌 시뮬레이션 시나리오에서 인간의 의사결정과정을 학습하여 인간과 유사한 가치판단이 가능할 수 있도록 하며,

　— 제3단계　　자율주행자동차로 하여금 자신의 의사결정을 자연어(natural language)로 표현하도록 하여, 고도로 복잡한 논리체계에 근거하는 의사결정을 인간이 이해할 수 있는 형태로 전환하여 가독성을 높이고, 이를 통해 사후 교정이 가능하도록 한다.[109]

---

107 이중기/오병두, "자율주행자동차와 로봇윤리," 앞의 논문, 8면.
108 이중기/오병두, "자율주행자동차와 로봇윤리," 앞의 논문, 20면.
109 N. J. Goodall, "Ethical Decision Making During Automated Vehicle Crashes,"

그러나 이러한 혼합식 접근법도 자율주행자동차의 윤리적 프로그래밍을 어떤 방향으로 설정할 것인지에 관한 일반적인 지침을 제시할 뿐, 트롤리 문제와 같은 구체적인 윤리적 문제에 대한 해답을 주는 것은 아니다.

IV. 자율주행자동차의 우선순위 문제

자율주행자동차의 윤리적 프로그래밍에서 활용되는 어떤 방법론이건 간에 그 자체로서는 자율주행자동차의 모든 교통사고에 대한 윤리적 판단의 기준을 제공해 주는 것이 아니다. 이는 모두 윤리적 판단의 기준을 찾아내는 방법, 즉 개발방법에 관한 논의라고 할 수 있다. 그러나 그런 방법론 논의 자체는 다시금 공허한 논의에 빠지기 쉽다. 좀 더 구체적인 충돌상황에서의 개별적인 윤리적 문제, 이를테면 트롤리 문제에서 여실히 나타나는 우선순위의 문제를 심층적으로 논의함으로써 자율주행자동차의 윤리적 알고리즘의 구체적인 선택지들을 하나씩 하나씩 찾아내고, 사회적 합의를 만들어 낼 수 있는 공론의 장을 펼치는 것이 더 중요하다. 아래에서는 가장 중요한 윤리적 화두로 떠올라 있는 트롤리 문제 가운데 우선순위의 문제를 예로 삼아 그런 공론의 장을 펼치는 소통적 작업을 전개해 보기로 한다.

1. 자율주행자동차의 윤리적 딜레마 상황의 유형

트롤리 문제의 윤리적 딜레마가 발생하는 자율주행자동차의 교통사고에서 자율주행자동차는 어떤 윤리적 선택결정을 해야 하는 것일까?

---

supra, pp.63-64.

이 논의를 위해 먼저 다음과 같은 몇 가지 형태의 윤리적 딜레마를 생각할 수 있다.

- 보행자들 사이의 생명이 충돌하여 어느 한(집단) 보행자의 생명을 선택하는 것이 강제되는 상황
- 자율주행자동차 탑승자의 생명과 보행자의 생명이 충돌하여 그 사이에서 선택이 강제되는 상황으로서, 보행자의 수가 탑승자의 수보다 큰 경우와 오히려 적거나 같은 경우

아래에서는 생명이 충돌하는 권리 주체들의 관계 유형을 바탕으로 이러한 윤리적 딜레마 상황에 대해 간략히 논하도록 하겠다.

(1) 한 명의 보행자와 다수의 보행자의 생명이 충돌하는 상황

한 명의 보행자와 다수의 보행자의 생명이 충돌하는 상황 설정과 같이 사망자 수(death toll)에 차이가 나는 경우에는 인명피해의 정도를 윤리적 판단의 기준으로 고려할 수 있다. 이는 윤리적 판단에서 공리주의적 접근법을 사용한 결과가 된다. 이런 윤리적 판단에서도 어린이와 노인에 대한 특별보호를 하는 식의 보행자 특성을 윤리적 판단의 변수로 삼아야 할 수도 있다. 이런 변수를 도입한다면, 그것은 의무론적 접근법이라고 할 수 있다.

타인의 생명들 사이의 우열을 가리는 윤리적 기준은 타인의 생명을 가치론적으로 저울질한다는 관점에서 바라보면 인간존엄에 위배되는 것일 수 있다. 이를 일종의 생명의 자율성원칙(Autonomieprinzip)이라고 부를 수 있다. 이는 긴급피난에서 환자의 생명을 구하기 위해 다른 환자의 혈액을 강제로 채취하여 수혈하는 행위가 긴급피난의 상당성을 인정받기 어려운 것과 같은 논리이다. 따라서 이런 사례 유형에서 자율주행자동차는 윤리적 공백 상태에 놓이게 된다.

(2) 자율주행자동차의 운행자와 보행자의 생명이 충돌하는 상황

자율주행자동차의 운행자와 외부 보행자 사이의 생명이 충돌하는 상황에서 선택을 강제하는 경우, 주행은 자동차가 자율로 하는 것이긴 하지만, 운행자의 의사결정과 운전행위를 대리하는 것으로 볼 수 있으므로 동수의 보행자이든 더 많은 수의 보행자이든 운행자의 생명을 구하기 위해 보행자의 생명을 희생시키는 것은 넓은 의미에서 긴급피난(형법 제22조)의 법리에 의해 정당화된다. 물론 이런 법적 정당화의 영역 안에서도 윤리적 판단은 진공상태로 남아 있는 셈이다.

(3) 자율주행자동차의 탑승자와 보행자의 생명이 충돌하는 상황

이에 비해 자율주행자동차의 운행자가 아닌 탑승자의 생명과 보행자의 생명이 충돌하는 상황도 얼핏 보면 보행자와 보행자의 생명이 충돌하는 상황(a)과 다르지 않을 것으로 보인다. 자율주행자동차를 인격적 주체로 보거나 그 운행자인 인간을 의사결정의 주체로 보거나 타자와 타자의 생명을 저울질하는 상황이라는 점에서는 동일하기 때문이다. 하지만 자율주행자동차의 탑승자는 운행자와 모종의 밀접한 사회적 관계가 있다는 점에서 연대성의 원리가 작용할 수 있고, 그러한 한에서 보행자의 생명이 충돌하는 상황과는 윤리적으로 차별화될 수 있다. 물론 이 경우에도 긴급피난의 법리에 의해 정당화될 수는 없다.

2. 모럴머신의 집단지성

보행자와 보행자 또는 탑승자와 보행자의 생명이 충돌하는 상황에서 누구의 생명을 우선으로 보호하는 방향으로 자율주행자동차의 알고리즘을 짤 것인지를 결정하기 위해서는 그와 같은 우선순위결정의 윤리적 판단에서 고려될 수 있는 다양한 변수들을 인식하여야 한다.

이런 문제에 대한 연구로 '모럴머신'(Moral Machine)이 주목된다.[110]

MIT 미디어 랩(Media Lab)은 자율주행자동차의 윤리적 딜레마 상황에서 이루어지는 가치판단의 기준에 대한 집단지성을 분석할 수 있는 도구로서 모럴머신이라는 사고 실험 플랫폼을 구축한 바 있다.[111]

이 사고 실험 플랫폼은 자율주행자동차의 인지 센서가 대상을 정확하게 식별할 수 있는 기술수준을 전제로 하여, 보행자와 탑승자의 다음과 같은 다양한 특성들을 시나리오 상황설정에 활용하고 있다.

> 남성/여성, 임산부, 노인, 어린이(children), 아기(baby), 운동선수(athlete), 비만인(large person), 의사, 경영진(executive), 노숙자(homeless person), 범죄인, 강아지/고양이.

이러한 유형 및 특성을 바탕으로 미디어 랩에서 설정하고 있는 윤리적 딜레마 상황에서의 가치판단 기준들을 정리하면 다음과 같다.

● 사회적 가치 선호도 (Social Value Preference)
● 희생자 수의 중요도 (Saving More Lives)
● 종에 대한 선호도 (Species Preference)
● 연령 선호도 (Age Preference)
● 성별 선호도 (Gender Preference)
● (보행자에 대한) 탑승자 보호 선호도 [Protecting Passengers (vs. pedestrians)]
● 신체 건강 선호도 (Fitness Preference)

---

110 http://moralmachine.mit.edu

111 사용자들은 이미 축적되어 있는 자율주행자동차의 딜레마 상황 시나리오에서 외부 관찰자로서 일련의 선택을 하면서, 기존 사용자들의 결과 데이터를 바탕으로 자신의 판단기준의 가중치를 비교 · 대조할 수 있으며, 자신이 스스로 시나리오를 작성하여 공유할 수도 있다.

- 개입에 대한 회피 선호도 (Avoiding Intervention)

- 법규 준수 선호도 (Upholding the Law)

'사회적 가치 선호도'란 의사 및 경영진 對 노숙자 및 범죄인의 비교·대조 구도를 바탕으로 사회에서 보다 인정받는 지위를 충돌 우선순위에서 고려하는 것을 의미한다. '희생자 수의 중요도'는 가장 대표적인 공리주의적 고려로서 자동차 사고로 인한 사망자 수 등 인명피해와 관련된다. '종에 대한 선호도'는 강아지, 고양이와 같은 애완동물과 인간 간의 우선순위 문제를 다룬다. '연령 선호도'는 노인, 평균연령의 일반인, 어린이, 아기 사이, 그리고 '성별 선호도'는 남성과 여성 사이의 보호 선호도이다. '탑승자 보호 선호도'는 탑승자와 보행자 사이에 어느 대상을 우선적으로 보호할지의 문제이다. '신체 건강 선호도'는 운동선수 對 비만인의 구도를 바탕으로 한다. 또한 '개입에 대한 회피 선호도'는 자율주행자동차가 충돌상황을 예측한 직후, 별도의 추가적인 의사판단 없이 주행하던 차선을 그대로 유지할지 아니면 독자적인 의사판단을 바탕으로 차선에서 이탈하는(swerve) 등 적극적으로 개입할지 여부에 대한 것이다. 나아가 '법규 준수 선호도'는 특히 보행자가 횡단보도를 건널 때 교통신호를 준수하는지 여부에 따라, 예컨대 탑승자와 보행자 사이 혹은 보행자와 보행자 사이의 보호 우선순위를 정할 때 보호 의무의 정도에 있어서 차등을 둘지의 문제라고 할 수 있다.

3. 차별을 감수하는 선택의 불가피성

이런 판단기준 및 우선순위는 충돌 최적화(crash-optimization) 알고리즘을 구성한다. 또한 어떤 선택을 따르든 누군가의 희생이 불가피한 딜레마적 상황에서 보호할 대상을 '선택'한다는 것은 자동적으로 희생될

대상을 '표적'(targeting)[112]으로 삼게 됨을 의미한다.

(1) 차별기능

사망자 수의 많고 적음과 같이 객관적인 지표의 경우, 공리주의적 선택에 대한 높은 사회적 수용도를 바탕으로 우선순위의 판단기준으로서 작동하게 될 가능성이 있다. 하지만 이러한 표적화가 사회적 지위, 연령, 성별 등의 기준으로 이루어진다면 주관적이고 상대적인 성격의 가치평가가 작동하게 되고, 또한 헌법상 평등원칙(헌법 제11조)[113]에도 위배될 수 있다. 따라서 충돌 최적화 알고리즘은 차별금지를 위태롭게 만든다. 이는 현행 헌법상 평등원칙에도 위배될 가능성이 높지만, 예컨대 전기 · 전자 공학자 협회(Institute of Electrical and Electronics Engineers: IEEE)의 윤리헌장과 같이 로봇공학의 자생적인 윤리적 지침에도 위배된다.[114] 이러한 자율주행자동차의 표적화 문제는 군사로봇에 대한 윤리적 문제와도 궤를 같이한다고 하겠다. 킬러로봇에 대한 윤리적 우려 역시 로봇과 같은 기계로 하여금 인간의 삶과 죽음에 직결되는 판단을 하도록 권한을 부여(empower)하는 것 자체에 대한 문제의식에 기초한다고 할 수 있다.[115]

(2) 표적화의 불평등 문제

충돌 최적화의 알고리즘은 표적화의 대상을 또 다른 의미에서 차별화할 수 있다. 이를테면 충돌 최적화의 관점에서 판단해 보았을 때, 상대적으로 피해가 적을 것으로 예측되는 대상을 표적의 대상으로 삼게 될

---

112 P. Lin, "Why Ethics Matters for Autonomous Cars," *supra*, p.72.
113 헌법상 평등권의 관점에서 자율주행자동차를 고찰하는 최경미/지성우, "자율주행자동차(Autonomous Vehicle) 도입을 위한 헌법적 연구," 「IT와 법연구」 제14집, 경북대학교 IT와 법연구소, 2017, 250면 이하.
114 P. Lin, "Why Ethics Matters for Autonomous Cars," *supra*, p.70.
115 P. Lin, "Why Ethics Matters for Autonomous Cars," *supra*, p.82.

가능성이 높다. 즉, 일반 승용차에 비해 안전도가 높은 SUV(sports utility vehicle)를, 헬멧 미착용자에 비해 착용자를 표적의 대상으로 삼게 되는 것이다.[116] 이로써 표적화의 대상은 위험에 대한 과도한 부담을 짊어지게 된다.

그러나 예컨대 헬멧을 착용한 오토바이 운전자를 표적화한다면 안전을 고려해 헬멧을 착용하는 신중한 판단을 했다는 이유로 차별적으로 페널티(penalty)를 받게 되는 사뭇 비합리적인 결과를 초래하고 말게 된다.[117] 또한 각자의 안전을 확보하기 위해 오히려 헬멧을 착용하지 않는 전략적 행동을 유도하는 법정책적 부작용이 발생할 수도 있다.[118]

4. 작위와 부작위의 윤리적 차이

나아가 자율주행자동차의 개입 여부 자체에 대한 논쟁이 있다. 자율주행자동차가 충돌상황에 직면하였을 때, 기존의 주행상태를 그대로 유지하는 것과 일련의 선택을 통해 차선을 변경하는 등 보다 적극적인 개입이 이루어지는 것의 법윤리적 평가가 상이할 수 있다. 이는 결과주의자(consequentialist)와 비결과주의자(non-consequentialist) 사이의 입장 차이로 설명되기도 한다. 결과주의자의 경우 공리주의적 관점에서 산출된 평가에 따라 더 나은 결과를 가져오는 선택을 정당화할 수 있지만, 비결과주의자는 수학적 결과 이외에 인위적인 개입이 추가적으로 이루어지는 것 자체에 대한 문제의식을 강하게 제기한다. 즉, 트롤리 문제에 자율주행자동차 상황을 대입해 본다면, 자율주행자동차가 차선을 그대로 유지하는 것은 5명의 사람이 죽게 되는 결과를 초래하기는 하지만 단지

---

116 P. Lin, "Why Ethics Matters for Autonomous Cars," *supra*, p.72.

117 N. J. Goodall, "Ethical Decision Making During Automated Vehicle Crashes," *supra*, p.62.

118 P. Lin, "Why Ethics Matters for Autonomous Cars," *supra*, p.73.

죽도록 내버려 두는 행위(let die)에 해당하게 되며, 이에 비교해 차선을 변경하는 행위는 1명의 사람이 희생되지만 해당 사람을 죽이려는 의도가 적극적으로 개입하게 된다는 점에서 양자에 대한 가치평가는 상이할 수 있다는 것이다.[119] 이는 작위와 부작위에 대한 평가, 즉 죽이는 행위와 죽도록 내버려 두는 행위에 대한 도덕적 구별에 바탕을 두고 있다.[120]

5. 사회윤리적 차원

자율주행자동차의 운행자와 보행자 사이의 우선순위결정에서는 운행자의 보호를 우선시하는 '자기보존'(self-preservation)과 운행자보다 보행자의 보호를 우선시하는 '자기희생'(self-sacrifice) 사이의 긴장관계가 존재한다. 자기보존 내지 자기보호(self-protection) 입장은 현실적이고, 긴급피난의 법리에 의해 합법적일 수는 있지만, 이를 윤리적이라고 평가할 수는 없다.[121] 이 영역은 일반 자동차의 운행자가 긴급피난행위로 한 경우에는 개인의 인격적 결정이라는 차원에서 윤리로부터 자유로운 영역(moralfreier Raum)[122]에 속한다고 볼 수 있다. 그러나 자율주행자동차의 알고리즘 작동으로 생명보호나 생명침해의 우선순위를 결정하는 것은 개인의 삶의 지평에 머물지 않고, 제조물의 안전에 대한 소비자집단의 사회적 후생이나 자율주행자동차를 제조한 기업의 사회적 책임과 법적인 제조물책임 등에 관련된다. 예를 들어 이러한 윤리적 선택이 자기희생의 방향으로 기울게 된다고 가정하자. 그러면 자율주행자동차의 구매 동기가 저하되고, 자율주행자동차 시장 및 산업은 위축될 것이며, 그에 따라 자율주행자동차를 통한 교통사고 감소 등 사회적 이익의 실현

---

119 P. Lin, "Why Ethics Matters for Autonomous Cars," *supra*, p.78.
120 P. Lin, "Why Ethics Matters for Autonomous Cars," *supra*, p.79.
121 N. J. Goodall, "Ethical Decision Making During Automated Vehicle Crashes," *supra*, p.62.
122 이런 입장으로 이상돈, 「형법강론」, 박영사, 2015, 288면.

도 저해될 것이다. 즉, 사회적 차원에서 보면 결코 윤리적이지 않은 결과가 발생한다. 그렇기 때문에 자율주행자동차의 윤리적 프로그래밍에서는 교통사고 시 선호도, 가중치, 우선순위 체계가 운전자, 보행자, 시장, 산업 등 일반 사회에 미치게 될 영향들을 모두 윤리의 실질적 내용을 형성하는 데 고려할 수밖에 없다.[123] 다시 말해 자율주행자동차는 윤리로부터 자유로운 영역에 머무를 수가 없다.

V. 맺음말

자율주행자동차의 상용화 및 법적 규제와 관련된 이해당사자들은 양립불가능한 일련의 목표들을 모두 고려하여 정합적으로 판단해야 한다는 과제를 안고 있다. 이는 i) 자율주행자동차의 윤리적 판단이 합리적으로 일관적일 것, ii) 대중의 공분(outrage)을 가져오지 않도록 사회적으로도 높은 수용도를 갖출 것, 그리고 iii) 구매자의 구매 욕구를 저하시키지 않을 것을 포함한다.[124] 이는 자율주행자동차의 윤리이론의 설계가 논리적으로 합리성을 갖추어야 함과 동시에 사회적 평가를 충분히 거칠 때에만 실천적일 수 있음을 의미한다.

물론 자율주행자동차의 로봇윤리는 어떤 방식으로든 규제입법과 법적 책임의 판단에서 고려되어야 한다. 자율주행자동차의 윤리적 프로그래밍은 생명보호라는 사회적 효용의 증감에도 대단히 중요한 영향을 미치기 때문이다. 즉, 법은 자율주행자동차를 윤리로부터 자유로운 영역에 방치할 수가 없다. 하지만 법이 자율주행자동차의 윤리적 프로그래밍을 특정한 방향으로 강제하는 것은 적절하지 않다. 현재까지 발전된

---

123 이중기/오병두, "자율주행자동차와 로봇윤리," 앞의 논문, 19면.
124 J.-F. Bonnefon/A. Shariff/I. Rahwan, "Autonomous Vehicles Need Experimental Ethics," *supra*, p.2.

윤리적 판단기준은 어떤 방식을 따르든 간에 '표적화'의 성격을 피할 수 없고, 인간들 사이의 우선순위나 가중치를 설정한다는 점에서 아직은 높은 사회적 수용을 창출할 수 있는 정도가 아니기 때문이다. 예컨대 자기희생을 포함하여 공리주의적 자율주행자동차를 일반적으로 선호하고 있다는 실증연구에서도 자기희생의 가치가 법에 의해 강제되는 것에 대해서는 거부감을 보였다는 분석이 설득력 있게 검토될 수 있겠다.[125]

인공지능과 지능로봇의 등장은 패러다임 변화라는 보다 거시적인 맥락에서 법담론을 성찰할 필요성도 제시한다. 이러한 법패러다임 변화는 강인공지능(strong AI)이나 초지능(super intelligence)의 출현을 전제로 하지 않고, 자율주행자동차의 법적 수용 단계에서도 이미 논의될 수 있는 바이다. 즉, NHTSA 기준 3레벨과 4레벨의 자동화 수준을 갖춘 자율주행자동차에서도 기존의 법리만으로는 온전히 해결할 수 없는 다양한 문제상황들이 발생하고 있는 것이다. 이 문제들에 대해 법은 기존 법리를 적극적으로 재해석하거나, 다양한 분야의 책임보험제도를 강화하는 등 법정책적 차원에서 제도를 보완하거나, 인공지능 시대에 적합한 새로운 법개념들을 창설하여 보다 적극적으로 대응할 필요가 있다. 특히 로봇윤리에서의 담론을 반영하여 행위주체성(agency), 책무(accountability), 준-주체성(quasi-subjectivity) 등의 새로운 개념들을 법적으로 수용할 가능성도 열어 놓아야 한다. 나아가 자율주행자동차와 같이 현상적인 차원에서 자율성 및 지능정보를 갖춘 물건의 등장은 인간존엄성에 근거하는 권리주체로서의 인간 개념과 권리객체로서의 물건이라는 법개념의 주종적 이분법이 더 이상 유지될 수 없도록 한다는 점에서,[126] 보다 근본적인 차원에서 근대법의 본질적인 속성 및 근대적 인간관 등 법의 모더니티 이해에 대한 재구성·재해석을 요청하기도 한다.

---

125 J.-F. Bonnefon/A. Shariff/I. Rahwan, "Autonomous Vehicles Need Experimental Ethics," *supra*, p.8.
126 이중기, "인공지능을 가진 로봇의 법적 취급," 앞의 논문, 24면.

자율주행자동차 관련 법적 규제에 관한 비교법적 고찰

김기창*

Ⅰ. 서 설

인간이 행하던 자동차 운전의 상당부분 또는 전부를 자율주행 장치가 수행하고 차량과 도로 인프라 간, 그리고 차량 상호 간에 운전 관련 데이터를 교환하고 활용하는 '자율주행 및 주행 관련 데이터 공유 기술' (connected and automated driving technology)은 교통사고 발생의 가장 중요한 원인인 인간오류(human errors)를 제거함으로써 사고 발생을 획기적으로 줄일 수 있고, 불필요한 운전을 피하고 운전효율을 높일 수 있게 되어 교통체증을 줄이고 연료를 절약하며, 도로 인프라를 더 효율적으로 사용하므로 도로 수요를 줄이고 대기오염을 줄이는 데 도움이 되며, 이 동수단이 필요한 수요자들에게 지금보다 더욱 편리하고 저렴한 이동수단을 제공할 수 있게 된다.[1] 자율주행 및 주행 관련 데이터 공유 기술이

---

* 고려대학교 법학전문대학원 교수.

[1] Susanne Pillath, "Automated vehicles in the EU," *European Parliamentary Research Service* (2016), p.2 http://www.europarl.europa.eu/thinktank/en/

가지는 이러한 긍정적 측면에 주목하여 세계 각국은 자율주행 자동차 도입에 적극적으로 대처하려 노력하고 있다.[2] 이 글은 미국, 영국과 한국이 자율주행자동차에 대하여 어떠한 규제전략을 취하고 있는지를 간략히 살펴봄으로써 우리 정부의 법제 정비에 도움이 되고자 한다.

II. 국제조약

인간 운전자가 아니라 궁극적으로는 AI가 통제하는 자율주행 시스템이 운전에 필요한 조작을 하게 되는 자율주행 자동차가 현행 법령의 테두리 내에서 허용될지에 대한 논의를 위해서는 우선 「제네바 도로 교통 협약」과 「도로교통에 관한 비엔나 협약」 중 '운전자'와 관련된 조항들을 일별할 필요가 있다.

1. 제네바 도로 교통 협약(1949)

1949년에 체결된 「제네바 도로 교통 협약」(Geneva Convention on

---

document.html?reference=EPRS_BRI(2016)573902참조. 그리고 2016년 4월 16일 유럽연합 회원국 교통부 장관들이 서명한 암스테르담선언(Declaration of Amsterdam on cooperation in the field of connected and automated driving)도 참조, https://english.eu2016.nl/latest/news/2016/04/14/eu-ministers-to-try-out-self-driving-cars-in-amsterdam

2 예를들어, 2016년 4월에 유럽연합 회원국 교통부 장관들이 서명한 암스테르담선언 (Declaration of Amsterdam on cooperation in the field of connected and automated driving) https://english.eu2016.nl/binaries/eu2016-en/documents/publications/2016/04/14/declaration-of-amsterdam/2016-04-08-declaration-of-amsterdam-final-format-3.pdf; 2015년 5월 OECD 국제 운송 포럼이 발표한 자율주행 기술에 대한 규제 전략보고서(Automated and autonomous driving: Regulation under uncertainty) http://www.itf-oecd.org/automated-and-autonomous-driving 참조.

Road Traffic 1949)은 우리나라, 영국, 미국, 스페인을 포함한 95개국이 현재 체약국으로 되어 있다.[3] 제네바 협약 제4조는 '운전자'를 "도로상에서 차량(자전거를 포함)을 운전하거나 또는 견인용, 적재용 또는 승용에 사용되는 동물 또는 가축의 무리를 인도하는 자, 또는 이를 실제로 통제하는 자(person)"라고 정의한다.[4] 운전자에 대한 이러한 정의 규정만으로는 운전자가 반드시 사람이어야 하는지, 자율주행을 통제하는 기계적 시스템도 운전자로 파악될 수 있는지가 분명하지 않다. 한편, 제네바 협약 제8조는 '운전자(driver)'에 대하여 다음과 같이 규정한다:[5]

① 하나의 단위로 운행되는 모든 차량 또는 연결된 차량에는 운전자가 있어야 한다.

② 견인용 · 적재용 또는 승용에 사용되는 동물에는 운전자가 있어야 하며, 입구에 일정한 표시가 있는 특별구역을 제외하고는 가축에는 운전자가 따라야 한다.

③ 집단(convoys)으로 이동하는 차량 또는 동물에는 국내 법령으로 정하는 수의 운전자가 있어야 한다.

④ 차량 또는 동물의 집단은 필요에 따라 교통 편의를 위하여 적당한 길이의 구성부분으로 분할되어야 하고 각 부분 간에는 충분한 간격을 두어야 한다. 이 규정은 유목민이 이동하는 지역에는 적용하지 아니한다.

⑤ 운전자는 언제나 차량을 조종할 수 있거나 동물을 안내할 수 있어야 한다. 타 도로 사용자에 접근할 때 운전자는 타 도로 사용자의 안전을 위하

---

3 조약원문은 http://www.unece.org/fileadmin/DAM/trans/conventn/Convention_on_Road_Traffic_of_1949.pdf에서 내려받을 수 있다.

4 "Driver" means any person who drives a vehicle, including cycles, or guides draught, pack or saddle animals or herds or flocks on a road, or who is in actual physical control of the same.

5 한글 번역은 1971.6.19. 우리 관보에 조약 제389호(1971.7.14 발효)로 게재된 것(「도로교통에 관한 협약」)을 토대로 필자가 일부 수정하였다.

여 필요한 주의를 하여야 한다.

1949년에 체결된 제네바 협약은 운전에 필요한 모든 행위가 인공지능에 의하여 처리되는 무인주행 차량(Self-driving vehicles)까지를 염두에 둔 규범이 아니라는 점은 일응 분명하다.[6] 이 점은 1968년에 체결된 「도로교통에 관한 비엔나 협약」(Vienna Convention on Road Traffic)도 마찬가지다. 그러나 뒤에서 살펴보겠지만 비엔나 협약 제8조는 운전자가 '인간'임을 전제로 한다는 점이 조약 문언 자체에 분명하게 드러나는 반면, 제네바 협약의 경우에는 운전자가 인간임을 전제로 하는지가 조약 문언 자체에는 분명하게 드러나지 않는다. 모든 차량에는 '운전자'가 있어야 하고, 운전자는 언제나 그 차량을 조종할 수 있어야 하며, 자신 외의 도로 사용자들의 안전을 위하여 필요한 주의를 하여야 한다는 규정만이 있을 뿐이다. 이런 이유로 제네바 협약이 말하는 '운전자'는 반드시 인간을 뜻한다고 해석할 문언상의 근거는 없고, 인간이 탑승하지 않는 자율주행 자동차도 제네바 협약에 어긋나지는 않는다는 유력한 견해가 피력된 바 있다.[7]

2. 도로교통에 관한 비엔나 협약(1968)

1968년에 체결되어 1977.5.21. 자로 발효한 「도로교통에 관한 비엔나 협약」은 유럽 연합 회원국 대다수를 포함하여 현재 75개국이 체약국으로 되어 있다. 비엔나 협약 제8조는 '운전자'(driver)에 관하여 제네바 협약과는 약간 다르게 다음과 같이 규정한다:[8]

---

6 B. W. Smith, "Automated vehicles are probably legal in the United States," 1 *Texas A&M Law Review* 411, pp.424-428.

7 Ibid.

8 비엔나 협약의 전문은 http://www.unece.org/fileadmin/DAM/trans/doc/2014/wp1/ECE-TRANS-WP1-145e.pdf 참조. 비엔나 협약 제8조 제5항의1(5bis)이 2016

① 모든 이동 차량 또는 차량의 조합에는 운전자가 있어야 한다.

② 적재, 견인, 승용에 사용되는 동물, 특별 구역이라는 점이 입구에 표시된 지역을 제외한 곳에 있는 가축은 한 마리인 경우이든 떼로 있는 경우이든 운전자가 있어야 한다는 내용으로 국내법을 제정하도록 권고한다.

③ 모든 운전자는 운전하는 데 필요한 신체적 정신적 능력을 구비해야 하며 운전에 적합한 신체적·정신적 상태에 있어야 한다.

④ 동력으로 운행되는 차량의 운전자는 모두 그 차량을 운전하는 데 필요한 지식과 기술을 보유해야 한다. 그러나 이 요건이 국내 법규에 따라 운전을 배우는 운전자들이 운전 연습을 하는 데 지장이 되지는 않는다.

⑤ 모든 운전자는 언제나 그의 차량을 통제하거나 그의 동물을 인도할 수 있어야 한다.

⑤bis(2016.3.23 발효) 차량 운전 방식에 영향을 미치는 차량 시스템은 차량과 그에 사용되는 장치나 부품에 관련된 국제적 법규가 정하는 제작, 설치 및 사용 조건에 부합할 경우에는 본조 제5항과 제13조 제1항을 준수하는 것으로 본다. 차량 운전 방식에 영향을 미치는 차량 시스템으로서 앞서 말한 제작, 설치 및 사용 조건에 부합하지 않는 것은 운전자가 그것을 수동전환하거나 끌 수 있을 경우에는 본조 제5항과 제13조 제1항을 준수하는 것으로 본다.

⑥ 차량의 운전자는 언제나 운전 외의 행동은 최소화해야 한다. 국내법은 차량 운전자들의 전화 사용에 대한 법규를 제정하는 것이 바람직하다. 어떤 경우에나 입법은 자동차나 이륜 자동차의 운전자는 차량이 움직이는 동안에는 손에 휴대하는 전화의 사용을 금지해야 한다.

제네바 협약과는 달리, 비엔나 협약은 운전자가 사람임을 전제로 하

___

년 3월에 제정된 배경에 대한 간략한 안내는 http://www.unece.org/info/media/ presscurrent-press-h/transport/2016/unece-paves-the-way-for-automated-drivin gby-updating-un-international-convention/doc.html

고 있다는 점이 협약 문언 자체에서 분명하게 드러난다. 예를 들어, 운전자는 "신체적·정신적 능력"을 구비해야 한다는 제8조 제3항, 운전 외의 행동을 최소화하고, 운전 중 휴대폰을 사용하면 안 된다는 제8조 제6항은 인간 운전자를 전제했을 때에만 의미가 있다. 따라서 자율주행 시스템 자체를 비엔나 협약상의 '운전자'로 해석하기는 어렵다. 따라서 비엔나 협약을 준수할 의무가 있는 국가의 경우, 인간 운전자의 개입이 전혀 필요없는 완전 자율주행자동차는 현행 규정 하에서는 허용될 수 없다. 모든 이동 차량에는 운전자가 반드시 있어야 하고, 비엔나 협약이 말하는 '운전자'는 사람이라는 점이 분명하므로 비엔나 협약 제8조는 무인 운행도 가능한 완전 자율주행자동차와는 양립할 수 없기 때문이다.[9]

완전 자율주행에 못 미치는 수준의 여러 자율 주행 단계 중, 비엔나 협약 하에서 허용되는 자율주행 단계가 과연 어디까지일지에 대해서는 분명한 결론을 내리기 어렵다.[10] 2016년 3월 23일부터 발효한 비엔나 협약 제8조 제5항의1(5bis)은 차량 운행 방법에 영향을 미치는 차량 시스템(vehicle systems which influence the way vehicles are driven)이 다음 둘 중 하나를 충족할 경우, 운전자가 언제나(at all times) 그리고 모든 상황에서(in all circumstances) 그의 차량을 통제할 수 있어야 한다는 협약 조항(제8조 제5항, 제13조 제1항)은 충족된 것으로 본다고 규정함으로써 상당한 수준의 자동화를 비엔나 협약이 수용할 수 있도록 하고 있다:

- 차량 및 그에 사용되는 장치나 부품에 관한 국제적 법규가 정하는 제작, 설치 및 사용 조건에 부합하는 차량 시스템
- 운전자가 수동 전환하거나 끌 수 있는 차량 시스템

---

9   Yves Page, "Legal Barriers and opportunities for experimenting and deploying AD systems in Europe," AdaptiVe Technical Workshop in Athens (April 2016), slide 10. https://www.adaptiveip.eu/files/adaptive/content/downloads/moods/Deliverables%20&%20papers/3Yves_Page_V1_lowres.pdf

10 Page, "Legal Barriers," slides 7-10.

그동안 첨단 운전자 보조 조향 시스템(Advanced Driver Assistance Steering System: ADAS)이 작동 중인 때에나 긴급 감속 장치가 작동하는 동안에는 운전자의 개입이 불필요하거나 불가능하게 되므로 그러한 순간에는 비엔나 협약 제8조 제5항과 제13조 제1항이 요구하는 운전자의 '상시적' 통제 요건이 과연 충족되는 것인지에 대하여 논란이 있었다. 이러한 논란을 제거하고 첨단 운전자 보조 조향 시스템과 긴급 감속 장치 등의 보급에 장애를 없애기 위하여 비엔나 협약 제8조 제5항의1이 도입된 것이다.

비엔나 협약 제8조 제5항의1에서 말하는 '차량 및 그에 사용되는 장치나 부품에 관한 국제적 법규'는 UN 유럽 경제 위원회(United Nations Economic Commission for Europe: UN ECE) 산하에 구성된 '자동차 기술 규정 조화를 위한 세계 포럼'(World Forum for Harmonization of Vehicle Regulations: WP29)이 정하는 여러 기술 규정들(유엔 유럽 경제 위원회 기술 규정)을 주로 지칭한다. 이들 규정은 1998년에 체결된 「세계 기술 규정 협정」(Agreement on Global Technical Regulations)에 정해진 절차에 따라 동 협정 체약 당사국 내에서 효력이 있는 기술 규정으로 된다. 현재 「세계 기술 규정 협정」(1998) 당사국은 한국, 미국, 영국, 유럽연합, 일본, 중국 등을 포함하여 36개국에 이른다.[11]

3. 조향장치와 관련된 UN 유럽 경제위원회 기술 규정(UN ECE Reg 79)

비엔나 협정을 준수해야 하는 국가의 경우, 현행 법제 하에서 자율주행기술이 어느 수준까지 허용 될지를 판단하기 위해서는 조향 장치, 제동 장치, 신호 장치 등에 관한 세계 기술 규정들에 대한 검토가 필요함

---

11 https://www.unece.org/trans/main/wp29/wp29wgs/wp29gen/wp29glob_stts.html

은 물론이다. 이하에서는 많은 논의가 집중되는 조향(steering) 장치와
관련된 기술 규정에 대해서 간략히 그 내용을 소개한다. 조향 장치에 관
한 현행 규정(UN ECE Reg 79)에 의하면, 첨단 운전자 보조 조향 시스템
(ADAS)은 운전자가 차량의 일차적 통제력을 언제나 유지할 수 있을 경
우에만 허용된다(2.3.4). 또한 이 시스템은 운전자가 언제든지 중단하고
수동전환할 수 있어야 한다(5.1.6).[12]

ADAS는 자동 조향 기능(Automatically commanded steering function)과
자동 보정 조향 기능(Corrective steering function)을 포함하는데, 이 두 가
지 기능은 다음과 같은 제약이 있다:

- 자동 조향 기능은 시속 10km 이내에서만 허용되며(2.3.4.1 및 5.1.6.1)
- 자동 보정 조향 기능은 제한된 기간 동안만 작동하도록 예정된 간헐적 조
  정 기능으로서 차량이 차선을 벗어나는 등 예정된 경로를 이탈할 경우 이
  를 보정하거나 운전자에게 알리는 기능을 말한다(2.3.4.2). 커브길에서
  바퀴가 미끄러지는 것을 방지하는 전자적 안정화 프로그램(Electronic
  Stability Programme)이나 차선 유지 보조 기능 등을 포함한다. 이 기능
  은 그 성질상 짧은 기간 동안만 작동하는 것이고, 운전자가 조향장치에
  손을 얹어두고 상시 차량을 통제해야 한다는 점에서 고도 자율주행과는
  다르다.[13]

따라서 ADAS와 관련된 현행 기술 규정은 자율주행자동차의 보급에
장애가 되고 있다. 이런 점을 고려하여 WP29(자동차 기술 규정 조화를 위
한 세계 포럼)은 조향장치와 관련된 기술 규정(ECE Reg 79) 중 ADAS에

12 조향 장치에 관한 UN ECE Reg 79는 아래 사이트에서 내려받을 수 있다. http://
   www.unece.org/fileadmin/DAM/trans/main/wp29/wp29regs/R079r2e.pdf
13 L Lutz, "Automated Vehicles in the EU: Proposals to Amend the Type Approval
   Framework and Regulation of Driver Conduct," Casualty Matters International
   (March 2016), p. 2 http://media.genre.com/documents/cmint16-1en.pdf

관한 규정을 조만간 수정하는 데 필요한 작업을 진행하는 중이다. 특히 자동 조향 기능은 향후에는 시속 130km까지 허용 범위를 넓히되 운전자가 언제라도 수동전환할 수 있도록 규정하는 것을 논의 중에 있다.[14]

하지만, 비엔나 협약은 세계 기술 규정이 허용하는 기술뿐 아니라 운전자가 언제라도 수동 전환할 수 있도록 설계된 자율주행 시스템은(비록 세계 기술 규정에는 어긋하더라도) 협약상의 의무를 충족하는 것으로 규정하고 있기 때문에 현행 세계 기술 규정보다는 더 높은 수준의 자율주행 기술이 보급될 수 있는 여지를 열어 두고 있는 셈이다.

4. 제네바 협약과 비엔나 협약 간의 관계

「제네바 도로 교통 협약」과 「도로교통에 관한 비엔나 협약」을 모두 가입한 국가의 경우, 비엔나 협약이 제네바 협약을 대체하도록 되어 있다(「도로교통에 관한 비엔나 협약」 제48조 참조). 영국과 스페인을 제외한 유럽연합 회원국들은 「도로교통에 관한 비엔나 협약」에 가입하였으므로 이들 국가들은 비엔나 협약을 준수해야 한다. 반면에 한국, 미국, 영국, 스페인은 제네바 협약 가입국이긴 하지만, 비엔나 협약을 비준한 바는 없다.[15] 따라서 이들 나라는 비엔나 협약에 구속되지는 않는다. 비엔나협약과는 달리, 제네바 협약에는 '운전자'가 반드시 인간이어야 한다고 해석해야만 할 협약 문언상의 뚜렷한 근거는 없으므로 사람이 전혀

---

14 논의상황에 대한 자료는 https://www2.unece.org/wiki/pages/viewpage.action?pageId=2523223 참조. 최인성, "자율주행자동차 관련 법제도 현황 검토," 오토저널 2016년 6월, 32면도 이 점에 대한 매우 간략한 소개를 하고 있다.

15 비엔나 협약 체약국은 http://www.unece.org/trans/maps/un-transport-agreements-and-conventions-08.html 참조. 두 협약 간 차이에 대한 간략한 설명은 Susanne Pillath, "Automated vehicles in the EU," European Parliamentary Research Service (2016) http://www.europarl.europa.eu/thinktank/en/document.html?reference=EPRS_BRI(2016)573902 p.6 참조.

조종에 관여하지 않는 완전 자율주행자동차도 제네바 협약 체제 하에서
는 허용된다고 볼 여지가 있다. 반면에 비엔나 협약은 인간 운전자의 탑
승을 반드시 필요로 한다고 해석되므로, 무인 운행이 가능한 완전 자율
주행자동차의 보급을 위해서는 비엔나 협약이 개정되어야 한다.[16]

III. 미 국

자동차의 안전과 운행, 그리고 도로 교통 법령의 제정 및 준수에 대해
서 미국은 연방과 각 주가 권한을 나누어 가지고 있다. 미국 정부는 제
네바 도로 교통 협약을 준수해야 하므로 주법이든 연방법이든 미국 국
내법이 제네바 협약에 어긋나서는 안 됨은 물론이다.

1. 미국법상 '운전자' 개념

운전자라는 용어는 제네바 협약뿐 아니라 미국법에도 물론 사용된다.
「미국 교통 및 자동차 안전법」(National Traffic and Motor Vehicle Safety
Act)에 근거하여 미국도로교통안전청(National Highway Traffic Safety
Administration: NHTSA)이 제정한 「연방 자동차 안전기준」(FMVSS)은 '운
전자'를 전제로 한 여러 규정을 두고 있다. 따라서 인간 운전자가 탑승
하지 않아도 되는 수준의 자율주행자동차의 경우에는 운전자 탑승을 전
제로 한 FMVSS 규정들을 과연 충족할 수 있는지에 대하여 의문이 없지
않았다. 이러한 불확실성을 제거하기 위하여 구글은 2015년 11월에 미
국도로교통안전청에 유권해석을 요청하였으며, 2016년 2월에 미국도로
교통안전청은 대략 다음과 같은 내용으로 회신하였다:[17]

---

16   신동현, "자율주행자동차 운행의 법적 문제에 관한 시론," 한남대학교 과학기술법
     연구, 202-204면 참조.

사람이 행선지를 입력하면 기계가 운행에 필요한 모든 조작을 하고 주변 환경을 모니터하도록 설계되어 사람이 탑승하거나 탑승하지 않고도 목적지까지 운행되는 완전 자율주행(fully autonomous) 차량 시스템(Self-Driving System)의 경우에,

① '운전자'는 그런 차량에 탑승하는 사람이 아니라, 운행에 필요한 조작을 실제로 담당하는 자율주행 시스템 자체라고 해석해야 한다.

② 그러나, 현행 FMVSS 규정 중 일부 요건들은 자율주행 시스템 자체를 '운전자'라고 해석하더라도 해결할 수 없는 내용을 담고 있다(예를 들어 "발로 작동하는 제동장치"가 반드시 있어야 한다는 FMVSS No 135, S 5.3.1). 따라서 그러한 현행 규정을 충족하지 못하는 차량(예를 들어, 발로 작동하는 제동 장치가 아예 없는 차량)을 제작, 운행하려면 현재로서 는 해당 규정의 적용 예외를 신청하여 미국도로교통안전청으로부터 적용 예외를 허락 받아야 한다.

③ 미국도로교통안전청은 변화된 상황으로 인하여 기존의 규제가 불필요하게 된 부분이 있는지를 검토하여 향후 필요한 개정을 할 예정이다.

미국도로교통안전청의 이러한 유권해석은 인간뿐 아니라 자율주행시스템도 운전자로 볼 수 있다는 뜻이다. 따라서 무인 자동차도 제네바 협약 제8조에 규정된 요건(모든 차량 … 에는 '운전자'가 있어야 한다)을 충족한다는 것이 미국 정부의 공식 입장이다. 요컨대, 자율주행자동차의 운행과 보급을 위하여 제네바 협약이 수정되어야 할 필요는 없다는 것이다.[18]

---

17 NHTSA가 공개한 민원회신 전문은 https://isearch.nhtsa.gov/files/Google%20--%20compiled%20response%20to%2012%20Nov%20%2015%20interp%20request%20--%204%20Feb%2016%20final.htm 참조.

18 물론, 연방 정부의 이런 유권해석은 자율주행자동차 개발 업계에 대한 격려의 신호로 받아들여졌다. 예를 들어, "Google Cars Just Got a Major Boost From U.S. Vehicle Regulators"라는 제목의 2016.2.10자 Fortune지 기사 참조 http://fortune.

2. 연방 정부 정책(Federal Automated Vehicles Policy)

2016년 9월에 미국도로교통안전청은 자율주행 기술의 시험과 보급이 원활하게 이루어지도록 하기 위하여 고도 자율주행 차량(Highly Automated Vehicles: HAV)에 대한 연방정부의 정책을 발표하고 의견을 수렴하는 중이다.[19] 여기서 말하는 HAV는 조건부 자동화(SAE Level 3), 고도 자동화(SAE Level 4), 완전 자동화(SAE Level 5) 단계의 차량으로서 주변 환경에 대한 감지와 판단을 주행 시스템이 수행하는 단계의 자율주행자동차를 말한다.

미국도로교통안전청이 발표한 정책은 ① HAV에 적용될 차량 성능 가이드라인, ② 미국법상 州의 관할권에 속하는 자동차 관련 허가, 등록, 교통 법규, 자동차 보험 등의 영역에서 통일성을 유지하는 데 필요한 모델 주(州) 정책, ③ 미국도로교통안전청이 행사할 수 있는 규제 권한 행사의 방향과 향후 전략을 담고 있다. 이하 그 내용을 소개한다.

(1) 차량 성능 가이드라인(Vehicle Performance Guidance)

미국법은 자동차나 자동차 부품의 제작자(manufacturer) 또는 배포자(distributor)가 그 자동차나 부품이 연방 자동차 안전기준(FMVSS)을 준수한다는 점을 스스로 인증(자기 인증: self-certification)하도록 하고 있다.[20] 자율주행자동차도 FMVSS을 준수해야 하므로 제작자나 배포자는 해당

---

com/2016/02/10/google-nhtsa-driver/

19 "Federal automated vehicles policy," NHTSA, Department of Transportation, USA (September 2016) https://www.transportation.gov/AV/federal-automated-vehicles-policy-september-2016.

20 National Traffic and Motor Vehicle Safety Act (49 U.S. Code § 30115) 참조. 한국은 2003년에 자기 인증 제도로 전환하였다. "내년 초 도입 예정되는 자기 인증 제도," 자동차공학회지 제24권 제3호, 2002.6, 53-54면 참조. 최근에는 자기 인증 제도에 대한 새로운 검토가 필요하다는 주장도 제기된다. "자동차 자기 인증과 형식승인," 중앙일보 2016년 12월 26일자 기사(http://news.joins.com/article/21044791).

차량 또는 부품이 FMVSS을 준수하는지를 스스로 평가하고 자기 인증을 해야 한다. 그러나 FMVSS은 인간 운전자가 운전하는 자동차를 전제로 마련된 것이어서 고도 자율주행 차량이 준수하기 불가능한 규정들도 많고, 반면에 자율주행자동차의 안전에는 매우 중요하지만 FMVSS에는 아예 관련 규정이 없는 경우도 많을 것으로 예상된다.

차량 성능 가이드라인은 현행 FMVSS 규정 중 자율주행자동차의 성격상 충족이 불가능한 부분에 대해서는 기존 절차에 따라 규정 적용 예외를 신청하도록 안내하는 한편, 아래 제시된 항목에 대해서는 비록 FMVSS가 상세한 안전 규정을 두고 있지는 않지만(따라서 자기 인증이 현재로는 불가능하지만) 자율주행자동차의 안전에 핵심적 중요성이 있다고 보아 제작자 등이 안전성 평가를 스스로 수행하고 자율주행자동차를 도로에서 시험하거나 보급하기 4개월 전에 안전성 평가서(Safety Assessment Letter)를 NHTSA에 제출하도록 권고하고 있다(자율적 자기 인증). 또한 소프트웨어/하드웨어 업데이트 또는 변경으로 안전 상황이 변할 경우에도 안전성 평가서를 제출하도록 안내하고 있다.[21] 이러한 권고는 법규가 규정하는 "강제성"은 없으나, 자율주행자동차 제작자 등이 이 권고를 무시할 이유는 없어 보인다.

(가) 공통 영역 가이드라인(cross-cutting areas of guidance)

⟨1⟩ 데이터 저장 및 공유(Data Recording and Sharing): 사망, 상해 사고, 견인이 필요한 수준으로 차량이 손상되는 사고의 경우 관련 데이터는 미국도로교통안전청도 접근 가능하도록 저장, 공유하도록 권고한다. 차량 대 차량, 차량과 도로 시설과의 데이터 공유가 원활하게 될 수 있도록 데이터 익명화, 데이터 공유 표준 구축 등에 대한 고려가 있어야 한다.

---

21 "Federal Automated Vehicles Policy," pp. 15-17.

〈2〉프라이버시 보호: 프라이버시 보호를 위하여 마련된 기존의 법규나 권고 규정들을[22] 모두 준수하여야 함은 물론이고, 자율주행자동차 제작자들은 프라이버시 보호에 필요한 조치를 함에 있어서 세계 자동차 제작사 연합(Global Automakers)과 자동차 제작자 연맹(Auto Alliance)이 마련한 자동차 기술 및 서비스와 관련된 프라이버시 원칙(Privacy Principles for Vehicle Technologies and Services)이 제시하는 다음과 같은 측면들을 참조하고 준수하도록 권고한다.

- 투명성(정보의 수집, 이용, 공유 내역을 투명하게 설명)
- 정보주체의 선택권(수집, 이용, 공유 여부에 관하여 정보 주체에게 선택권을 부여)
- 맥락의 존중(데이터 수집 맥락에 부합하는 방법으로만 데이터를 사용)
- 정보 수집 및 보유 최소화, 익명화
- 데이터 보안
- 정보의 정확성과 접근성(수집, 보관되는 정보의 정확성을 확보하고, 정보 주체가 이를 확인하고 수정할 수 있도록 보장)
- 책임성 확보(평가 및 감사를 통하여 데이터 보호 원칙 준수 여부를 감시)

〈3〉시스템 안전성(System Safety) 확보: 전자적, 전기적, 기계적 오작동이나 소프트웨어 오류가 있을 경우에도 안전한 상태가 유지될 수 있도록 시스템을 설계할 것을 권고한다. 시스템 오작동이 있을 경우를 대비한 예비적 대책이 수립되어야 하며, 소프트웨어 개발, 검증, 확인을 철저히 하고, 소프트웨어 소스의 수정, 변경 내역은 모두 기록으로 남기도록 권고한다.

---

22 백악관이 발표한 소비자 프라이버시 권리 장전(White House Consumer Privacy Bill of Rights), 연방 공정거래위원회가 제정한 프라이버시 가이드라인(Privacy Guidance) 등이 여기서 예시적으로 언급되고 있다.

〈4〉차량 사이버 보안(Vehicle Cybersecurity): 자율주행자동차의 운행을 위해서는 차량이 네트워크를 통하여 연결되어 있어야 하므로 사이버 보안이 중요한 고려사항이 되어야 한다. 실제 운행 중이나 내부적 테스팅 과정 또는 외주 연구 중에 발견된 모든 보안 취약점은 차량관련 보안 관제 정보 공유 및 분석 센터(Auto-ISAC)에 즉시 보고되어야 하며 취약점을 적절한 방법으로 공시하는 데 필요한 정책을 마련할 것을 권고한다.[23]

〈5〉인간 기계 간 인터페이스(Human Machine Interface): 차량과 운전자(특히 인간 운전자가 일정한 역할을 수행해야만 하는 조건부 자동화—SAE Level 3—차량의 경우), 차량과 보행자, 자전거 이용자 그리고 다른 차량 간의 인터페이스가 안전하게 마련되어야 한다. 인간 운전자 및 승객에게 차량의 정상작동 여부, 수동전환 요구 등이 적절하게 표시되어야 하며, 완전 자동화 차량인 경우에는 장애인에 대한 안내도 제대로 되어야 한다(시각, 청각, 촉각 게시장치 활용). 또한 무인 운행의 경우 운영자 또는 통제센터는 차량 위치, 차량의 현 상태를 알고 있어야 하므로 이에 필요한 인터페이스도 적절히 고안되어야 한다.

〈6〉충돌대비: 충돌 시 탑승자 보호 장치가 마련되어야 하며, 무인 운행만을 위한 차량의 경우(예를 들어 무인 배달 전용 차량)에는 충돌 시 다른 차량과의 충격 에너지 흡수 장치가 일정한 수준으로 마련되어 있어야 한다.

〈7〉소비자 교육 및 훈련: 직원, 딜러, 판매상, 소비자들에 대한 교육 및 훈련 계획을 마련하도록 권고한다.

---

23 Auto-ISAC에 대해서는 https://www.automoteiveisac.com 참조.

〈8〉 등록 및 자기 인증: 차량 등록 및 자기 인증에 관한 핵심 정보를 일목요연하게 안내하는 정보를 적절히 게시함으로써 인간 운전자나 탑승자가 알 수 있도록 하며, 조건부 자동화(SAE Level 3) 차량의 경우 자율주행 예정 영역에 따른 자율주행 기능과 한계(예를 들어, 운행 속도, 자율운행 가능 지역, 기상조건 등)을 매뉴얼에 표시함은 물론, 차량 내부에도 게시하도록 권고한다.

〈9〉 충돌 후 조치: 충돌 후에는 어떤 절차에 따라 안전하게 차량이 운행되거나 이동될지에 대한 정책을 마련하도록 권고한다.

〈10〉 연방, 주 그리고 지방 법규: 자율주행자동차 운행과 관련하여 적용되는 모든 법규의 준수를 확보하는 방안에 대한 서면계획을 마련하고, 사고 대처나 돌발 상황 발생의 경우 예외적으로 교통 법규를 어기는 것도 허용되는데(예를 들어, 사고 차량을 피해 가기 위하여 불가피할 경우 중앙선을 잠시 넘어가는 것은 허용된다), 이것을 안전하게 수행하는 절차가 마련되어야 하며, 교통법규가 변경될 경우 여기에 대처 하는 방안이 마련되어야 한다.

〈11〉 윤리적 고려: 자율주행자동차는 안전(safety), 이동(mobility), 준법(legality)이라는 세 가지 가치를 추구하지만 이들 가치는 충돌하는 경우도 있다. 이러한 가치 충돌이 초래하는 딜레마 상황을 극복하거나 대처하는 데 필요한 프로그램의 개발은 투명하게 진행되어야 하며, 규제자, 운전자, 승객, 그리고 보행자나 자전거 이용자등의 견해도 반영되어야 한다.

(나) 자율주행 기능(Automation Function) 관련 가이드라인
〈1〉 운행 예정 영역(Operational Design Domain): 자율주행자동차가

어떤 경우에 자율 주행 모드로 운행하도록 설계되어 있는지를 분명히 규정하고 문서화해야 한다. 자율주행이 가능한 도로의 종류, 지리적 장소, 자율주행 시 허용되는 속도 범위, 환경적 요인(날씨, 주간, 야간 등), 그 외 운행 조건을 규정해야 하고 이러한 운행 조건이 제대로 규정되어 있는지를 시험하고 인증하는 절차 또한 상세한 문서로 남겨 두도록 권고한다.

〈2〉물체, 사태 발생 탐지 및 반응(OEDR): 자율주행 중 운행 환경을 탐지하고 적절한 반응을 결정하는 일은 사람이 아니라 시스템(HAV system)이 수행하게 된다. HAV 시스템은 정상 운행 중은 물론이고 비상 상황, 돌발 사태 발생 시에도 안전하게 운행할 수 있도록 물체, 사태 발생을 탐지하고 반응하는 체계가 구비되어야 한다.

    a. 정상 운행: 다양한 주행 상황별 운행 능력(속도 제한 준수, 고속 진입, 저속 진입, 갓길 정차, 중앙선 침범하여 접근하는 차량에 대한 대처, 추월, 정체 상태에서의 서행 운행, 공사 등으로 인한 임시 우회 운행, 도로를 이용하거나 횡단하는 보행자, 자전거 이용자에 대한 대처 등)을 평가하고 시험하고 인증하는 절차를 상세하게 문서화해 둘 것을 권고한다.

    b. 충돌 회피 기능—고속, 저속 상황에서 충돌을 피하는 데 필요한 대처 방안 시나리오를 마련해야 하며, 이러한 대처 능력(도로 수리로 인해 서행이 필요한 상황, 경찰관의 교통 지도, 고장 차량 등장 등에 대처하는 능력)을 평가, 시험, 인증하는 과정을 문서화해 둘 것을 권고한다.

〈3〉고장 대처 시나리오(위험 최소화 상태): 자율주행 시스템에 오류가 감지되거나, 운행 예정 영역을 벗어나거나, 대처 불가능한 돌발 사태가 발생하는 등의 경우에는 자동주행 상태는 이용 불가능하게 되므로 안전하게 중단되어야 하는데 이 과정에 대한 시나리오가 준비되어 있어야 한다. 특히 인간 운전자가 적절하게 반응 못하는 상태이거나, 인간 운전자가 없는 상태에서도 자율주행이 안전하게 중단될 수 있어야 하며 이 경우 해당 차량은 위험 최소화 상태로 진입해야 한다(예를 들어, 도로 가장자리로 벗어나서 안전하게 정차).

〈4〉 인증(Validation): 자율주행 상황과 그 상황에 따른 자율주행 능력은 매우 다양하므로 제작자 등은 자율주행 능력을 시험하고 인증하는 방법을 잘 고안하여 안전한 운행이 되도록 해야 한다. 자율주행 능력에 대한 시험 방법은 시뮬레이션, 테스트 트랙에서의 시험, 도로주행 테스트를 모두 조합하여 고안되어야 하며, 시험 및 인증의 기준을 마련하기 위하여 미국도로교통안전청 및 각종 표준화 기구들(SAE, NIST 등)과 긴밀히 협력하는 것이 좋다.

(다) 낮은 수준의 차량 자동화 시스템 관련 가이드라인

부분 자동화 차량(운전자의 감시하에 조향, 가속, 감속 등을 자동으로 수행할 수 있는 차량; SAE Level 2에 해당)의 경우, 인간 운전자는 운전 상태에 대하여 항상 주의를 기울여야 하며 자동화된 운전지원 시스템을 언제든지 수동전환하여 운전을 스스로 수행하는 등 운전에 대한 일차적 책임이 있다. 그러나 운전지원 시스템이 좌우 조향과 속도 조절 능력을 동시에 구비하게 되고 이러한 운전지원 시스템을 상당 기간 동안 작동할 경우, 인간 운전자는 자동화 기능에 과도하게 의존하게 되거나 주의를 등한시하면서 자동화 기능을 남용하게 될 위험이 있다.

제작자 등은 자동화 기능에 대한 과도한 의존이나 오용을 방지하는 데 필요한 여러 조치들을 고안하여 적용할 필요가 있다.

(라) 가이드라인의 개선, 확대, 관리

HAV에 적용되는 차량 성능 가이드라인은 향후에 전문가들의 검토와 일반인들의 의견 수렴, 시험 운행을 통한 익명 데이터 공유 결과 등을 통해서 얻게 되는 지식과 경험 및 신기술의 등장을 고려하여 수정 개선할 계획이다. 자율주행자동차 분류 체계를 재검토해서 수정할 필요가 있는지도 연구하며, 현재 자율적으로 제출하도록 하고 있는 안전성 평가서 제출을 앞으로는 의무화할지 여부도 검토 대상이며, HAV 등록 제도를 도입하는 것이 바람직한지에 대해서도 계속적인 검토가 필요하다. 미국도로교통안전청은 이상 여러 연구 검토를 반영하여 FMVSS를 업데이트하고 새로운 규제 수단을 도입할 예정이다.

(2) 주(州) 정책 모델

자동차와 관련하여 미국 연방정부와 주정부는 규제 권한을 나누어 가지고 있다. 운전면허, 자동차 등록, 교통 법규, 자동차 안전 점검, 자동차 보험 제도, 손해 배상책임에 대한 규율은 모두 州정부의 권한에 속한다. 한편, 차량의 성능 기준, 안전 기준에 대해서는 연방 정부가 州정부에 우선하는 권한을 가진다.[24]

자율주행자동차의 등록, 안전 점검 등 州정부의 규제 영역에서 州정부가 규제권한을 행사하는 것은 당연하지만, 연방 정부는 개별 주정부가 독자적으로 규제권한을 행사하는 것을 자제하고 연방 교통부(Department of Transportation: DOT)가 고도 자율주행 기술 및 고도 자율주행차량의 성능에 대한 규제를 통일적으로 할 수 있도록 협력해 줄 것을 요청한다. 연방 정부는 각 州들이 도로 표지판, 교통 신호 등의 분야에서도 상호 간의 협력을 통하여 통일성을 확보해 줄 것으로 기대하고 있다. 각 州의 교통 법규 중 '운전자'에 관한 사항(예를 들어, 속도 제한이나 교통 신호 준수 의무 등)을 규율함에 있어서 연방정부는 HAV의 경우(SAE Level 3 이상), 고도 자율주행 시스템(HAV system) 자체를 '운전자'로

---

24 "Federal Automated Vehicles Policy," 38면.

취급하도록 州에게 권고하고 있다.[25]

자율주행자동차의 시험운행 및 보급이 원만하게 이루어지도록 하기 위하여 NHTSA은 州정부에게 다음과 같이 관련 행정 조직을 꾸리고 시험운행을 관리하도록 유도한다.

(가) 자율주행자동차 관련 업무 담당 부서

각 州는 자율주행자동차 관련 정책의 실행을 담당하는 부서 또는 조직을 만들고, 자율주행차량의 안전성을 확보하는 데 필요한 기술 문제를 다룰 위원회를 결성하여 다양한 관련 주체들(주 지사, 州 자동차 관리 담당관, 주 교통부서, 주 사법조직, 주 도로 안전 담당자, 州 IT담당 부서, 주 보험 규제당국, 노인 및 장애인 담당관, 유료도로 관리 담당 부서, 대중교통 담당 부서 등)이 정책 형성 및 집행 과정에 참여하도록 하는 것이 좋다.

(나) 자율주행자동차 시험 운행

자율주행자동차 시험 운행을 도로(Public Roadways)에서 하고자 州정부에 신청하는 자는 해당 차량이 본 정책에 제시된 차량 성능 가이드라인과 FMVSS를 준수한다는 점을 진술하고, 5백만 달러 이상의 배상 책임 보험이나 보증 증권을 제출하도록 하고, 州정부의 자율주행자동차 관련 업무 담당 조직은 ① 신청자가 배상책임 보험을 들었다는 점, ② 차량 운영자에 대한 적절한 훈련을 실시한다는 점, ③ 그리고 차량이 성능 가이드라인 및 FMVSS 을 충족한다는 점이 소명되면 시험 운행을 허가하도록 연방 정부는 州 정부에게 권고하고 있다.[26]

---

25 "Federal Automated Vehicles Policy," 39면.
26 "Federal Automated Vehicles Policy," 42면. 2017년 4월 기준으로 12개 주가 자율주행자동차의 운행에 관한 법률을 제정하였고, 2개 주에는 자율주행자동차에 관한 행정명령이 존재한다. http://www.ncsl.org/research/transportation/autonomous-vehicles-self-driving-vehicles-enacted-legislation.aspx 참조.

(다) 배상책임에 대한 법적 규율

자율주행자동차의 운행으로 발생하는 손해를 배상할 책임에 대하여 州정부는 HAV소유자, 운행자, 승객, 제작자 그리고 그 외의 관련 주체 간에 어떤 방식으로 이를 분배하는 것이 바람직할지를 검토하여 결정해야 한다. 또한 보험 가입 의무는 누가 부담할지(소유자, 운행자, 승객, 제작자?)도 州정부가 결정해야 한다.

손해 배상 책임을 누구에게 귀속시키는지에 따라 자율주행 기술 보급이 원활하게 될지 어렵게 될지가 영향을 받을 수 있고, 보험료율의 증감 역시 영향을 받게 된다는 점이 충분히 고려되어야 한다.[27]

(3) 미국도로교통안전청의 현행 규제 권능

(가) 자기 인증(self-certification) 제도

미국도로교통안전청은 유권 해석 권능, 규정 적용 예외를 심사하여 결정할 권능, 규정을 개정 또는 제정하는 권능, 규정 준수를 확보하는 데 필요한 집행권능을 가지고 있다. 그러나 미국도로교통안전청은 새로운 자동차나 자동차 기술을 사전 승인(pre-approve)하는 권능은 없다. 즉, 누구라도 자유롭게 새로운 자동차나 자동차 기술을 내놓을 수 있으며 미국도로교통안전청이 이것을 금지하고 미리 허가나 승인을 받도록 강제할 권능은 없다는 뜻이다. 모든 자동차나 자동차 기술은 FMVSS를 준수해야 함은 물론이지만, 준수 여부는 당해 제작자 또는 판매자가 스스로 인증(self-certification)하며 미국도로교통안전청이 안전기준 준수 여부를 '사전에' 확인할 권능은 없다.[28]

(나) 규정 개정 및 제정

미국도로교통안전청은 FMVSS를 수정할 권능을 가지는데, 수정 절차

---

27 "Federal Automated Vehicles Policy," 45-46면.
28 "Federal Automated Vehicles Policy," 48면.

는 민원인의 청원에 의하여 개시되거나 미국도로교통안전청 스스로 개
시할 수 있다. 이 과정은 여러 당사자들의 의견을 수렴하여 이루어져야
하므로 공고 및 의견수렴에 따른 규정 제정(Notice and comment rule-
making)이라 부른다.[29]

(다) FMVSS 적용 예외

FMVSS의 개별 규정은 다음과 같은 경우에 당사자가 해당 규정의 적
용을 유예해 줄 것을 신청하면 이를 심사하여 규정의 적용을 한시적으
로 배제할 수 있도록 되어 있다.[30]

- 규정을 적용하면 당사자가 상당한 경제적 곤경을 겪게 될 경우
- 새로운 안전 기능이나 장치의 개발 또는 현장 평가를 위하여 적용 예외가
  필요한 경우
- 매연 저감 차량 개발 또는 현장 평가를 위하여 적용 예외가 필요한 경우
- 해당 규정은 적용되지 않더라도 전체적 안전 수준이 그 규정을 적용했을
  때와 비교할 때 대등하거나 더 안전할 경우

물론 FMVSS 규정의 적용 예외는 주로 차량 생산대수가 2,500대 미만
인 경우에 적용되며, 적용 배제 기간 역시 1년을 넘을 수 없으므로 잠정
적 조치에 불과하다. 하지만 적용 예외 신청 및 예외 인정 제도는 자율
주행자동차 기술 개발 과정에서 일정 부분 유용하게 사용될 수는 있을
것이다.[31]

---

29 NHTSA의 규정 제정 및 개정 절차에 대한 소개는 NHTSA, "National Highway Traffic
    Safety Administration Rulemaking and the GTR" 참조. https://globalautoregs.
    com/documents/3692
30 49 U.S.C. § 30113(b)(3) 참조.
31 "Federal Automated Vehicles Policy," 56-62면.

(4) 향후 채택 여부를 검토 중인 규제 권능

NHTSA은 교통 및 자동차 안전에 관한 법(National Traffic and Motor Vehicle Safety Act)에 의거하여 자동차와 자동차 부품 설계의 모든 측면에 대해서 광범한 규제 권한이 부여되어 있는데 무엇보다도 FMVSS가 이를 위한 가장 중요한 수단에 해당한다.

미국도로교통안전청은 앞으로 다음과 같은 새로운 규제 수단을 채택할지를 검토 중이다.

- 현재는 차량의 제작자 등이 안전성 평가서를 미리 제출하도록 '권장'하는 선에 머물고 있으나, 향후에는 차량이 보급되기 전에 안전성 평가서 사전 제출을 의무화 하는 것을 검토 중.
- 현재는 FMVSS 준수 여부를 스스로 테스트하여 자기 인증하도록 하고 있으나, 향후에는 일부 항목에 대해서는 형식승인 제도를 도입하는 것을 고려 중이다. 그러나 형식승인 제도가 과연 기술혁신을 촉진할 것인지, 지연시킬 것인지를 검토해 봐야 하며, 정부가 주도하는 형식승인 제도가 신기술 수용을 촉진할지 저해할지를 평가하여 제도 도입 여부를 결정할 것이다.
- 중지 명령 제도(Cease-and-Desist Authority) 도입 검토: 당국이 해당 차량이나 부품에 대하여 검사를 수행한 결과 임박한 위험이 발견될 경우 (당사자에게 설명 기회를 부여한 후) 해당 제품을 거두어 들이도록 강제하는 제도를 도입할지를 검토 중이다.
- FMVSS 규정 적용 예외 확대: 현행 법규(49 U.S.C. § 30113)에 따라 FMVSS 적용 예외를 인정받을 수 있는 차량 대수의 상한, 적용 예외 기간의 상한을 수정하여, 앞으로 더 많은 수의 차량에 대하여 더 긴 기간 동안 적용 예외를 부여할 수 있도록 법률을 개정할 필요가 있는지를 검토 중이다.

이상과 같은 내용으로 2016년 9월에 발표한 자율주행자동차의 시험 및 보급에 관한 정책 가이드라인에 대하여 미국도로교통안전청은 일반 인과 전문가 그룹의 의견을 수렴하여 올해(2017) 중에 수정된 가이드라 인을 발표할 예정이다.

(5) 미국 연방 정부 정책의 특징

미국 정부가 자율주행자동차에 대하여 현재 취하고 있는 정책의 특성 은 다음과 같이 요약할 수 있다.

첫째, 기존 제도 및 규제의 틀을 가급적 유지하고자 한다. FMVSS 준 수 여부를 제작자 또는 판매자가 스스로 인증하는 자기 인증 제도의 큰 틀을 그대로 유지하되, 제한적 분야에 한하여 형식 승인 제도 도입 여부 를 조심스럽게 검토하는 상황이다.

둘째, 신기술 등장 상황에 기민하게 대응하는 데 필요한 규제의 유연 성은 '자발적' 준수에 의존하는 권고를 통하여 달성하고자 한다. FMVSS 에 아직 포함되어 있지 않은 HAV 차량 성능 가이드라인에 제시된 각 항 목에 대한 안전성 평가서(Safety Assessment Letter)를 제작자 등이 스스로 작성하여 제출하도록 권고하는 '자율적' 자기인증이 그 대표적 예에 해 당한다.

셋째, 州정부의 고유 영역에 해당하는 자동차 등록, 도로 교통 법규, 손해 배상 책임에 대한 법적 규율 등의 분야에서도 州의 자발적 협조를 구하고 있다. 그러나 손해배상책임에 대한 법적 규율에 대해서는 아직 연방 정부도 뚜렷한 입장을 제시하지 않고 있으므로 선도적인 일부 州 가 어떤 입장을 취하는지가 매우 중요하게 될 것으로 보인다.

넷째, 자율주행자동차의 안전과 관련된 새로운 규정을 조급하게 일방 적으로 신설하기보다는 안전성을 향상시키는 데 실질적으로 도움이 되 는 기술적 내용을 담은 일종의 '체크리스트'를 제안하고 제작자 등이 이 러한 여러 측면에 대해서 안전성을 스스로 평가하고 문서화하도록 '권 고'함으로써 업계와 규제자가 서로 유용한 협업 관계를 이끌어 내려 시도하고 있다.

다섯째, 정책을 입안하고 집행하는 전 과정에서 다양한 이해당사자들의 참여를 적극 권장하고 전문가와 일반인들의 의견이 정책 결정 과정에서 반영되는 것을 이상으로 하는 이해당사자 참여형(multi-stakeholder) 정책 수립 과정을 채택하고 있다.

IV. 영 국

영국은 정부와 학계가 긴밀히 협력하여 자율주행 차량 연구 센터 (Centre for Connected and Autonomous Vehicles)를 설립하고, 기업, 에너지 및 산업 전략부(Department for Business, Energy & Industrial Strategy: BIS) 산하의 기술혁신처(Innovate UK)와 교통부(Department for Transport)가 공동으로 자율주행 기술의 개발과 자율주행자동차의 보급을 촉진하기 위한 정부의 전략을 수립하고 있다.[32]

1. 현행 법령에 대한 검토(2015)

영국 교통부는 영국 법령이 자율주행자동차의 시험 운행과 보급에 장애가 되는지 여부를 면밀히 검토하여 그 결과를 2015년 2월에 발표하였다.[33] 그 내용을 요약하면 다음과 같다.

---

32 https://www.gov.uk/government/collections/driverless-vehicles-connected-and-autonomous-technologies 참조. 자율주행 차량 연구센터는 트위터 계정 (@ccavgovuk)과 이메일 주소(enquiries@ccav.gov.uk)를 운영하며, 별도의 웹사이트는 없다.

33 "무인 자동차로 가는 길: 자율주행차량 기술 관련 규제에 대한 상세 검토(The pathway to driverless cars: a detailed review of regulations for automated vehicle technologies)"라는 이름의 백서는 https://www.gov.uk/government/

첫째, 운전면허가 있는 운전자가 탑승할 경우, 현행 영국 법령상 어떠한 제약도 없이, 어떠한 인허가나 사전 승인을 받을 필요도 없이, 어떠한 도로에서도 자율주행 자동차를 시험 운행할 수 있으며, 어떠한 데이터의 기록이나 시험 주행 절차 보고 의무, 문서화 의무가 없고 정부가 이러한 데이터를 요구하지 않는다.

둘째, 자율주행자동차 시험 운행자들이 자율적으로 준수하도록 권고하는 모범 수칙(Code of Practice)을 정부가 업계와 전문가들의 견해를 반영하여 제정하며, 이 모범 수칙은 정부의 예산으로 진행되는 자율주행 시험 운영의 경우에는 반드시 준수해야 하지만, 그 외의 경우 준수가 강제되지는 않는다. 하지만 자율주행자동차 시험 운행 중 사고가 발생한 경우 시험 운행자의 과실 여부를 판단할 때 모범 수칙을 준수했는지가 비중있게 고려될 것이다.[34]

셋째, 사고가 발생한 경우 배상 책임 문제를 규율하는 법리, 자율주행자동차를 감안하여 도로 교통 법규(Highway Code)를 개정하는 문제, 안전성 확보를 위하여 필요한 제도 개선에 대한 문제는 향후에 다양한 의견을 검토하여 수정해 나갈 필요가 있다.

넷째, 영국 정부는 자율주행자동차에 관한 국제적 법규와 안전 기준의 수립 또는 개정 작업에 적극 참여할 예정이다.

2015년의 이 보고서는 영국이 자율주행기술 개발 및 시험 주행과 관련하여 세계에서 가장 우호적이고 간소한 규제 체계를 채택하고 있다는 점을 장점으로 내세워 자율주행과 관련된 전 세계의 기술과 자본을 유치하고자 한다는 점을 분명히 하고 있다.

---

uploads/system/uploads/attachment_data/file/401565/pathway-driverless-cars main.pdf 에서 내려받을 수 있다. 2016년 초반의 영국 현황에 대한 개괄적 소개는 유동훈, 강경표, "유럽의 자율 주행자동차 관련 법·제도 동향," 월간 교통, 2016년 6월호, 71-72면 참조.

34 모범 수칙은 https://www.gov.uk/government/publications/automated-vehicle-technologies-testing-code-of-practice 참조.

2. 첨단 운전 보조 시스템과 자율주행 기술에 대한 정부 정책 (2016-2017)

그 이듬해인 2016년 7월에 영국 정부는 첨단 운전 보조 시스템과 자율주행 기술에 대한 정부 정책안에 대한 의견 수렴 절차를 개시하였다.[35] 정부가 공표한 정책 제안서("첨단 운전 보조 시스템과 자율주행 기술에 대한 지원 방안")에 대하여 두 달간의 의견 접수 기간 동안 보험업계, 법률사무소, 도로 안전 캠페인 그룹, 자동차 제작업체, 운전자 단체, 지방 정부, 기술 업체, 노동조합, 자전거 또는 오토바이 이용자 그룹 등 90개 단체와 338명의 개인이 의견을 제출하였고, 이러한 의견을 감안하여 자율주행 차량 연구 센터는 2017년 1월에 자율주행 기술에 대한 정부의 정책 기조를 발표하였다. 그 내용을 간단히 소개한다.[36]

(1) 상용화 임박(near to market) 기술에 집중

자율주행 기술에 관한 영국 정부의 정책은 향후 2-4년 내에 상용화될 것으로 예상되는 ① 고속도로 자율주행(Motorway assist) 기술, ② 원격 제어 주차(Remote control parking) 기술과 조만간 본격적인 시험 운행이 이루어질 것으로 예상되는 ③ 대형화물차의 편대 운행(HGV platooning) 기술을 대상으로 한다. 이들 기술은 운전자가 탑승하여 안전운행의 궁극적 책임을 지거나(①, ③의 경우), 매우 낮은 속도로만 차량이 운행되는 기술(②의 경우)이므로 완전 자율주행자동차나 운전자가 아예 탑승하지

---

35 정부가 2016년 7월에 발간한 정책 제안서 전문은 다음 주소에서 내려받을 수 있다. https://www.gov.uk/government/consultations/advanced-driver-assistance-systems-and-automated-vehicletechnologies-supporting-their-use-in-the-uk

36 2017년 1월에 발표된 첨단 운전 보조 시스템과 자율주행 기술에 대한 정부 지원 정책은 아래에서 내려받을 수 있다. https://www.gov.uk/government/consultations/advanced-driver-assistance-systems-and-automated-vehicletechnologies-supporting-their-use-in-the-uk

않는 상태로 물품배달 등의 용도로만 운행되는 무인 차량과는 거리가
있다.

아직 언제 도입될지 정확한 시점을 예상하기 어려운 완전 자율주행자
동차를 위한 제도를 지금 고민하거나 고안하려 시도한다는 것은 현명하
지 않다는 것이 영국 정부의 입장이다. 기술개발의 진행 추이를 지켜보
면서 좀 더 정확한 지식과 정보를 근거로 하여 규제 체제를 마련하는 것
이 바람직하기 때문이다. 요컨대, 영국은 시장 도입(상용화)이 임박한 자
율주행 기술에만 국한하여 점진적, 단계적으로 제도를 업데이트함으로
써 신기술의 등장에 신속, 기민하게 대처하고자 한다.

(2) 자동차 보험의 개선

영국의 경우, 자동차 운행과 관련된 보험 제도는 '운전자'를 피보험자
로 하는 것인데, 운전자가 조작에 관여하지 않는 동안 사고가 발생할 경
우 과실이 없는 피해자가 운전자로부터 제대로 배상을 받기 어렵게 될 가
능성이 있다. 따라서 피해자가 신속히 그리고 제대로 배상을 받을 수 있
도록 하기 위하여 현재 가입이 강제되는 자동차 보험(compulsory motor
insurance)이 커버하는 범위를 확대하여, 운전자가 운전하는 동안 발생
한 사고뿐 아니라 자율주행 장치를 작동시킨 상태에서 발생한 사고까지
를 배상하도록 관련법을 개정하기로 하였다. 즉, 운전자의 과실 여부를
불문하고 자율주행기술의 미비함으로 인한 사고까지를 자동차 보험이
커버하도록 보험제도가 변경될 예정이다.[37]

그러나 자율주행기능이 작동하는 중에 발생한 사고로 인한 손해에 대
해서 보험자는 다음 두 경우에는 배상을 거부할 수 있다:

---

[37] 보험 제도 개선에 대한 보다 상세한 설명은 https://www.gov.uk/government/
uploads/system/uploads/attachment_data/file/589800/pathway-driverless-carsi
mpact-assessment.pdf 참조.

- 운전자가 차량의 운영체제를 무단으로 변경한 경우
- 차량의 운영체제에 대한 소프트웨어 업데이트가 제대로 설치되지 않은 경우

그 외에는 보험자가 피해자에 대한 배상을 거부할 수는 없다.

만일 사고가 제조물 책임법에 따라 제작자에게 책임을 물을 수 있는 성격의 사고였다고 판단될 경우에는, 사고의 피해자가 아니라 그에게 보상을 마친 보험자가 제작자를 상대로 구상권을 행사하여 양자(보험자와 제작자) 간에 배상 책임 분담을 협의나 소송에 따라 해결하도록 하고 있다. 이 과정에서 제작자가 자신의 책임을 비합리적으로 부인하는 태도를 보일 경우 보험사는 그러한 제작자가 공급하는 자율주행자동차에 대해서는 보험료율을 다르게 적용하거나 아예 보험을 거부할 여지도 있을 것이므로 제작자와 보험자 간에 제조물 책임법에 관한 분쟁은 상당히 효율적으로 해결될 것으로 영국 정부는 예상한다.[38] 피해자가 직접 제조자를 상대로 제조물 책임법상의 책임을 묻도록 하는 방안은 피해자에게 너무 큰 부담을 지우는 것이 된다는 점을 간파한 현명하고, 실용적인 입장으로 보인다.

(3) 관련 규정 개정

도로교통규칙(Highway Code Rule) 제150조는 운전보조 장치를 사용 중인 경우에도 집중과 주의 정도가 완화되어서는 안 된다는 규정인데, 그 취지는 그대로 유지하되 고속도로 자율주행, 원격 자동 주차 기능에 대한 적절한 안내를 추가할 예정이다. 도로교통규칙 제160조는 운전 중에는 언제나 두 손을 운전대에 올려 두라는 내용인데, 고속도로 자율주행 기술, 원격 자동 주차 기술의 이용에 지장이 없도록 이 조항을 적절

---

38 "Consultation on proposals to support Advanced Driver Assistance Systems and Automated Vehicles (Government Response)," pp.10-11.

히 수정할 예정이다.

자동차 제작 및 이용 규정(Construction and Use Regulations) 중에는 고속도로 자율주행 기능이나 원격 자동 주차 기능과는 조화되기 어려운 규정들이 있는데(운전자는 언제나 전방 주시가 가능하고 차량을 전적으로 조종할 수 있는 위치에 있어야 한다는 제104조, 운전자가 차량에 있지 않을 때에는 엔진을 꺼야 한다는 제107조, 운전 중 휴대기기 사용을 금지하는 제110조 등), 이들 조항을 고속도로 자율주행 기능과 원격 자동 주차 기능과 조화되도록 하는 데 필요한 최소한도의 수정을 할 예정이다.

그러나 도로교통규칙 제126조(안전거리 유지 의무)와 자동차 제작 및 이용 규정 제126조(운전 중 운전자가 볼 수 있는 화면에는 운전과 상관없는 내용이 표시되어서는 안 된다는 내용)를 개정할 필요가 있는지에 대해서는 응답자 다수가 이들 규정을 지금 개정할 필요가 없다는 입장이어서 정부는 당분간 이들 규정은 그대로 두기로 했다.[39]

V. 한 국

자율주행자동차에 관한 정책은 국토교통부와 과학기술정보통신부가 관심을 가지고 추진하고 있다.

1. 자율주행자동차의 정의

2015.8.1자로 개정된 자동차관리법(제2조, 1호의3)은 "자율주행자동차"를 다음과 같이 정의한다:

---

[39] "Consultation on proposals to support Advanced Driver Assistance Systems and Automated Vehicles (Government Response)," pp. 12-13.

"자율주행자동차"란 운전자 또는 승객의 조작 없이 자동차 스스로 운행이 가능한 자동차를 말한다.

이러한 정의가 과연 필요하거나 유용한지, 그리고 굳이 법조문에 이러한 정의를 둬야 하는지는 의문이다. 자율주행 기술의 진전 단계에 대해서는 자동차공학협회(SAE)가 제안하는 다음과 같은 6단계 구분이 널리 채택되고 있으며, 각 단계별로 규제자가 감안해야 할 기술적 측면은 매우 다를 수밖에 없다.[40]

SAE Level 0	SAE Level 1	SAE Level 2	SAE Level 3	SAE Level 4	SAE Level 5
수동운전	운전보조	고급 운전보조	고급 운전보조	고도 자율주행	완전 자율주행
	운전행위 중 일부가 자동화 될 수 있음	정해진 환경 내에서 속도 또는 조향이 자동조정	정해진 환경 내에서 속도 또는 조향이 자동조정	정해진 환경 내에서는 운전자개입 불필요	모든 환경에서 운전자 개입 불필요
		크루즈 컨트롤, 차선 유지 기술	고속도로 자율주행, 자동주차		

---

40 현재 미국(미국도로교통안전청), 영국, 유럽연합, OECD 등은 모두 자동차공학회(SAE)가 제시하는 6단계 구분을 채택하고 있다. 2013년경에는 미국, 독일 등이 5단계 구분을 사용한 적이 있었다. 김경환, "자율주행자동차의 입법 동향," 오토저널(2016년 6월) 34-35면 참조. 미국도로교통안전청은 2016년 9월에 종래의 5단계 구분 대신에 SAE가 제시한 6단계 구분을 채택하였다. D. Riehl, "Car minus driver: Autonomous vehicles driving regulation, liability and policy," 73-Oct Bench and Bar of Minnesota 18, p.20 참조.

"운전자나 승객의 조작 없이 자동차 스스로 운행이 가능"한 경우는 고급 운전보조 기술이 적용된 SAE Level 3 또는 그 이상의 경우를 모두 포함하는 것으로 이해할 수 있다. SAE Level 3에 해당하는 기술 중 하나인 고속도로 자율주행 기술을 예로 들면, 고속도로라는 특정한 환경이 지속되는 동안에는 인간의 개입이 불필요하므로 적어도 그동안에는 "자동차 스스로 운행이 가능"한 경우에 해당하기 때문이다. 따라서 "[인간의] 조작 없이 스스로 운행이 가능"하다는 표현은 적어도 다음 세 가지 경우를 모두 포함할 수 있다:

① 운전자가 탑승하여 주변 환경을 계속 모니터하면서 개입할 필요가 있는지를 인간이 판단해야 하지만, 개입의 필요가 없는 동안에는 운전자의 조작 없이 '스스로 운행이 가능'한 경우(SAE Level 3, 고급 운전보조기술)

② 운전자가 탑승하긴 하지만 주변 환경을 모니터하지 아니하고, 자동주행 시스템이 수동 전환을 요구할 때에 비로소 인간이 주변 환경을 모니터하면서 수동 조작을 하면 되고, 그렇지 않을 경우에는 운전자의 개입이나 조작 없이 '스스로 운행이 가능'한 경우(SAE Level 4, 고도 자율주행기술)

③ 운전자가 아예 탑승할 필요 없이 전적으로 '스스로 운행이 가능'한 경우 (SAE Level 5, 완전 자율주행기술)

인간이 운전 환경을 계속 모니터 해야 하는지(SAE Level 3), 그럴 필요가 없도록 설계되었는지(SAE Level 4 이상)는 자율주행 기술의 진전 단계를 구분함에 있어서 대단히 중요한 기준이다. 운행 중 운전자 탑승이 필요한지(SAE Level 4까지는 모두 운전자의 탑승이 필요) 아예 없어도 되는지(SAE Level 5)도 매우 의미가 큰 차이지만, 우리 자동차관리법상 자율주행자동차 정의는 이러한 중요한 차이점을 전혀 담아내지 못하고 있다. 우리의 현행 자동차관리법상 자율주행자동차 정의는 너무나 광범해서 별 쓸모가 없거나, 불필요하고 과도한 제약으로 될 우려가 있다.[41]

2. 임시운행허가

자동차관리법 제27조는 자율주행자동차를 "시험·연구 목적으로 운행"할 경우에 대비하여 다음과 같은 규정을 두고 있다.

자율주행자동차를 시험·연구 목적으로 운행하려는 자는 허가대상, 고장감지 및 경고 장치, 기능해제장치, 운행구역, 운전자 준수 사항 등과 관련하여 국토교통부령으로 정하는 안전운행요건을 갖추어 국토교통부장관의 임시운행허가를 받아야 한다.

자동차관리법 제5조는 자동차는 자동차등록원부에 등록한 후가 아니면 운행할 수 없도록 규정하고 있고, 제29조는 자동차의 구조 및 장치가 자동차안전기준에 적합하지 아니하면 운행할 수 없도록 규정하고 있다. 자동차의 구조 및 장치가 자동차안전기준에 적합한지 여부는 행정주체가 사전에 검사하는 것이 아니라 자동차를 제작, 조립 또는 수입하는 자가 소정의 절차에 따라 안전 검사를 스스로 수행하고 이에 따라 안전기준에 적합하다는 점을 자기 인증(self-certification)하도록 되어 있다(제30조).

이상의 조항에 비추어 보면, 자동차안전기준에 적합한 자동차일 경우에는 제작자 등이 이 점을 자기 인증하고 자동차를 등록하면 운행하는

---

41 황창근, 이중기, "자율주행자동차 운행을 위한 행정규제 개선의 시론적 고찰," 홍익법학 제17권 제2호(2016), 37-38면은 자동차관리법상 자율주행자동차의 정의는 "자율주행자동차의 발전단계에서 말하는 최종단계를 의미"한다고 하는데, 어떤 근거로 이렇게 좁게 해석하는지는 분명하지 않다. 반대로 임이정, 이중기, 황기연, "자율 주행차량의 운행을 위한 법적 이슈," 교통연구 제23권 제3호(2016), 87면은 최종단계의 자율주행자동차에 대한 법제도 개편의 필요성은 현재로서는 낮다고 하므로 현행 자동차관리법이 말하는 자율주행자동차는 최종단계에 못 미치는 자율주행자동차를 주로 의미하는 것으로 이해하는 듯하다. 최낙균, "자율주행자동차의 법적 이슈," 제1회 신기술 경영과 법 세미나 발표자료(2016.3.25), 슬라이드 14에는 미국의 일부 주가 채택하는 자율주행자동차 개념에 대한 설명이 있다. https://www.slideshare.net/ssuserbd0159/ss-60193060

데 아무런 법적 장애가 없으므로 '임시운행허가'를 받아야 할 이유도 물론 없다. 그렇다면 '자율주행자동차'의 임시운행허가 제도는 '미등록' 상태이거나 현행 자동차안전기준 준수가 불가능한 자율주행자동차에 한하여 필요한 제도라고 볼 것인지, 등록 여부, 자동차안전기준 준수 여부와는 무관하게 '자율주행자동차'는 모조리(Level 3, 4 또는 5인지를 가리지 않고) 운행이 허용되지 않는다는 전제에 입각해서, 임시운행허가를 받아야만 운행이 비로소 예외적으로 가능하게 된다고 해석해야 할 것인지 분명하지는 않다.

자동차관리법 어디에도 '자율주행자동차'는 등록할 수 없다는 제약이 있는 것이 아니기 때문에 자율주행자동차라는 이유를 들어 자동차등록을 거부할 수는 없을 것이다(자동차관리법 제9조에 나열된 등록거부 사유에는 자율주행자동차에 대한 언급이 없다). 자율주행자동차가 현행 자동차안전기준을 준수할 수 있는지의 문제는 일률적으로 논할 수 없다. 운전대도 없고 브레이크 페달도 없는 완전 자율주행 단계(SAE Level 5)의 자동차라면 현행 자동차안전기준을 준수하지 못한다는 점은 분명하다. 그러나 현재 시험 운용 중인 자율주행자동차는 현행 자동차 안전기준을 모두 준수하되, 그에 더하여 추가적 기능(예를 들어, 자동 속도 조절 기능, 자동 조향 기능, 자동 주차 기능 등)이 구비된 것일 뿐이다. 따라서 자율주행자동차라고 해서 현행 자동차 안전기준을 준수하지 못하는 것이 아니다. 오히려 「자율주행자동차의 안전운행요건 및 시험운행 등에 관한 규정」(국토교통부 고시 제2017-198호) 제3조 제1항은 "자율주행자동차는 「자동차관리법」 제30조 제1항에 따라 자동차 자기 인증이 완료된 자동차이어야 한다"고 되어 있으므로, 현행 자동차 안전기준을 준수하지 못하는 자율주행자동차는 애초에 임시운행허가를 받을 수 있는지도 의문이고, 설사 임시운행허가를 받았다 하더라도 실제로 시험운행을 적법하게 할 수도 없도록 되어 있다.

3. 자율주행자동차의 안전운행요건

자동차관리법 시행규칙 제26조는 자율주행자동차를 시험·연구 목적으로 운행하기 위하여 임시 운행허가를 신청할 경우에는 (1) 시험·연구 계획서, (2) 자율주행자동차의 구조 및 기능에 대한 설명서, (3) 자율주행자동차의 안전운행요건 적합 여부 확인에 필요한 서류로서 국토교통부장관이 정하여 고시하는 상당한 분량의 서류를 국토교통부 장관에게 제출하도록 하고, 임시운행을 하려는 자율주행자동차 실물을 제시하여 담당 공무원이 안전운행요건 적합 여부를 사전에 확인하도록 규정한다.

시행규칙 제26조의2는 안전운행요건을 다음과 같이 7가지로 나누어 제시한다:

1. 자율주행기능을 수행하는 장치에 고장이 발생한 경우 이를 감지하여 운전자에게 경고하는 장치를 갖출 것
2. 운행 중 언제든지 운전자가 자율주행기능을 해제할 수 있는 장치를 갖출 것
3. 어린이, 노인 및 장애인 등 교통약자의 보행 안전성 확보를 위하여 자율주행자동차의 운행을 제한할 필요가 있다고 국토교통부장관이 인정하여 고시한 구역에서는 자율주행기능을 사용하여 운행하지 아니할 것
4. 운행정보를 저장하고 저장된 정보를 확인할 수 있는 장치를 갖출 것
5. 자율주행자동차임을 확인할 수 있는 표지(標識)를 자동차 외부에 부착할 것
6. 자율주행기능을 수행하는 장치에 원격으로 접근·침입하는 행위를 방지하거나 대응하기 위한 기술이 적용되어 있을 것
7. 그 밖에 자율주행자동차의 안전운행을 위하여 필요한 사항으로서

국토교통부장관이 정하여 고시하는 사항

자동차관리법 시행규칙에 규정된 이상의 '안전운행요건'은 미국 연방 정부가 2016년 9월에 공표한 자율주행자동차 성능 가이드라인(Vehicle Performance Guidance)에 제시된 내용과 크게 다르지 않다고 볼 수도 있지만, 훨씬 소략한 내용임은 물론이다. 미국 연방 정부가 발표한 HAV 차량 성능 가이드라인은 강제성이 없는 가이드라인이며, 법령의 형태가 아니라 정책 백서 형태를 취하는 반면, 한국의 경우에는 강제성을 부여한 법령(자동차관리법 시행규칙) 형태로 되어 있으므로 불가피하게 최소한의 규정만을 두게 되어 생겨나는 차이라고 볼 수 있다. 그러나 자율주행자동차의 안전운행요건을 과연 현시점에서 '법령' 형태로 고착화하는 것이 현명한 태도인지는 좀 더 면밀한 검토와 반성이 필요하다. 오히려 미국이나 영국과 같이 자발적 준수를 권장하는 가이드라인 형태로 운영하는 것이 더 적절하지 않을까?

4. 자율주행자동차의 안전운행요건 및 시험운행 등에 관한 규정

자율주행자동차를 시험·연구 목적으로 임시 운행할 경우에는 국토교통부 고시로 정한 규정들을 준수해야 하도록 되어 있다. 임시운행 규정은 자율주행자동차 역시 자동차 안전기준을 모두 준수해야 하고, 도로 및 교통에 관한 모든 법령을 준수해서 운행되어야 한다는 점을 천명한다(제3조). 임시운행 규정의 나머지 내용은 대략 다음과 같다:

- 임시운행신청인은 자동차손해배상보장법상의 배상책임을 져야 하고, 그 법이 정한 보험에 가입해야 함.
- 임시운행허가를 신청하기 전에 시험시설 등(공로가 아닌 곳)에서 사전 시

험 주행을 실시.

- 운전자우선모드(manual)와 시스템우선모드(auto) 간의 선택 및 전환에 관한 여러 기능이 구비되어야 함.
- 자율주행시스템 기능고장을 감지하여 운전자에게 경고하는 기능이 있어야 함.
- 최고속도제한 기능, 전방충돌방지 기능이 구비되어야 함.
- 운행기록장치가 일정한 내용을 저장해야 함.
- 영상기록장치가 사고 전후의 주행상황을 기록해서 이를 확인할 수 있어야 함.
- 운전자의 훈련에 관한 사항 준수.
- 임시운행 중에는 피견인차 연결 금지.
- 임시운행 규정은 3년마다 재검토하여 개선.

국토교통부 장관 고시 형태로 제시된 이러한 시험운행 관련 규정은 영국 정부가 2015년 7월에 발표한 자율주행 기술 테스트 모범수칙 (Code of practice for testing of automated vehicle technologies)과 비교하면 매우 간략하고, 초보적인 것으로 보인다. 영국의 교통부가 발간한 모범 수칙은 시험 운행을 실시하는 자가 관련 정부 부처나 시험 운행 지역의 구급, 소방 당국 등과 긴밀히 연락을 취하는 것이 왜 중요하고 유용한지를 설명하고, 시험 운행 시 탑승하는 운전자의 훈련, 자격, 역할, 임무 수행 절차, 근무 시간 등에 관한 가이드라인을 소상히 제시하고 있으며, 해당 기술이 상당한 수준으로 성숙한 뒤에야 도로 주행 테스트를 실시해야 한다는 점을 환기하고, 테스트 관련 데이터는 사고 발생 시 과연 어떤 기능이 작동하고 있었는지, 어떤 장치가 사고에 기여했는지를 파악하는 데 도움이 되는 내용이 기록되어 있어야 한다는 점을 안내한다. 또한 개인정보 보호에 관한 안내와 사이버보안에 대한 적절한 고려가 있어야 한다는 점, 소프트웨어의 안전성을 확보하기 위해서 취해야 할 조치 등을 다루고 있다.

우리 국토교통부 장관 고시는 하위 입법(행정 규칙)의 형태로 제시되므로 행정적 강행력이 동원되는 반면, 그 내용은 매우 간략할 수밖에 없다. 반면에 영국의 모범 수칙은 법령 형태가 아니므로 강제력은 없지만, 그 내용은 시험 주행의 안전을 도모하는 데 실제로 도움이 되는 유용하고 상세한 정보를 담고 있다고 생각한다. 특히 모범 수칙 1.5는 다음과 같이 되어 있음을 참고할 필요가 있다:

> 이 모범 수칙은 법령이 아니라 시험주행이 책임있게 이루어지도록 촉진하고자 개발된 것이다. 시험주행 실시자는 관련 법, 행정 규제 및 기술의 현황에 대한 상세한 지식에 기반하여 이 모범 수칙을 활용해야 한다. 이 모범 수칙을 준수하지 않을 경우 법적 절차에서 책임을 부담하게 될 여지도 있다. 마찬가지로, 이 모범 수칙을 준수했다고 해서 법적 책임이 면제되는 것도 아니다.

VI. 미국, 영국, 한국 간의 비교

1. 3국 간 차이점 요약

자율주행자동차의 운행이 허용되는지 여부에 대하여 미국, 영국, 한국은 서로 다른 입장을 취하고 있다. 미국은 각 주별로 입장 차이가 크다. 초창기의 일부 주는 시험 운행을 하려면 허가를 받아야 하도록 하였던 반면(예컨대, 2011년에 네바다 주가 채택한 입장), 별다른 제약이나 별도의 운행허가가 필요 없이 자율주행 자동차를 운행할 수 있다는 점을 확인하는 내용의 입법을 도입한 주들도 있으며(예를 들어, 2016년의 플로리다 주 입법), 테네시 주는 지방정부가 자율주행기술의 사용을 금지하는 법을 만들지 못하도록 하는 내용의 법을 2015년에 제정하기도 했다. 미국 주 입법 위원회(National Conference of State Legislatures)의 안내에 따르면 2017년 4월 기준으로 12개 주가 자율주행자동차의 운행에 관한 법률을 제정하였고, 2개 주에는 자율주행자동차에 관한 행정명령이 존재한다.[42] 그 외의 주에서 자율주행자동차 운행이 허용될지는 전적으로 해석에 달려있는데, 대체로 현행법상 자율주행자동차의 운행은 기존의 안전기준을 준수하는 한 적법하다고 여겨지므로, 별도의 운행허가가 필요한 것은 아니라는 해석이 유력하며 미국도로교통안전청 역시 이러한 전제에 서 있다.[43]

하지만 현행 연방 자동차 안전기준에 어긋나게 제작된(예컨대, 운전대가 없다거나 브레이크 페달이 없는) 자율주행차의 경우에는 현행법상 운행이 금지되며, 미국도로교통안전청에 신청하여 연방 안전기준 적용 예외를 인정받은 후에야 주법에 따라(자율주행자동차의 운행에 허가를 요하는 주에서는 운행허가를 받아, 그러한 입법이 없는 주에서는 별도의 운행허가 없이) 운행이 가능해질 것이다.[44]

영국의 경우에는 현행 안전기준을 준수하는 자동차는 적법한 면허를 가진 운전자가 현행 도로 및 교통 법령을 준수하면서 공로에서 이를 운

---

42 http://www.ncsl.org/research/transportation/autonomous-vehicles-self-driving-vehicles-enacted-legislation.aspx 참조. 유동훈, 강경표, "미국의 자율주행차 관련 법, 제도 동향," 월간교통 2016년 5월호, 42-44면에 제시된 설명은 최근 상황을 제대로 반영하지는 못하고 있다. 2014년경까지의 미국 입법 현황에 대한 설명은 W. Kohler, A. Cobert-Taylor, "Current law and potential legal issues pertaining to automated, autonomous and connected vehicles," 31 Santa Clara High Technology Law Journal 99, pp. 112-118 참조.

43 J. Brodsky, "Autonomous vehicle regulation: how an uncertain legal landscape may hit the brakes on self-driving cars," 31 Berkeley Technology Law Journal 851, pp. 858-859.

44 http://www.ncsl.org/research/transportation/autonomous-vehicles-self-driving-vehicles-enacted-legislation.aspx; https://www.johndaylegal.com/state-laws-and-regulations.html

행할 수 있기 때문에 자율주행자동차 역시 현행 안전기준을 준수하고 면허를 가진 운전자가 탑승하여 안전운전에 대한 책임을 지는 이상 어떠한 허락이나 사전 승인을 요하는 것이 아니며, 공로라면 어디에서건 주행이 가능하며, 주행 목적 또한 시험, 연구 등으로만 한정되는 것도 아니다. 즉, 자율주행기능이 추가된 자동차라는 이유로 별도의 운행허가를 받아야 하도록 요구하지 않는다. 반면에 현행 안전기준에 어긋나게 제작된 자동차의 경우에는 적어도 현재로는 운행이 불가능하며, 운전자 탑승이 없는 운행 역시 현재로는 허용되지 않는다. 이러한 기술들은 상용화가 임박한 것이 아니라고 판단하여 현재로는 굳이 이를 허용하는 방향으로 제도를 미리 바꾸어 둘 필요는 없다는 것이다. 상용화가 임박한 자율주행 기술에 대해서는 법적으로 아무런 제약이 없는 반면, 자율적 준수가 권장되는 모범 수칙이 제시되어 있는 상황이다.

한국의 경우에는 자율주행자동차를 운행하려면 사전허가를 받도록 규정하고, 차량 운행의 목적도 "시험·연구 목적"으로만 제한해 두고 있다. 자율주행자동차에 대한 규정을 두기 시작한 2015년에는 주행 가능한 구간도 매우 제약해 두고, 시험 주행 시에는 2명 이상의 운전자가 탑승해야 한다는 등 극도로 '방어적'인 규제체제를 취했었다.[45] 다행히 이런 과도한 규제는 그 후 약간 완화되어 현재는 자율주행차 운행이 특별히 금지된 구간이 아니면 어디에서라도 운행이 가능하고, 최소 2명이 탑승해야 한다는 불합리한(근거 없이 과장된 안전 논리에 입각한) 규제는 제거되었다.

---

45   자율주행자동차를 운행하려면 허가를 받도록 하는 한국의 제도는 자율주행 기술이 아직 낯설던 2011년에 미국 네바다 주가 세계 최초로 도입한 제도를 참조한 측면이 크다. 최낙균, "자율주행자동차의 법적 이슈" 슬라이드 9면.

2. 자율주행자동차 임시운행 허가 제도의 문제점

그러나 자율주행자동차를 운행하려면 사전에 허가를 받도록 하고, 운행 목적은 "시험·연구 목적"으로만 제한해 둔 현행 제도는 다음과 같은 문제가 있다.

(1) 자율주행 기술에 대한 과도한(근거 없는) 두려움

자율주행자동차 시험운행 규정 제3조는 자율주행자동차도 현행 자동차 안전기준을 모두 준수해야 한다는 당연한 내용을 재확인한다. 자동차 안전기준에 어긋나는 자동차는(자율주행자동차이든 아니든 간에) 자동차관리법상 운행이 허용되지 않는다(자동차관리법 제29조 제1항). 물론 자동차관리법 제30조의4는 "시험·연구의 목적으로" 자동차 등을 제작, 조립 또는 수입하는 경우에는 국토교통부 장관이 안전기준 준수와 관련된 자기 인증을 면제할 수 있도록 규정하고 있다. 하지만 이 조항은 자율주행자동차에 한정된 것이 아니며, 자율주행자동차의 임시운행 허가와는 직접적 관련이 없는 내용이다.[46]

반대로 자동차 안전기준을 모두 충족하는 자율주행자동차를 운행하는 데 어째서 "임시운행" 허가를 받아야 하는지, 그리고 운행의 목적은 어째서 "시험·연구 목적"으로만 제한되어야 하는지를 합리적으로 설명하기 어렵다. 등록을 마친 자동차(자율주행자동차 포함)는 현행 자동차안전기준에 적합함을 자기 인증하는 이상 어떠한 운행허가도 필요 없이 공로에서 자동차의 용법에 따라 이를 운행할 수 있으므로, "임시운행 허

---

46 김정임, "자율주행자동차 운행의 안전에 관한 공법적 고찰," 법학연구(한국법학회), 제16권 제4호(2016), 62면은 자기 인증 면제신청을 통하여 현재의 안전기준으로는 허용되지 않는 자율주행자동차도 시험·연구 목적으로는 운행이 가능하게 된다는 점을 지적하고 있다. 하지만 이럴 경우에 자율주행자동차의 '임시운행 허가'가 굳이 필요한지는 의문이다.

가" 역시 받아야 할 이유가 없고, 운행 목적 역시 "시험 · 연구 목적"으로
만 제한되어야 할 이유도 없다.

안전기준에 부합하고 등록이 마쳐진 자동차는 운행에 아무런 제약을
두지 않는 현행 법제하에서 "자율주행자동차"라는 이유만으로 임시운행
허가를 받도록 하고, 운행 목적도 "시험 · 연구 목적"으로만 제한한다는
것은 자율주행기술에 대한 근거 없는 두려움과 거부감을 비합리적으로
표출하는 것으로 받아들여질 여지도 있다. 현행 안전기준을 준수하지
못하는 자율주행자동차(예를 들어, 핸들과 브레이크 페달이 아예 없는 완전
자율주행자동차)라면 현행법에서는 (안전기준 적용 예외를 인정받지 않는
이상) 아예 운행이 허용될 수 없는 반면, 현행 안전기준을 모두 충족하고
도로 및 교통 관련 법규를 모두 준수하여 운행되는 자동차에 대해서 그
것에 자율주행기능이 추가되어 있다는 이유만으로 난데없이 "임시운행
허가"를 받도록 강요하는 자동차관리법 제27조 제1항은 자의적이고 기
술 비친화적인 규제로 여겨질 것이다. 특히 영국과 미국 대다수 주의 현
황(자동차 안전규정을 준수하고 현행 도로, 교통관련 법령을 준수하는 이상 어
떠한 허가도 필요 없이 자율주행자동차를 공로에서 운행할 수 있다는 입장)과
비교하면, 우리의 임시운행허가 제도는 낙후된 후견주의적 과잉 규제로
평가될 여지가 많다.[47]

(2) 불분명한 적용 범위

미등록 자동차인 경우에는 임시운행 허가 제도는 의미가 있다. 따라
서 자율주행자동차에 대한 임시운행 허가 제도 역시 미등록 자율주행자
동차에만 적용된다고 보고, 등록을 마친 자율주행자동차는 자동차 안전
기준을 준수하는 한 어떠한 운행허가나 임시운행 허가도 필요 없이 운
행할 수 있다고 해석할 여지는 있다. 하지만 현행 규정을 이렇게 해석할

---

47 강소라, "자율주행자동차 법제도 현안 및 개선과제," KERI Brief 16-21(2016년 8
     월), 12면 참조.

경우 자율주행자동차의 임시운행 허가 제도는 사실상 무력화될 것이다. 자율주행자동차도 자동차로서 등록하는 데 아무 법률상 장애가 없을 것이므로 자동차 등록을 하고 (안전기준을 준수하여) 자유롭게 운행하면 되지, 굳이 미등록 상태로 둔 채 국토교통부 장관의 임시운행 허가를 신청하고 심사를 받는 번거로운 절차를 거쳐갈 이유가 없기 때문이다.

입법자의 의도는 모든 자율주행자동차는 (등록되었건 미등록 상태이건) 국토부장관의 임시운행 허가를 받아서 운행해야 한다는 것으로 보이고, 현실로도 그렇게 운영되고 있는 것 같다. 그렇지만 자율주행자동차가 광범하게 정의되어 있고, 그 정의에는 자율주행 기술의 진전 단계가 전혀 고려되거나 반영된 바 없으므로 이미 널리 상용화되어 있는 낮은 수준의 자율주행 기술이 적용된 경우에도 이를 자율주행자동차로 파악해서 임시운행 허가 없이는 운행할 수 없다고 해야 하는지, 어느 수준 이상의 자율주행 기술이 적용되었을 때 임시운행 허가를 받아야 하는지가 불분명한 실정이다.

(3) 배상 책임 및 보험에 관한 규율

자율주행자동차 시험운행 규정(국토교통부 장관 고시) 제4조는 손해배상 책임 및 보험가입과 관련하여 다음과 같이 규정하고 있다:

① 자율주행자동차를 시험·연구 목적으로 임시운행허가를 받으려는 자동차 소유자나 자동차를 사용할 권리가 있는 사람(이하 "자율주행자동차 임시운행허가 신청인"이라 한다)은 해당 차량의 운행으로 발생된 교통사고 피해에 대하여 「자동차손해배상보장법」 제3조에 따른 손해배상책임을 져야 한다.

② 자율주행자동차 임시운행허가 신청인은 교통사고 피해에 대한 적절한 손해배상을 보장하기 위하여 「자동차손해배상보장법」 제5조 제1항 및 제2항에 따른 보험 등에 가입하여야 한다.

　자율주행자동차의 운행 중 발생한 사고로 입은 피해에 대한 배상책임을 누가 부담하는지의 문제는 국토교통부장관이 고시로 정할 수 있는 문제가 아니다. 배상책임을 누가, 어떤 요건에 따라 부담하는지는 자동차손해배상보장법, 민법 등 법률에 따라서, 그리고 그 법률을 법원이 해석, 적용하여 판단하는 것이다. 교통부 장관이 시험운행 규정에 "자동차 소유자나 자동차를 사용할 권리가 있는 사람"이 손해배상책임을 져야 한다고 규정해 본들, 이 조항은 자동차손해배상보장법이나 민법에 어긋나는 한도에서는 아무 법적 효력도 가질 수 없는 조항이다. 자동차손해배상보장법은 자동차의 운행자(자기를 위하여 자동차를 운행하는 자)가 배상책임을 지도록 하고 있으며, 자율 주행자동차 임시운행허가 신청인을 "자기를 위하여 자동차를 운행하는 자"로 볼 것인지는 법원이 자동차손해배상보장법의 해석을 통하여 결정할 문제이지, 국토교통부 장관이 고시로 정할 수 있는 사안이 아니다.[48]

　보험가입 의무와 관련해서도 마찬가지 문제가 있다. 자동차손해배상보장법 제5조는 "자동차보유자"가 책임보험 등을 가입할 의무를 지도록 규정하고 있다. 같은 법 제2조 제3호는 자동차보유자를 "자동차의 소유자나 자동차를 사용할 권리가 있는 자로서 자기를 위하여 자동차를 운행하는 자"라고 정의하고 있다. 자율주행자동차 임시운행허가 신청인을 과연 "자동차보유자"로 볼 수 있을지 여부는 교통부장관이 고시를 통하여 정할 수 있는 문제가 아니라 법원이 자동차손해배상보장법의 해석을 통하여 판단할 문제이다. 자동차보유자가 아닌 자에게 자배법상의 책임보험 등을 가입할 의무를 교통부장관이 부과할 수는 없다.[49]

　차량 운행으로 발생한 피해에 대한 배상책임을 누가 지는지, 책임보

48　배상책임 문제에 대한 보다 상세한 논의는 권영준, 이소은 "자율주행자동차 사고와 민사책임," 민사법학 제75권(2016), 449-495면 참조.

49　자율주행자동차 운행과 보험제도에 대한 보다 상세한 논의는 김영국, "자율주행자동차 운행 중 사고와 보험적용의 법적 쟁점," 법이론 실무 연구 제3권 제2호(2015), 247-280면 참조.

험 등을 가입해야 할 의무는 누구에게 있는지의 문제는 국토교통부 장관이 결정할 수 있는 것이 아니다. 이 문제는 국회가 법률을 제정 또는 개정해야 하는 문제이다. 이런 사안을 다룰 권한도 없는 국토교통부 장관의 고시에 포함된 시험운행 규정 제4조는 월권적인 측면도 있고, 현명하지 못할 뿐 아니라, 자율주행자동차가 초래하는 배상책임 문제의 복잡성에 대한 이해나 인식이 결여되어 있음을 보여 준다. 어쨌든 이 조항은 현행 관련 법률에 정해진 내용을 재확인하는 한도에서만 그 효력을 인정받을 수 있을 것이다.[50]

(4) 관주도 입법 만능주의 발상

자율주행자동차의 시험 운행에 대하여 우리 정부는 자동차관리법, 자동차관리법 시행령, 자동차 관리법 시행규칙, 시험운행에 관한 국토교통부 장관 고시를 통하여 규율한다. 이들 규정은 모두 법령 및 행정 규칙의 형태를 취하고 있으며 정부가 법령과 규정 그리고 행정력을 동원하여 민간의 행위를 일방적으로 규제하는 구도를 취하고 있다. 반면에 영국이나 미국은 자율주행자동차와 관련된 정부의 입장을 법령이나 규정의 형식으로 표출, 실현하기보다는 정책 백서, 모범 수칙 등 강제력이 없는 가이드라인을 통하여 업계의 자율적 준수를 유도하고자 하는 태도를 취한다.[51]

신기술에 대한 우리 정부의 습관적인 대처 스타일은 당장 법률부터

---

50 자율주행자동차와 관련한 배상책임과 보험제도가 야기하는 문제 중 소프트웨어의 흠결에 대한 논의는 이중기, 황창근, "자율주행자동차 운행에 대비한 책임법제와 책임보험제도의 정비 필요성," 금융법연구 제13권 제1호(2016), 93-122면 참조.

51 강선준 외, "자율주행자동차의 활성화를 위한 법·제도 개선 방안," 한국기술혁신학회 학술대회(2016년 5월) 발표문, 348면은 이런 차이점을 이해하지 못한 나머지 영국에서도 자율주행자동차에 대한 "임시운행 허가 기준"이란 것이 있는 것처럼 오해하고 있다. 영국은 자율주행자동차의 운행을 일반 자동차와 마찬가지로 보기 때문에 운행 허가 또는 임시운행 허가라는 것이 전혀 필요 없다.

개정 또는 제정한 다음 상세한 사항은 하위 법령의 형태로 담아내는 방식이다. 자율주행자동차와 관련해서도 이런 접근방법이 그대로 채용되어, 법률(자동차관리법)을 개정하여 '임시운행 허가제도'를 도입하고, 나머지 상세한 사항은 하위 법령과 행정 규칙으로 규율한다. 이럴 경우 업계는 수동적으로 정부가 정한 관련 규정의 준수 여부에만 관심이 집중되는 반면, 업계 스스로가 더 나은 시험 운행 절차를 고안하려는 자율적 노력은 등한시하게 된다. 또한 법령이나 행정 규칙은 개정이나 업데이트가 느릴 수밖에 없다. 예를 들어 국토교통부 장관 고시인 안전운행 규정은 3년마다 업데이트 하도록 되어 있지만(규정 제21조), 이 분야 기술 발전 속도를 감안하면 이렇게 긴 주기로 대응한다는 것은 시대착오적이다. 영국이나 미국의 자율주행자동차 관련 정책 백서는 6개월 가량 주기로 업데이트 되고 있다.

정부가 기술 개발 과정에 과도하게 개입하여 시험주행의 가능, 불가능을 사전적으로 걸러 내겠다는 발상은 기술 발전에 도움이 되기 어렵다. 특히 '안전'을 확보하고 '피해'를 예방하기 위해서는 관청의 사전 개입이 필요하다는 발상에 근거하여 자율주행자동차의 시험 운행에 앞서서 해당 자동차의 실물을 공무원에게 제시하여 관공서가 안전운행 요건 적합 여부를 사전 확인하도록 규정하고 있는데(자동차관리법 시행규칙 제26조 제2항), 과연 공무원이 이런 문제를 판단할 전문성이 있는지 의문스럽다. 정작 현실에서는 공무원은 전문 기술인력의 판단에 의존해야만 하지만, 끝끝내 공무원이 규정상으로는 판단 권한을 독점하는 반면 전문기술인력은 공무원의 판단을 보조하는 지위에만 머물도록 되어 있다. 별 뚜렷한 전문성도 없지만 그래도 공무원이 최종 검증해야 안전하다는 뿌리 깊은 관존민비, 민간 불신, 정부 맹신의 고질적 습관은 하루 바삐 극복되어야 할 것이다.[52]

---

52 행정력을 동원한 사전 규제(ex-ante regulation)에 치중할 것인지, 리콜이나 손해배상 책임 부과와 같은 사후적 규제(ex-post regulation)에 비중을 둘 것인지에 따

VII. 결 론

자율주행자동차는 인공지능(AI) 기술, 정밀 지도 기술, 대량의 정보를 무선 네트워크를 통하여 안정적으로 처리하는 차세대(5G) 무선통신 기술 등이 종합적으로 동원되는 미래의 핵심 기술이 될 것으로 전망되고 있다. 전 세계 여러 정부들은 앞 다투어 자율주행 기술을 적극 지원함으로써 자국이 이 신기술 개발의 중심에 놓이고자 한다. 이 기술이 가지는 큰 파급효과는 그 나라 경제와 시민 생활 전반에 긍정적인 결과를 낳을 것으로 기대되기 때문이다.

미국 연방 정부가 2016년 9월에 발표한 고도 자율주행 차량(HAV)에 대한 연방정부 정책, 영국 정부가 2017년 1월에 발표한 첨단 운전 보조 시스템과 자율주행 기술에 대한 지원 방안은 자율 주행 기술 개발이 최대한 자율적으로 활발하게 이루어지도록 함과 동시에 안전에 대한 고려가 업계의 자발적 개선 노력을 통하여 이루어질 수 있도록 가이드라인과 모범 수칙을 활용하고 있음을 보여 준다. 특히 영국과 미국 대부분 주들은 자율주행자동차의 운행에 대하여 아무런 행정적 사전 허가를 요구하지 않는 입장이다. 현행 자동차 안전기준을 모두 준수하는 등록된 자동차에 대해서 그 운행을 막을 합당한 근거도 없고, 인간 운전자가 탑승하여 만일의 사태에 대비하고 사고가 발생할 경우 차량의 운행자가 자동차손해배상보장법에 따라 그 손해를 배상할 책임을 지는 이상 기존의 자동차 운행과 다르게 취급할 행정적 이유는 없다고 보는 것이 합리적이라고 생각한다.

한국의 경우, 자동차관리법상 자율주행자동차에 대한 임시운행 허가

라 규제의 유연성, 확실성 등에 차이가 나며, 이러한 차이의 장단점을 잘 검토하여 규제 전략을 수립해야 한다는 지적은 OECD가 발간한 "Automated and autonomous driving: Regulation under uncertainty," 27면 참조.

제도를 도입함으로써 행정 관청이 매우 적극적으로 기술 개발 과정에 개입하도록 하고 있는데, 이런 선택이 과연 바람직한지에 대해서는 보다 냉정한 반성이 필요하다. 운전자가 아예 탑승하지 않는 무인 자동차의 운행을 장차 허용할지의 문제는 지금 당장 결론을 내려야 하는 시급한 문제가 아니다. 반면에, '운전자'가 반드시 탑승하여 안전운행에 대한 기술적 책임을 궁극적으로 지고, 손해에 대한 배상책임은 차량의 '운행자'가 법령에 따라 지며, 현행 자동차 안전기준을 모두 준수하는 등록된 차량이라면, 자율주행 기술이 운행 중에 사용된다는 이유만으로 굳이 관청의 사전 허가를 받아서 운행하라고 요구할 합리적 이유가 있는지는 의문이다.

자율주행자동차의 등장과 사법의 변화*

명순구** · 이제우***

Ⅰ. 서 설

자동차관리법 제2조 제1의3호[1]에 따르면 자율주행자동차란 "운전자 또는 승객의 조작 없이 자동차 스스로 운행이 가능한 자동차를 말한다." 여기서 "스스로 운행이 가능한 자동차"란 무엇인가? 이에 대하여 이 글에서는 국내에서도 널리 사용되고 있는 미국 도로교통안전청(National Highway Traffic Safety Administration, 이하 'NHTSA')의 자율주행자동차 발전단계 구분방법을 채택하여 사용하기로 한다. NHTSA는 자율주행자동차의 발전단계를 다음의 5단계로 구분[2]하고 있으며 발(가감속), 손(조향),

---

* 이 글은 고려법학 제86호(2017.9)에 게재한 논문("자율자동차의 등장과 민사책임법의 변화")을 수정 · 보완한 것임.
** 고려대학교 법학전문대학원 교수.
*** 강남대학교 부동산건설학부 조교수.

1 법률 제13486호 2015.8.11. 일부개정을 통해서 정의규정이 도입되었다.
2 National Highway Traffic Safety Administration, Preliminary Statement of Policy Concerning Automated Vehicles, 〈https://www.nhtsa.gov/staticfiles/rulemaking/pdf/Automated_Vehicles_Policy.pdf〉, (2017.3.24. 확인).

눈(전방주시)의 사용여부에 따라 각 단계의 특성을 정한다.[3] 자율주행자
동차 발전단계 가운데 NHTSA 레벨 3(Limited Self-Driving Automation)부
터 일반자동차와 본질적으로 구분되는, 좁은 의미에서의 자율주행자동
차로 볼 수 있다. 현재의 기술 수준에 비추어 보면 그 상용화가 가까운
미래에 있을 것으로 예측된다.[4] 그러므로 우리나라의 사법(私法)제도를
재정비하고 새로운 시대를 준비하기 위한 시간이 많지 않다. 그럼에도
현재 우리나라에서는 자율주행자동차[5] 시대에 대비한 관련 법제도의 정
비 작업이 이제 막 이루어지기 시작한 단계에 머물고 있다. 앞에서 이미
논의된 바와 같이 자동차관리법에 자율주행자동차 정의규정이 도입되
었으며, 이 밖에 자율주행자동차의 임시운행허가를 위한 근거규정이 마
련되어 있다. 또한 자동차관리법 시행령과 시행규칙이 개정되고, 「자율
주행자동차의 안전운행요건 및 시험운행 등에 관한 규정」이 제정된 바
있다. 그러나 손해배상책임제도를 규율하는 제조물책임법, 자동차손해
배상보장법 그리고 민 · 상법과 관련해서는 아직 자율주행자동차 시대
를 대비하는 별다른 개정 움직임이 없는 상태이다. 물론 개정 작업이 없
더라도 현행 법제도가 자율주행자동차로 인한 손해의 배상을 적절하게

---

3 문종덕 · 조광오, "산업부의 자율주행 자동차 기술개발 방향," KEIT PD Issue
   Report, 한국산업기술평가관리원(2014.12), 34-35면.
4 실제로 자율주행자동차를 제조하는 여러 기업은 아예 레벨 2를 건너뛰고 바로 레벨
   3의 자율주행자동차를 개발하는 데 박차를 가하고 있다[Keith Naughton, "Ford's
   Dozing Engineers Side With Google in Full Autonomy Push," Bloomberg
   Technology (2017.2.17. 08:00), https://www.bloomberg.com/news/articles/2017-
   02-17/ford-s-dozing-engineers-side-with-google-in-full-autonomy-push]. 물론 예외
   적으로 그 반대를 추구하는 기업도 있다. 가령, 최근 람보르기니의 CEO는 소비자들
   의 '운전하는 맛'을 보호하기 위해서 아주 오랫동안 자율주행자동차를 만들지 않을
   것이라고 선언한 바 있다[Silvia Amaro, "'Never say never' but Lamborghini will
   refuse autonomous driving for a very long time," CNBC(2016.12.20. 04:57),
   〈https://www.cnbc.com/2016/12/20/never-say-never-but-lamborghini-will-refus
   e-autonomous-driving-for-a-very-long-time.html〉 참조].
5 아래에서는 별다른 언급이 없는 한 '자율주행자동차'를 NHTSA 레벨 3과 레벨 4의
   자동차를 통칭하는 용어로 사용하기로 한다.

규율할 수 있다면 큰 문제가 없겠지만 그렇지 않다면 지금부터라도 개정을 위한 준비가 적극적으로 이루어져야 한다.

자율주행자동차는 자동차 사고율을 현저히 감소시킬 것으로 예상된다. 일반자동차의 경우 인간의 실수 또는 부주의에서 비롯되는 안전운전 불이행, 신호위반, 안전거리미확보 등이 사고의 주요 원인[6]이라는 점을 고려하면 교통질서의 준수가 절대적으로 전제되는 자율주행자동차는 도로 위 안전에 크게 기여할 것이다.[7] 그러나 적어도 가까운 미래에는 자율주행자동차와 관련된 기술이 완벽해지리라 기대하기 어렵다. 비록 일반자동차보다는 안전하겠지만 자율주행자동차도 교통사고로부터 완전히 자유로울 수는 없다.[8] 이런 이유로 자율주행자동차 시대에도 교통사고로 인한 손해배상책임이 계속해서 중요한 문제로 남게 될 것이다.

인간이 전적으로 자동차의 운행을 지배하던 시대에서 점차 인공지능

6　2015년 우리나라 법규위반별 교통사고 발생건수를 보면 전국적으로 총 232,035건 가운데 안전운전불이행으로 인한 사고가 전체의 절반을 넘는 130,551건으로 제일 많았고 그 외의 원인으로는 신호위반(26,511건), 안전거리미확보(21,708건), 교차로운행방법위반(14,671건), 중앙선침범(11,998건), 보행자보호의무위반(7,582건), 과속(593건) 순으로 많았다[교통사고분석시스템, 교통사고 일반 (2015년 법규위반별 교통사고 발생건수), 〈http://taas.koroad.or.kr/sta/acs/gus/selectLrgViolt Tfcacd.do?menuId=WEB_KMP_OVT_TAG_LAT〉, (2017.4. 확인).

7　바로 이런 이유에서 미래에는 인간에 의한 자동차 운행 자체가 금지될 것이라는 견해도 존재한다. 관련 내용은 Phoebe weston "Humans will be BANNED from driving cars within the next 25 years as 'safer' autonomous vehicles hit the road, expert claims," Mail Online(2017.10.9. 18:48), 〈http://www.daily-mail.co.uk/science-ech/article-4963612/Humans-BANNED-driving-25-years.html〉, (2017.10.10. 확인) 참조

8　최근에 자율주행자동차를 시험운행하는 과정에서 주요 제조사들이 크고 작은 교통사고를 일으킨 바 있다: The Guardian, "Tesla driver dies in first fatal crash while using autopilot mode," (2016.7.1. 00:14), 〈https:/www.theguardian. com/technology/2016/jun/30/tesla-autopilot-death-self-driving-car-elon〉, (2016.5.10. 확인); The Verge, "A Google self-driving car caused a crash for the first time," (2016.2.29. 13:50), 〈https://www.theverge.com/2016/2/29/111343 44/google-self-driving-car-crash-report〉 (2017.5.10. 확인).

(Artificial Intelligence: AI)에 의해서 운행이 통제되는 시대로 넘어가게 되면 운행의 주체, 더 나아가 사고발생 시 손해배상책임의 주체에 관한 현행 법제도가 그대로 유지될 수 있을지 고민할 수밖에 없다. 또한 자율주행자동차의 제조는 물론 그 운행에 직접적으로 관여하게 될 제조업자가 어떤 방식으로 얼마나 책임을 질 것인지, 그리고 자율주행자동차가 사고를 낼 경우 일반자동차와 달리 손해배상책임의 주관적 성립요건인 과실이 갖는 의미는 어떻게 달라질 것인지 등에 대한 해답도 모색해야 한다. 특히 자율주행자동차 시대가 예상보다 빨리 도래하고 있는 점[9]을 고려하면 관련 논의가 활발하게 이루어져야 한다.

자율주행자동차의 등장은 사법(私法)의 여러 분야에 변화를 가져올 것이다. 그런데 이 글에서는 사법의 광범위한 영역 중에서 책임법에 한정하여 특별법인 제조물책임법과 자동차손해배상보장법 그리고 일반법인 민법을 중심으로 자율주행자동차와 관련된 주요 이슈를 검토하고자 한다.

특히 자율주행자동차와 손해배상책임제도를 논의하는 데 현행 제도로 해결이 될 수 있는 부분과 그렇지 않은 부분을 구분하여 정리하는 작업이 중요하며, 이러한 구분에 기초하여 현행 제도로 해결되지 않는 문제에 대해서 어떤 개선책이 요구되는지 살펴볼 필요가 있다.

이를 위해서 아래에서는 자율주행자동차의 등장 및 상용화가 제조물책임법(II), 자동차손해배상보장법(III) 그리고 민법(IV)에 대해서 미칠

---

9 한 전망에 따르면 2025년에 자율주행자동차 시장이 미화 420억 달러에 달하게 되고, 2035년에는 전 세계에서 판매되는 자동차 4대 가운데 1대가 자율주행자동차가 될 것으로 예측되고 있다[한국일보, "자율주행자동차 기술, 어디까지 왔나?" (2015.2.8. 22:38), 〈http://www.hankookilbo.com/v/51d4aef0d34b4595a4732f060560c5b5〉, (2017.5.2. 확인); 한편 Tesla 사(社)의 CEO인 Elon Musk는 2017년 말이면 캘리포니아와 뉴욕 사이를 자율주행하는 것이 가능할 것으로 전망한 바 있다[TED Talks, Elon Musk: The future we building – and boring, 〈https://www.ted.com/talks/elon_musk_the_future_we_re_building_and_boring/transcript?language=en〉, (2017.5.14. 확인)].

영향을 차례대로 고찰하고자 한다.

II. 자율주행자동차의 등장과 제조물책임법

1. 문제의 소재

제조물책임법은 2000.1.12. 제정(법률 6109호)되어 2002.7.1.부터 시행되었다. 비록 제정된 지 얼마 지나지 않았지만 불과 십수 년 만에 자율주행자동차와 관련된 과학기술의 발전이 눈부신 속도로 진행되어 전혀 새로운 시대가 도래하고 있다. 1990년대 말, 2000년대 초만 하더라도 입법자는 자율주행자동차의 상용화를 생각하지 못하였다. 그러나 우리 사회는 이미 레벨 2 자율주행자동차의 상용화 단계를 경험하고 있다. 빠르게 변하는 교통 환경을 현행 제조물책임법이 적절하게 규율할 수 있는지에 대해서 진지하게 고민할 필요가 있으며 이를 위해서 다음의 두 가지를 중심으로 논의를 진행하기로 한다.

첫째, 소프트웨어(software)가 제조물책임법상 규율 대상이 되는지 여부이다. 자율주행자동차에서 핵심적인 역할을 담당하는 소프트웨어를 제조물책임법상 제조물로 인정할 수 있는지, 더 나아가 제조물로 인정할 수 있다면 소프트웨어 버그(bug)는 제조물의 결함으로 볼 수 있는지 살펴보기로 한다.

둘째, 면책사유의 문제이다. 제조물책임법에서 인정하고 있는 개발위험의 항변과 법령준수의 항변이 자율주행자동차 시대에 갖게 되는 의미와 문제점을 분석하기로 한다.

한편, 이상의 두 문제를 차례대로 검토하면서 해킹(hacking)과 관련된 문제를 같이 다루기로 한다. 일반자동차에서는 걱정할 필요 없는 해킹이 자율주행자동차의 경우 실질적인 리스크 요인이 되는데 자율주행자동차의 발전단계가 높아지고 소프트웨어의 비중이 커질수록 해킹으로 인한 위험도 따라서 커진다. 특히 레벨 3 또는 레벨 4 자율주행자동차의 경우 시스템이 외부로부터 공격을 받아 해커에게 자동차 운행에 대한 통제권이 완전히 넘어갈 가능성이 이론상으로나마 존재한다는 점을 고려하면 소프트웨어와 관련하여 해킹의 문제는 반드시 논의되어야 한다. 특히 해킹이 발생했을 때 과연 제조업자가 해킹으로 야기되는 손해를 배상할 의무가 있는지를 생각해 봐야 한다. 또한 이와 관련하여 해킹이 면책사유로서 인정될 수 있는지의 문제도 중요하다.

2. 제조물의 문제

제조물책임법 제2조 제1호에 따르면 제조물이란 "제조되거나 가공된 동산"이다. 자율주행자동차 또는 자동차의 개별 부품 등의 하드웨어가 제조물에 해당한다는 점에는 이견이 있을 수 없다. 문제는 소프트웨어이다. 자율주행자동차의 경우 소프트웨어가 중요하다. 자율주행시스템에 의해서 자동차가 운행될 때 소프트웨어는 핵심적인 기능을 수행할 뿐만 아니라 시스템의 오작동으로 사고가 나면 그 원인이 하드웨어 못지않게 소프트웨어에서 비롯될 가능성이 높다. 바로 이런 이유에서 동산에 해당하지 않는 소프트웨어를 제조물책임법 목적상 제조물로 볼 수 있는지가 중요한 것이다.

이와 관련해서는 학설대립이 존재한다. 기존의 주요 학설은 소프트웨어를 제조물로 볼 수 없다는 부정설과 제조물로 볼 수 있다는 긍정설로 나뉜다.

(1) 소프트웨어를 제조물로 인정하지 않는 입장

소프트웨어를 제조물로 볼 수 없다는 입장은 그 강조점이나 내용에 따라 다양한 견해로 나뉜다. 소프트웨어가 인간의 지적 창작물로서 관리가능한 자연력[10]이 아니기 때문에 동산으로서 인정하지 않는다는 견해,[11] 소프트웨어는 민법상 동산이 아니고 서비스(또는 용역)에 해당할 뿐만 아니라 소프트웨어로 인한 손해가 발생하더라도 과실책임을 적용하여 해결하는 것이 바람직하다는 견해,[12] 소프트웨어가 하드웨어에 내장되어 있다는 이유만으로 '포장용기'인 하드웨어에만 초점을 맞추고 '내용물'인 소프트웨어의 특성을 무시하면서까지 그 제조물성을 인정하는 것은 논리의 비약이며, 무체물인 소프트웨어에 대해서는 기존의 계약법(가령, 하자담보책임) 논리를 적용하는 것으로도 충분하다고 주장하는 견해[13] 등이 있다.

(2) 소프트웨어를 제조물로 인정하는 입장

소프트웨어를 제조물로 인정할 수 있다는 입장도 다양하게 구분된다. 원칙적으로는 소프트웨어를 제조물로 볼 수 없지만 민법에서 전기를 물건의 개념으로 포섭한다는 점에 착안, 이를 유추적용하여 소프트웨어의 제조물성을 인정하자는 견해,[14] 소프트웨어가 디스크나 CD-ROM 등 하드웨어에 담겨 있는 이상 이를 제조물로 인정할 수 있다는 견해,[15] 자율

---

10 민법 제98조: 본법에서 물건이라 함은 유체물 및 전기 기타 관리할 수 있는 자연력을 말한다.

11 이중기 · 황창근, "자율주행자동차 운행에 대비한 책임법제와 책임보험제도의 정비필요성: 소프트웨어 흠결, 설계상 흠결 문제를 중심으로," 금융법연구 제13권 제1호(2016.4), 110면.

12 이상정, "제조물책임법 제정의 의의와 향후과제," 저스티스 제35권 제4호, 한국법학원(2002.8), 10-11면.

13 주지홍, "소프트웨어하자로 인한 손해의 제조물책임법리 적용여부," 민사법학 제25권(2004.3), 454-455면.

14 김민중, "컴퓨터바이러스에 따른 손해에 대한 법적 책임," 인터넷법률 제18호(2003.7), 97면.

15 김천수, "제조물책임법상 제조물의 개념: 미국 제조물책임 리스테이트먼트와 비교하여," 성균관법학 제16권 제1호(2004), 35면 이하; 박동진, "제조물책임법상 제조물의 개념," 비교사법 제10권 제4호(2003), 290-291면.

주행자동차에서 사용하는 '임베디드 소프트웨어(embedded software)'는 컴퓨터처럼 별도의 운영체계에서 사용하는 범용 소프트웨어 또는 시스템통합 소프트웨어와 달리 기기에 내장되어 특정 기능을 수행하는 형태로 하드웨어와 일체화되어 존재하여 소프트웨어와 기기가 불가분의 관계에 있다는 이유로 제조물로 인정하자는 견해[16] 등이 있다.

(3) 평 가

소프트웨어의 제조물성과 관련하여 국내 학설을 정리하면 부정설은 크게 소프트웨어의 특성에 기초하여 제조물성을 부인하는 견해와 소프트웨어가 현행 법체계 아래에서 일반불법행위법 또는 계약법에 기하여 규율이 될 수 있기 때문에 제조물로 인정할 필요 없다는 견해로 나뉜다. 반면 긍정설은 크게 소프트웨어가 하드웨어와 일체화되어 있거나 내장되어 있어 그 특성이 사실상 동산과 유사하다는 견해와 제조물을 광의로 이해하여 소프트웨어까지 포섭하고자 하는 견해로 정리할 수 있다.

부정설의 입장대로 현행 민법과 제조물책임법을 엄격하게 해석하면 소프트웨어를 제조물로서 인정하는 데 어려움이 존재하는 것은 사실이다. 제조물책임이라는 특수불법행위가 확립된 배경을 보더라도 20세기 중반 일반자동차의 보편화와 밀접한 관련[17]이 있음은 부인할 수 없다. 그러므로 제조물책임법은 본질적으로 하드웨어를 전제로 하여 제정되었기 때문에 디지털 시대와 잘 맞지 않는 측면이 있을 수밖에 없다.

그럼에도 불구하고 긍정설 진영에서 지적하듯이 자율주행자동차에서 사용하는 소프트웨어의 특성을 고려하면 이를 제조물로 해석할 필요성

---

16 최경진, "지능형 신기술에 관한 민사법적 검토," 정보법학 제19권 제3호(2015. 12), 232면. 이와 유사한 견해로 이상수, "임베디드 소프트웨어의 결함과 제조물책임 적용에 관한 고찰," 법한논문집 제39집 제2호, 중앙대학교 법학연구원(2015. 8), 91-92면 참조.

17 제조물책임의 연혁에 관해서는 David DeBusschere · Robert Heft(양창수 역), "미국의 제조물책임법," 저스티스 제27권 제1호(1994.7), 26-28면 참조.

을 부인하기 어렵다. 일반자동차는 비교적 간단한 소프트웨어를 사용하며, 이 경우에도 소프트웨어가 하드웨어를 위한 보조적 역할을 하는 데 그치는 것이 일반적이다. 반면 자율주행자동차는 소프트웨어가 매우 복잡할 뿐만 아니라 자동차 운행에 핵심 기능을 담당한다. 일반자동차와 달리 자율주행자동차의 하드웨어는 소프트웨어 없이 자동차로서 기능을 하지 못한다. 그러므로 모든 소프트웨어를 단순히 무체물이라는 이유로 그 제조물성을 부인하는 것은 적절하지 않다. 민법상 동산으로 인정할 수 있는지의 문제는 차치하더라도 최소한 제조물책임법의 목적상 자율주행시스템의 소프트웨어만큼은 제조물의 범위 안에 포함시킬 필요가 있다.

이 밖에 자율주행자동차의 소프트웨어에 대해서 과실책임 또는 하자담보책임을 적용하자는 제안도 선뜻 받아들이기 어렵다. 제조물책임법의 제정이유("생명, 신체 또는 재산상의 손해에 대하여 제조업자 등이 무과실책임의 원칙에 따라 손해배상책임을 지도록 하는")에서도 알 수 있듯이 순수 하드웨어로 인한 손해에 대해서도 과실책임을 적용하는 것이 적절하지 않아 제조물책임이 특수불법행위로 인정되었다. 하물며 자율주행자동차에 들어가는 고도화된 소프트웨어로 인한 손해에 대해서 일반불법행위책임을 묻는 것은 법제도 발전에 역행하는 것으로서 적절하지 않다. 하자담보책임의 적용 가능성을 논하는 것 역시 부적절하기는 마찬가지다. 역사적으로 제조물책임이 발전하게 된 이유가 계약법상 하자담보책임의 한계 때문이다.[18][19] 그러므로 기술의 진보에 대응하기 위해서 법제도적 퇴보를 주장하는 것은 수용하기 어렵다. 이런 면에서 궁극적으로는 제조물책임법상 소프트웨어를 제조물로서 인정하는 근거규정을

---

18 Francis Sohn, "Products Liability and the Fertility Industry: Overcoming Some Problems in "Wrongful Life"," 44 Cornell Int'l L.J. 149 (2011).

19 물론 여기서 말하는 하자담보책임의 한계는 계약당사자관계(privity of contract)가 존재하지 않는 경우에 국한된다. 그러므로 자율주행시스템의 결함으로 자동차 자체에 손해가 발생하는 경우에는 하자담보책임을 주장하는 것이 유용하다.

두어 법해석이 아닌 입법을 통해서 불확실성을 해소하는 것이 바람직하다.[20]

3. 결함의 문제

제조물책임법 제3조 제1항에 따르면 제조물의 '결함'으로 손해가 발생하였을 것이 요구된다. 그러므로 소프트웨어를 제조물로 인정할 수 있더라도 소프트웨어의 버그(bug) 등으로 인한 오작동이 제조물책임법상 결함에 해당하지 않는 한 위험책임이 성립할 수 없다. 제조물책임법은 제조상의 결함, 설계상의 결함, 표시상의 결함을 구분하여 결함에 관한 유형별 개념정의를 두고 있으며 이외에도 결함을 "통상적으로 기대할 수 있는 안전성이 결여되어 있는 것"이라고 규정하고 있어 통일적 개념정의도 포함하고 있다. 또한 제조물의 결함'으로' 손해가 발생하였을 것이 요구된다. 다시 말해, 결함과 손해 사이의 인과관계를 증명하는 것이 중요하다. 일반 제조물의 경우에도 인과관계를 증명하는 것이 용이하지 않은데 최신 기술이 응집되어 있는 자율주행자동차의 경우 이는 훨씬 더 어렵고 복잡한 문제이다. 그러므로 이와 관련된 논의도 이루어져야 한다.

---

20 이와 관련하여 우리 제조물책임법에 절대적인 영향을 미친 미국의 제3차 Restatement를 참고하는 것이 유용하다. 제3차 Restatement의 제조물 정의규정에 따르면 원칙적으로 소비를 위해 상업적으로 유통되는 유체물인 동산이 제조물로 인정된다. 그러나 부동산이나 전기를 비롯한 그 밖의 제품도 동산인 유체물과 유사한 특성을 보이는 경우 제조물책임의 목적상 제조물로 인정될 수 있다[§ 19 Definition of "Product": For purposes of this Restatement (a) A product is tangible personal property distributed commercially for use or consumption. Other items, such as real property and electricity, are products when the context of their distribution and use is sufficiently analogous to the distribution and use of tangible personal property that it is appropriate to apply the rules stated in this Restatement].

아래에서는 우선 결함의 유형을 차례로 살펴보기로 한다. 특히 자율주행자동차에 대해서 해킹이 발생한 경우 이를 제조물책임법상 결함으로 인정할 수 있는지의 문제도 함께 다루기로 한다. 다음으로, 결함의 증명과 관련된 판례와 이론을 정리하기로 한다. 그동안 우리 판례에서 도입한 법리를 검토하고 이를 자율주행자동차에 대해서 어떻게 적용할 수 있는지 논의하기로 한다.

(1) 결함의 유형

1) 제조상 결함

제조물책임법 제2조 제2호 가목에 따르면 "'제조상의 결함'이란 제조업자가 제조물에 대하여 제조상·가공상의 주의의무를 이행하였는지에 관계없이 제조물이 원래 의도한 설계와 다르게 제조·가공됨으로써 안전하지 못하게 된 경우를 말한다." 여기서 소프트웨어를 "제조·가공"할 수 있는지의 문제가 발생할 수 있겠지만 소프트웨어를 제조물로 인정하기로 하는 이상 "제조·가공"이라는 문구에 더 이상 얽매일 필요는 없어 보인다.[21]

문구의 해석보다 더 중요한 것은 소프트웨어 버그 등의 오작동이 제조상 결함으로 해석될 수 있는지의 문제이다. 소프트웨어 버그란 컴퓨터 프로그램상의 오류, 다시 말해 컴퓨터 기술 분야에서의 프로그램 코딩오류(coding error)를 의미한다.[22] 소프트웨어 버그는 프로그램의 소스

---

21 소프트웨어를 제조물로 볼 수 있다는 견해를 피력하면서도 제조물책임법 제2조 제2호 가목에서 규정하는 "제조·가공"을 엄격하게 해석하여 제조상 결함을 인정하지 않는 입장도 있다[이중기·황창근, "자율주행자동차 운행에 대비한 책임법제와 책임보험제도의 정비필요성: 소프트웨어 흠결, 설계상 흠결 문제를 중심으로," 금융법연구 제13권 제1호(2016.4), 110면]. 그러나 제조물의 정의규정인 제조물책임법 제1조에서도 "제조" 및 "가공"이 등장하므로 이는 논리적으로 맞지 않는 측면이 있다.

22 정완, "소프트웨어의 버그(bug)에 대한 법적 책임―사용허락계약서의 면책조항을 중심으로," 재산법연구 제20권 제2호(2003), 276면.

코드(source code) 또는 설계 과정에서의 오류로 발생한다는 점에서 소프트웨어가 "의도한 설계와 다르게" 만들어진 것으로 해석될 수 있다. 그리고 이러한 버그로 인하여 소프트웨어가 "안전하지 못하게 된 경우" 제조상 결함을 인정할 수 있을 것이다.[23]

그렇다면 자율주행시스템에 대해서 해킹이 발생하면 이를 제조상의 결함으로 볼 수 있을까? 자율주행시스템의 소프트웨어가 원래 의도한 설계와 달리 만들어진 결과 해킹에 취약하여 뚫린 경우라면 제조상의 결함을 인정할 여지가 있다. 한편 소프트웨어가 버그를 일으키리라는 사실을 자동차를 운행하는 자가 알 수 있었거나 알았어야 한다면 그러한 자는 일반불법행위책임, 즉 과실책임으로부터 자유롭기 어렵다. 예컨대, 업데이트를 정기적으로 실시하여 자율주행자동차의 소프트웨어를 최신 버전으로 유지함으로써 해킹을 방지할 수 있었는데도 업데이트를 하지 않아 손해가 발생했다면 이러한 해킹은 제조물 결함과 무관하다고 봐야 한다.

2) 설계상 결함

제조물책임법 제2조 제2호 나목에 의하면 "'설계상의 결함'이란 제조업자가 합리적인 대체설계(代替設計)를 채용하였더라면 피해나 위험을 줄이거나 피할 수 있었음에도 대체설계를 채용하지 아니하여 해당 제조물이 안전하지 못하게 된 경우를 말한다." 설계상 결함은 비록 '결함'이라는 용어를 사용하지만 그 본질은 제조업자가 피해나 위험을 방지할 수 있었음에도 그렇게 하지 않은 과실에 더 가깝다고 할 수 있다. 그리고 이를 판단하는 기준은 바로 합리적인 대체설계의 존재 및 채택가능

---

23 자율주행자동차의 소프트웨어를 업데이트하는 과정에서 오류가 발생하여 자동차가 오작동하는 경우 제조상 결함을 인정할 여지가 있다. 설계 자체를 잘못한 경우, 즉 (후술하는) 설계상 결함이 아니라면 의도했던 설계와 달리 작동하는 주행시스템의 제조상 결함이 존재할 가능성이 있기 때문이다.

성이다. 우리 대법원은 설계상의 결함이 있는지 여부를 "제품의 특성 및
용도, 제조물에 대한 사용자의 기대와 내용, 예상되는 위험의 내용, 위
험에 대한 사용자의 인식, 사용자에 의한 위험회피의 가능성, 대체설계
의 가능성 및 경제적 비용, 채택된 설계와 대체설계의 상대적 장단점 등
의 여러 사정을 종합적으로 고려하여 사회통념에 비추어 판단"[24]한다.
이는 기본적으로 미국의 제3차 Restatement에서 채택하고 있는 위험효
용기준(Risk-Utility test)에 기초하고 있는데, "제조물에 의해서 야기되는
손해의 예상가능한 리스크가 합리적인 대체설계의 채택으로 감소할 수
있었는지(foreseeable risks of harm posed by the product could have been
reduced by the adoption of a reasonable alternative design)"를 판단하는 것
이 중요하다.[25]

　　한편 자율주행자동차가 해킹을 당했다면 합리적인 대체설계의 존재
여부 및 그 채택가능성에 따라 설계상의 결함 여부를 결정하게 된다. 이
때 합리적인 대체설계 요건을 지나치게 엄격하게 해석할 경우 제조업자
입장에서는 손해배상책임을 회피하는 것이 너무 용이해지고 피해자는
제조물책임법상 배상받을 가능성이 낮아진다. 반대로 합리적인 대체설
계 요건을 너무 완화하면 피해자의 배상은 수월해지겠지만 제조업자의
부담은 커질 수밖에 없다. 결국 법원은 양극단 사이에서 적절한 균형을
모색해야 한다. 다만 자율주행자동차의 발전단계가 높아질수록 자동차
운행에 대한 인간의 통제가능성이 감소하므로 그 발전 정도에 따라 합
리적인 대체설계 요건의 해석을 더 엄격하게 하는 것이 바람직하다.

24　대법원 2003.9.5. 선고 2002다17333 판결 (일명 헬리콥터 추락사건).
25　Restatement (Third) of Torts: Products Liability §2(b) (1998). 제3차
　　Restatement에서 설계상의 결함을 판단하는 기준에 관한 자세한 논의는 David
　　C. Vladeck, "Machines Without Principles: Liability Rules and Artificial
　　Intelligence," 89 Wash. L. Rev. 117, pp.134-135 (2014) 참조.

3) 표시상 결함

제조물책임법 제2조 제2호 다목은 "'표시상의 결함'이란 제조업자가 합리적인 설명 · 지시 · 경고 또는 그 밖의 표시를 하였더라면 해당 제조물에 의하여 발생할 수 있는 피해나 위험을 줄이거나 피할 수 있었음에도 이를 하지 아니한 경우를 말한다."고 규정하고 있다. 일반적으로 표시상의 결함 역시 설계상 결함과 마찬가지로 결함 그 자체보다는 제조업자의 과실에 초점이 맞춰져 있다. 그러나 자율주행자동차의 경우 표시상의 결함은 결함 그 자체로서도 중요한 의미를 갖게 될 수도 있다.

자율주행자동차에서는 경고시스템이 특별히 중요한 기능을 한다. 자율주행시스템에 문제가 있을 때 즉시 경고를 보내야 손해의 발생을 방지하거나 최소화할 수 있기 때문이다. 레벨 2 이하의 자율주행자동차의 경우라도 자동화되어 있는 특정 기능에 문제가 생기면 자동차를 현실로 운행하고 있는 자에게 이를 알릴 수 있는 경고시스템이 작동해야 한다. 그 한 예로 현재 오토파일럿(autopilot) 기능을 제공하는 한 자동차제조사는 운전을 하는 자가 운전대에서 지나치게 오랫동안 손을 놓고 있는 경우 세 번의 경고가 이루어질 때까지 운전대를 다시 잡지 않으면 오토파일럿 기능을 강제로 종료시켜 수동모드로 전환[26]하는 방식 등의 경고시스템을 탑재하고 있다.

레벨 3의 경우에도 경고시스템이 중요하다. 문제가 발생하였을 경우에는 물론이고 특별히 기능상 문제가 있지 않았더라도 자율주행이 가능한 상태가 종료되어 수동주행으로 전환할 필요가 생기면 적시에 적절한 경고가 이루어져야 한다. 특히 이 경우 시 · 청각적으로 운전석에 있는 자가 충분히 인식할 정도의 경고가 확실하게 이루어져야 제조물책임법

---

26 Tesla의 '스트라이크아웃(Strike out)' 전략에 따르면 운전자가 경고를 3회 무시할 경우 오토파일럿 기능이 제한되어 자동차를 주차모드로 전환하기 전까지는 수동운행(자동차 계기판에는 "Autosteer Unavailable for the Rest of This Drive, Hold Steering Wheel to Drive Manually"라고 뜬다)만이 가능하다.

에서 요구하는 합리적인 경고가 있었다고 인정할 수 있다.

레벨 4 자율주행자동차의 경우에는 완전한 자율주행 단계이기 때문에 사람이 자동차의 현실적 운행에 관여하지 않는다. 그러므로 운행 중에는 경고가 이루어질 특별한 필요성이 없어 보인다. 다만 해킹 또는 자연재해 등 자동차 내외부에 심각한 문제가 발생한 비상상황에서는 승객에게 적절한 경고를 표시하여 운행 중단을 비롯한 하차 또는 기타 적절한 대처를 하도록 안내할 필요가 생길 수 있다. 그러므로 이런 안내가 이루어지지 않아서 손해가 발생하였다면 표시상의 결함을 인정할 여지가 있다.

그렇다면 해킹의 경우에는 어떤가? 해킹이 발생하더라도 이에 대한 경고가 항상 있을 것으로 기대할 수는 없다. 해킹을 통해서 경고시스템을 포함한 자동차의 운행시스템 전반에 대한 통제권이 해커에게 넘어갈 수 있으며 이 경우에는 표시상의 결함을 인정하기 어렵다. 그러나 이런 상황에서도 해킹 시도가 이루어지는 초기 단계에서 가장 기본적인 경고라도 가능하게 하는 기능을 갖추는 것이 필요할 것이다. 그리고 설사 경고시스템이 제대로 작동할 겨를조차 없이 포괄적인 성격의 해킹이 즉각적으로 이루어졌더라도 앞에서 언급한 바와 같이 경우에 따라서 제조상 결함 또는 설계상 결함을 인정할 여지는 남을 수 있다.

4) 통상적으로 기대할 수 있는 안전성의 결여

제조물책임법에서 구체적으로 규정하고 있는 세 유형의 결함 외에 통일적 개념정의를 두고 있어 "통상적으로 기대할 수 있는 안전성이 결여"된 경우에도 결함이 인정될 수 있다. 이는 제2차 Restatement에서 설계상의 결함과 관련하여 채택한 소비자기대기준(consumer expectations test)과 유사한 접근이다. 이 기준이 따르면 "제조물의 결함이 사용자 또는 소비자에게 비합리적으로 위험한 경우"(defective condition unreasonably dangerous to a user or consumer)[Restatement (Second) of Torts

§402A(1) (1965)] 설계상의 결함을 인정하며, 여기서 '비합리적인 위험'이란 보통의 상식을 가진 통상인으로서의 소비자가 기대하는 정도 이상의 위험(dangerous to an extent beyond that which would be contemplated by the ordinary consumer who purchases it, with the ordinary knowledge common to the community as to its characteristics)을 의미한다.[27][28] 다만 우리 제조물책임법에서는 소비자기대기준이 설계상의 결함에만 국한되지 않으므로 그 적용범위가 한편으로는 제2차 Restatement에서보다 상대적으로 더 넓은 측면이 없지 않다. 그러나 이와 동시에 다른 한편으로 우리 판례[29]에서 소비자기대는 고려되어야 하는 여러 요소 가운데 하나로 격하되어 있다는 점에서 여기에 절대적인 의미를 부여하기는 어렵다.[30]

자율주행자동차와 관련하여 언제 '통상적으로 기대할 수 있는 안전성의 결여'가 있다고 할 수 있으며 더 나아가 어떤 경우에 이를 제조물책임법상 결함으로 인정할 수 있는지를 판단하는 문제는 간단하지 않다. 그럼에도 자율주행시스템에 대해서 이루어지는 해킹은 그 잠재적 위험성 때문에 제조물책임법 목적상 제조물의 결함으로 인정될 여지가 있다고 하겠다. 해킹이 제조물책임법에서 규정하고 있는 결함의 세 가지 유형에 모두 해당하지 않는다고 하더라도 제조업자를 전적으로 신뢰하여 자율주행자동차를 구입하는 소비자의 기대의 내용, 위험에 대한 인식 및 예상되는 내용 등을 종합적으로 고려하여 '통상적으로 기대할 수 있

---

27 Restatement (Second) of Torts §402A cmt. 1.
28 미국의 제3차 Restatement에서 소비자기대(consumer expectations) 개념의 추상성을 이유로 위험효용기준을 채택하였으나 몇몇 주에서는 여전히 소비자기대기준을 적용하고 있다[Douglas A. Kysar, "The Expectations of Consumers," Yale Law School Faculty Scholarship Series, Paper 384 (2003), pp.1715-1717].
29 대법원 2004.3.12. 선고 2003다16771 판결.
30 김제완, "제조물책임법에 있어서 설계상의 결함의 판단기준―합리적 대체설계(Reasonable Alternative Design)의 입증책임문제를 중심으로," 법조 통권 제583권(2005.4), 95면.

는 안정성의 결여'로 인정할 가능성이 있기 때문이다.

(2) 결함과 손해 사이의 인과관계의 증명

소프트웨어의 버그 등을 제조물책임법상 제조물의 결함으로 인정하더라도 손해에 대한 배상이 이루어지기 위해서는 결함과 손해 사이의 인과관계가 증명되어야 한다. 그런데 소비자 입장에서 자율주행자동차의 소프트웨어에 버그가 존재하는 사실을 증명하기가 쉽지 않다. 그러므로 증명책임을 어떤 방식으로든 완화해 주는 것이 필요하다.

제조물책임과 관련된 그동안의 대법원 판례를 살펴보면 결함의 존재 및 결함과 손해 사이의 인과관계를 추정하는 경우가 적지 않다. 대법원은 2002년 제조물책임법이 시행되기 이전부터 결함 및 인과관계를 추정한 바 있으며[31] 제조물책임법 아래에서도 같은 취지로 판결한 경우가 많다.[32] 이와 같이 대법원이 결함을 추정하는 것은 미국의 '기능 이상 법리(malfunction doctrine)'[33]의 영향에 따른 결과라는 견해가 있다.[34] 기능 이상 법리에 따르면 제조물이 기능 이상을 보였고(malfunctioned), 그러한 기능 이상이 올바른 사용(proper use) 중에 발생하였으며, 제조물을 변

---

31 대법원 2000.2.25. 선고 98다15934 판결.

32 "제품이 정상적으로 사용되는 상태에서 사고가 발생한 경우 그 제품의 결함을 이유로 제조업자에게 손해배상책임을 지우기 위해서는 달리 제조업자측에서 그 사고가 제품의 결함이 아닌 다른 원인으로 말미암아 발생한 것임을 입증하지 못하는 이상 소비자측에서 그 사고가 제조업자의 배타적 지배하에 있는 영역에서 발생하였다는 점과 그 사고가 어떤 자의 과실 없이는 통상 발생하지 않는다고 하는 사정을 증명하는 것으로서 충분"하다(대법원 2006.3.10. 선고 2005다31361 판결). 동일한 입장을 취한 판결로 대법원 2004.3.12. 선고 2003다16771 판결; 대법원 2013.9.26. 선고 2011다88870 판결 등이 있다.

33 이는 '결함추정의 법리'로도 불린다[최동구, "자동차급발진사고와 제조물책임—결함추정 및 설계결함을 중심으로," 비교법실무연구회 편, 판례실무연구 VII(2004) 참조].

34 윤진수, "제조물책임의 주요 쟁점—최근의 논의를 중심으로," 법학연구 제21권 제3호(2011.9), 48면.

경하였거나 오용한 결과에 따른 기능 이상이 아니라는 점을 피해자가
증명하면 구체적으로 결함을 증명할 필요가 없게 된다.[35][36]

다만 대법원이 일반자동차에 대해서 항상 결함을 추정하지 않는다는
점에 주목할 필요가 있다. 대표적인 예가 자동차 급발진과 관련된 경우
이다. 아직까지 대법원은 급발진을 제조물책임법상 결함으로 인정한 적
이 없다. 오히려 자동차사고와 관련해서 급발진은 액셀러레이터 페달의
오조작 없이는 발생하기 어렵다고 인정한 것이 현재까지 유지되고 있는
기본적인 입장이다.[37]

결국 우리 판례는 제조물책임법을 적용하는 데 결함 및 그 인과관계
에 대해서 추정의 법리를 일관되게 적용하지 않고 있다. 만일 자율주행
자동차의 소프트웨어 버그에 대해서 급발진과 마찬가지로 추정의 법리
를 쉽게 인정하지 않는다면 제조물책임법에 의한 규율은 상당한 제약을
받게 된다. 그러나 최근에 제조물책임법이 개정되어 제3조의2(결함 등의
추정)[38]이 신설되어 2018.4.19.부터 그 시행을 앞두고 있다. 앞으로 해당

35 David G. Owen, "Manufacturing Defects," 53 S.C. L. REV. pp.851, 873 (2002).
36 미국에서는 자동차사고와 관련하여 기능 이상 법리의 세 요건 가운데 기능 이상
   의 존재는 자동차 사고사실 그 자체로써 충족되는 것으로 본다(Dietz v. Waller,
   685 P.2d 744, 747-48 (Ariz. 1984). 올바른 사용 요건은 자동차가 자율주행 상태
   에서 운행되었다는 사실을 보여줌으로써 원칙적으로 충족되며 특정 환경에서 자
   동차 운행을 금지할 것을 제조업자가 경고한 경우에는 예외를 이룰 수 있다[Gary
   E. Marchant & Rachel A. Lindor, The Coming Collision Between Autonomous
   Vehicles and the Liability System, 52 SANTA CLARA L. REV. 1321, 1327
   (2012)]. 제조물의 변경 또는 오용이 없었던 점은 자동차가 출고 당시의 원상태
   (original condition)를 유지하였던 점으로써 충족될 수 있을 것이다[Jeffrey K.
   Gurney, "Sue My Car Not Me: Products Liability and Accidents Involving
   Autonomous Vehicles," 2 Journal of Law, Technology & Policy, 247, 259-260
   (2013)].
37 대법원 2004.3.12. 선고 2003다16771 판결.
38 제3조의2(결함 등의 추정) 피해자가 다음 각 호의 사실을 증명한 경우에는 제조물
   을 공급할 당시 해당 제조물에 결함이 있었고 그 제조물의 결함으로 인하여 손해
   가 발생한 것으로 추정한다. 다만, 제조업자가 제조물의 결함이 아닌 다른 원인으
   로 인하여 그 손해가 발생한 사실을 증명한 경우에는 그러하지 아니하다.

조문을 어떻게 해석하고 적용할지는 현재로는 알 수 없지만 개정배경으로 "제조물의 대부분이 고도의 기술을 바탕으로 제조되고, 이에 관한 정보가 제조업자에게 편재되어 있어서 피해자가 제조물의 결함여부 등을 과학적·기술적으로 입증한다는 것은 지극히 어려움"이 제시[39]된 만큼 자율주행자동차와 관련된 결함을 증명하는 것이 더 용이해질 것으로 조심스럽게 기대해 본다.

4. 면책사유의 문제

제조물책임법은 제4조 제1항에서 네 가지의 면책사유를 규정한다.[40] 이 가운데 자율주행자동차 시대에 특별히 중요한 의미를 갖게 될 면책사유로 개발위험의 항변과 법령준수의 항변을 들 수 있다. 서론에서도 언급하였듯이 자율주행시스템은 완벽하지 않다. 인공지능이 상당한 수준으로 발전하였고 앞으로도 빠른 속도로 개선되겠지만 가까운 시일 내

---

1. 해당 제조물이 정상적으로 사용되는 상태에서 피해자의 손해가 발생하였다는 사실
2. 제1호의 손해가 제조업자의 실질적인 지배영역에 속한 원인으로부터 초래되었다는 사실
3. 제1호의 손해가 해당 제조물의 결함 없이는 통상적으로 발생하지 아니한다는 사실

39 국가법령정보센터, 제조물 책임법 제정·개정이유, http://www.law.go.kr/LSW/ lsInfoP.do?lsiSeq=193381&ancYd=20170418&ancNo=14764&efYd=20180419&n wJoYnInfo=N&efGubun=Y&chrClsCd=010202#0000, 2017.7.31. 확인.

40 ① 제3조에 따라 손해배상책임을 지는 자가 다음 각 호의 어느 하나에 해당하는 사실을 입증한 경우에는 이 법에 따른 손해배상책임을 면(免)한다.
1. 제조업자가 해당 제조물을 공급하지 아니하였다는 사실
2. 제조업자가 해당 제조물을 공급한 당시의 과학·기술 수준으로는 결함의 존재를 발견할 수 없었다는 사실
3. 제조물의 결함이 제조업자가 해당 제조물을 공급한 당시의 법령에서 정하는 기준을 준수함으로써 발생하였다는 사실
4. 원재료나 부품의 경우에는 그 원재료나 부품을 사용한 제조물 제조업자의 설계 또는 제작에 관한 지시로 인하여 결함이 발생하였다는 사실

에 완전해지리라고 기대하기 어렵기 때문에 제조업자에게 절대적 책임을 부과하는 것은 바람직하지 않다. 바로 이런 이유에서 위의 두 면책사유가 제조업자는 물론 소비자의 입장에서 결정적인 의미를 갖게 될 것이다. 그러므로 앞으로 그 해석 및 적용과 관련해서 주의할 부분을 논의할 필요가 있다. 이 밖에 제조물책임법 제4조 제2항에서 규정하는 제조물계속관찰의무가 갖게 될 의미에 대해서도 생각해 보기로 한다.

(1) 개발위험의 항변

개발위험의 항변과 관련하여 과학·기술의 수준을 높게 설정할수록 제조업자가 개발위험의 항변 뒤에 숨어서 면책될 가능성이 낮아진다. 개발위험의 항변을 엄격하게 적용할 경우 제조업자는 현실적으로 극복하기 어려운 과학기술적 한계가 있더라도 결함을 실제로 알 수 있었는지와 무관하게 손해배상책임을 부담해야 하기 때문이다. 그러므로 과학·기술 수준을 엄격하게 요구할수록 무과실책임의 성격이 그만큼 강해진다. 그러나 과학기술이 완전할 수 없다는 사실을 고려하면 제조물책임법 제4조 제1항 제2호에서 요구하는 과학·기술 수준을 지나치게 높게 설정하는 데 한계가 있을 수밖에 없다. 그런데 반대로 이를 다소 낮추어 설정할 경우 무과실책임의 성격이 완화되어 책임의 인정근거로 제조업자의 과실이 실질적인 의미를 갖게 될 여지가 생긴다. 상품 개발 당시의 과학·기술 수준으로 결함을 발견하여 이를 방지할 수 있었음에도 그렇게 하지 못한 경우 제조업자에게 귀책사유가 있다고 볼 수 있기 때문이다.[41] 바로 이런 경우 제조물책임의 성격은 상대적으로 무과실책

---

41 대법원 2013.7.12. 선고 2006다17553 판결에서 대법원은 고엽제를 생산한 피고가 "베트남전 참전군인들이 고엽제에 함유된 독성물질인 TCDD에 반복적으로 노출되어 생명·신체에 유해한 결과가 발생할 위험이 있음을 예견하거나 예견할 수 있었음에도 그 위험을 방지할 고도의 주의의무를 위반하였다고 인정되는 이상, 피고들이 고엽제를 제조·판매한 때의 과학·기술 수준으로 고엽제의 결함을 발견할 수 없었다고 볼 수는 없다."라고 판시한 바 있다. 이 판결에서 알 수 있듯이

임보다는 과실책임에 더 근접하게 된다. 그러므로 제조물책임법상 개발위험의 항변과 관련하여 요구되는 과학·기술 수준이 지나치게 낮아지지 않도록 주의해야 한다.

자율주행자동차와 관련하여 제조물책임법상 과학·기술의 수준을 어느 정도로 설정할지의 문제는 입법정책의 영역에 해당하기 때문에 이에 대해서 단정적으로 말하기는 어렵다. 그러나 적지 않은 제조업자들이 자사의 자율주행자동차로 인하여 사고가 날 경우 손해배상책임을 부담하겠다고 공언[42]하고 있는 점, 그리고 소비자보호를 위해서 자율주행자동차의 안전을 최대한 보장할 필요가 있다는 점 등을 다양하게 고려하면 개발위험의 항변을 상대적으로 어렵게 하는 것이 바람직하다.[43]

(2) 법령준수의 항변

제조물책임의 성격은 법령준수의 항변에 의해서도 좌우된다. 법령에서 규정하고 있는 기준에 부합하기 위해서는 제조업자가 이를 위한 주의의무를 이행해야 하는 데 준수되어야 하는 기준이 법령에서 지나치게 낮게 설정되면 제조업자는 쉽게 손해배상책임을 면할 수 있다. 반대로 기준을 너무 높게 세우면 제조업자는 이를 만족하기 어렵기 때문에 사실상 절대책임을 지게 된다. 그러므로 자율주행시스템의 결함을 판단하는 데 법령에서 설정하는 기준이 양극단에서 일정한 균형을 유지해야 한다. 결국 개발위험의 항변과 마찬가지로 법령준수의 항변도 상대적으로 어렵게 하여 소비자보호를 극대화할 필요가 있다.

피고의 면책이 인정되지 않은 것은 본질적으로 그 주의의무 위반에 있었다.

42 Digital Trends, "Volvo, Google, and Mercedes-Benz will accept liability in self-driving car accidents" (2015.10.8. 09:43), 〈https://www.digitaltrends.com/cars/automaker-responsibility-in-self-driving-car-accidents-news/〉 (2017.5.15. 확인).

43 같은 취지의 글로 권영준·이소은, "자율주행자동차 사고와 민사책임," 민사법학 제75호(2016.6), 476-477면 참조.

(3) 제조물계속관찰의무

제조물책임법 제4조 제2항에 따르면 제조업자는 제조물을 공급한 후에도 그 결함 여부를 관찰할 의무를 부담한다.[44] 그런데 자율주행자동차의 경우 공급 이후 제조업자가 자동차의 운영에 직접적으로 관여한다는 점을 고려하면 제조물계속관찰의무가 갖는 의미는 일반자동차에 비해서 더 커질 것으로 생각된다. 다만 제조업자가 이러한 의무를 이행하지 않는다고 해서 면책사유를 주장할 수 없을 뿐만 아니라 이 의무를 강조할수록 제조물책임이 위험책임에서 과실책임으로 회귀하기 때문에 상당한 주의가 요구된다.[45]

5. 소 결

이상으로 자율주행자동차에 대한 제조물책임법의 규율과 관련된 여러 문제를 살펴보았다. 이를 토대로 현행 법제도 아래에서 해결이 가능한 부분과 그렇지 못한 부분을 나누어 정리하면 다음과 같다.

기본적으로 현행 제조물책임제도는 굳이 개정을 하지 않더라도 자율주행자동차의 도입 및 상용화를 규율하는 데 별다른 법적 흠결이 존재하지 않는 것으로 보인다. 자율주행자동차에 의한 손해를 규율하기 위해서 제조물책임법상 제조물을 지나치게 엄격하고 좁게 해석하지 않는 한 자율주행자동차의 핵심인 소프트웨어가 규율 대상으로 인정될 여지

---

44 ② 제3조에 따라 손해배상책임을 지는 자가 제조물을 공급한 후에 그 제조물에 결함이 존재한다는 사실을 알거나 알 수 있었음에도 그 결함으로 인한 손해의 발생을 방지하기 위한 적절한 조치를 하지 아니한 경우에는 제1항 제2호부터 제4호까지의 규정에 따른 면책을 주장할 수 없다.

45 제조물책임법 제정 당시 제조물계속관찰의무가 추가된 것은 제조업자의 책임확장을 위해서라기보다는 면책사유가 인정되는 상황에서 결함을 알고도 별다른 예방조치를 취하지 않는 제조업사의 면책을 막기 위한 것[박동진, 제조물책임법 개정방안 연구, 2012년도 법무부/공정거래위원회 연구용역과제보고서(2012), 175면]이었음을 기억할 필요가 있다.

가 있다. 또한 소프트웨어 버그를 비롯하여 자율주행자동차의 운행과 관련해서 발생할 수 있는 다양한 결함 역시 현행 제조물책임법에서 규정하고 있는 4가지 유형의 결함에 해당하는 것으로 해석할 수 있다. 이밖에 현행 제조물책임법상 개발위험의 항변과 법령준수의 항변 역시 별도의 개정을 요구하지 않는다. 각각 과학·기술의 수준과 법령에서 정하는 주의의무의 수준을 비롯하여 제조물계속관찰의무의 성격을 균형감 있게 해석하고 적용한다면 자율주행자동차로 인한 손해를 적절하게 규율할 수 있을 것으로 판단된다.

이처럼 우리나라의 현행 제조물책임법은 당장 특별한 개정작업 없이도 자율주행자동차 시대를 맞이할 수 있다고 판단된다. 다만 소프트웨어를 제조물로 해석하는 데 적지 않은 비판이 존재하고 이와 관련하여 앞으로 법원의 판례가 어떻게 발전할지 모른다는 사정을 감안하면 제조물책임법상 제조물 개념을 수정하여 21세기의 소비환경에 부합하는 정의를 명시하는 것이 바람직하다. 한편 자율주행자동차의 결함과 손해 사이의 인과관계에 대해서 추정의 법리를 안정적으로 적용하기 위하여 입법적 해결책이 요구되었으나 최근에 '결함 등의 추정'이라는 표제의 조문이 제조물책임법에 신설됨에 따라 일단은 이와 관련된 개정도 불필요하게 되었다.

요컨대, 제조물책임법은 현행 제도로도 자율주행자동차로 인한 손해를 규율하는 데 큰 무리가 없다고 할 수 있다.

III. 자율주행자동차의 등장과 자동차손해배상보장법

1. 문제의 소재

우리나라에서 자동차손해배상보장법(이하 '자배법')은 1963.4.4. 제정

(법률 제1314호)되어 1963.6.1.부터 시행되었다. 이 당시 자배법의 목적은 "자동차의 운행으로 사람의 생명 또는 신체가 사상된 경우에 있어서의 손해배상을 보장하는 제도를 확립함으로써 피해자의 보호를 도모하고 자동차운송의 건전한 발달을 촉진"(제1조)하는 데 있었다. 이후 지금까지 자배법은 30회 이상 개정되었으며 목적규정인 제1조도 2008.3.28. 과 2013.8.6. 두 차례 개정되었다. 이 가운데 첫 번째 개정(법률 제9065호)에서는 인적 피해뿐만 아니라 "재물이 멸실 또는 훼손된 경우"에도 배상이 이루어질 수 있도록 보호의 범위가 확대[46]되었으며, 두 번째 개정(법률 제12021호)에서는 자배법의 목적으로 "사고로 인한 사회적 손실을 방지"하는 것이 추가되었다. 두 번째의 개정 이유로는 "자동차 사고 피해 문제의 근본적인 해결을 위하여 자동차 손해배상보장사업을 자동차사고 예방사업까지 포함하는 자동차사고 피해지원사업으로 확대"[47]가 제시되었다. 이처럼 두 차례에 걸쳐 목적규정이 개정된 점을 보면 입법자가 자동차 사고로 인한 손해배상제도와 관련하여 기본적으로 보호의 범위를 확대하는 등 양적 개선을 추구해 왔음을 알 수 있다.

이러한 개정 방향이 지금까지는 바람직했을지 모르지만 자율주행자동차 시대를 대비하는 데에는 충분하지 않다. 앞으로는 자배법이 양적 발전은 물론 질적 발전을 지향해야 한다. 이를 위해서 자배법상 운행자성과 타인성 요건 그리고 손해배상의 범위에 주목할 필요가 있다.

자동차 운행의 성격과 운행의 주체가 변하는 새로운 현실에 부합하는지 알아보기 위해서는 우선 자배법상 운행자성 요건을 살펴봐야 한다. 일반자동차와 달리 자율주행자동차의 경우 운행 개념이 달라질 수밖에 없는 상황에서 자배법상 핵심 개념인 운행자와 운전자를 계속해서 그대

---

46 구체적으로는 2003.8.21. 법률 제6969호에 따라 대물배상보험의 가입이 의무화되었다.

47 법제처, 법률 제12021호 개정이유 및 주용내용, 〈http://www.law.go.kr/lsInfoP. do?lsiSeq=142684&ancYd=20130806&ancNo=12021&efYd=20140207&nwJoYnInfo=N&efGubun=Y&chrClsCd=010202#0000〉, (2017.3.24. 확인).

로 인정할 수 있는지 고민해 봐야 한다. 현행 제도에서 손해배상책임의 주체로서 인정되는 운행자가 자율주행자동차 시대에 잘 맞지 않는다면 이를 대체할 다른 개념을 제안할 필요가 있다. 이를 위해서 비교법적 고찰을 진행하기로 한다.

다음으로 타인성의 문제도 다루기로 한다. 현행 제도 아래에서는 손해배상책임 주체인 운행자는 원칙적으로 자배법상 타인이 되지 않는다. 자율주행자동차가 도입되고 손해배상책임의 주체가 바뀔 경우에도 타인성 개념이 유지될 수 있을지 검토할 필요가 있다.

마지막으로 손해배상의 범위와 관련된 논의를 하기로 한다. 현형 제도 아래에서도 지나치게 제한적이라고 평가받기도 하는 손해배상의 범위가 자율주행자동차 시대에 적절할지에 대해서 살펴보기로 한다.

2. 운행자성의 문제

(1) 운행자, 보유자, 운전자의 개념

1) 운행자

자배법 제3조에 따르면 "자기를 위하여 자동차를 운행하는 자는 그 운행으로 다른 사람을 사망하게 하거나 부상하게 한 경우에는 그 손해를 배상할 책임을 진다." 자배법상 손해배상책임의 주체는 바로 '자기를 위하여 자동차를 운행하는 자', 즉 운행자이다. 자배법에는 '운행자'에 대한 개념을 직접 규정하고 있지 않지만 '운행'에 대해서는 다음과 같이 정의내리고 있다: "사람 또는 물건의 운송 여부와 관계없이 자동차를 그 용법에 따라 사용하거나 관리하는 것"(제2조 제2호).[48] 여기서 '운행'을 어떻게 해석할 것인지에 대해서 다양한 학설[49]이 존재하는 가운데 판례

---

48 1999.2.5. 법률 제5505호로 자배법이 큰 폭으로 개정되면서 운행에 대한 정의개념이 '자동차를 당해 장치의 용법에 따라 사용하는 것'에서 '자동차를 그 용법에 따라 사용하거나 관리하는 것'으로 확대되었다.

의 입장은 '운행'을 넓게 해석하는 것이 일반적이다.[50] 판례는 또한 운행
자 역시 넓게 이해하여 "'자기를 위하여 자동차를 운행하는 자'라 함은
자동차에 대한 운행을 지배하여 그 이익을 향수하는 책임주체로서의 지
위에 있는 자를 의미"[51]한다고 본다. 이는 우리 법원이 운행자성을 판단
하는 기준으로 운행지배와 운행이익이라는 두 개념요소를 모두 인정(이
원설)하고 있음을 보여 준다.[52] 여기서 운행지배란 자동차를 운행하는
데 현실로 이를 관리·운영할 수 있는 것을 의미하는 것으로서 사회통
념상 간접지배 또는 지배가능성이 있는 경우까지 포괄[53]하며, 운행이익
이란 자동차의 운행으로부터 나오는 이익으로서 경제적 이익은 물론 정
신적 이익(만족감)도 포함하는 개념이다.[54] 이처럼 우리 판례는 운행자
성을 판단하는 데 이원설을 취할 뿐만 아니라, 운행자성의 두 개념요소
인 운행지배와 운행이익을 모두 넓게 이해한다.

2) 자동차보유자

자배법에서 사용하는 또 다른 중요한 개념으로 '자동차보유자'가 있
다. 자동차보유자는 "자동차의 소유자나 자동차를 사용할 권리가 있는
자로서 자기를 위하여 자동차를 운행자는 자"(제2조 제3호)이다. 여기서

---

49 원동기설, 주행장치설, 고유장치설, 차고출입설, 위험성설에 관한 자세한 논의는
    한기정, "자동차손해배상보장법상의 운행의 개념에 관한 연구," 서울대학교 법학
    제49권 제3호(2008.9), 219-222면 참조.
50 대법원은 일반적으로 고유장치설을 따르면서도 보충적으로 차고출입설에 입각하
    여 선고한 판례도 적지 않으며, 최근 일부 판결에서는 위험성설을 취한 바 있다[박
    영민, "자동차손해배상보장법상 운행자의 의미," 법학논총 제27집 제3호(2010),
    150-151면].
51 대법원 2001.4.24. 선고 2001다3788 판결.
52 이에 반해 일원설은 운행이익은 운행지배의 징표에 불과하다는 이유로 운행지배
    만 고려하여 운행자성을 판단한다.
53 대법원 2004.4.18. 선고 2004다10633 판결 참조.
54 서울중앙지방법원 교통·산재손해배상실무연구회, 손해배상소송실무(교통·산
    재), 한국사법행정학회(2005), 43면.

'자동차를 사용할 권리가 있는 자'는 "임대차나 사용대차 기타 자기를 위하여 자동차를 사용할 권원이 있는 자를 모두 포함"한다.[55] 결국 특별한 사정이 있지 않은 한 자동차보유자는 운행지배와 운행이익을 향유하는 것으로 볼 수 있기 때문에 운행자로 인정되는 것이 일반적이다.[56] 그러나 역으로 운행자라고 해서 모두 자동차보유자가 되는 것은 아니다. 정당한 권리가 없는 무단운전자 또는 절도운전자일지라도 자기를 위하여 자동차를 운행할 경우에는 자배법 목적상 운행자가 될 수 있기 때문이다.[57] 그러므로 운행자는 자동차보유자보다 더 넓은 개념이다. 이처럼 자배법에서 운행자와 보유자를 구분하는 실익은 전자가 손해배상책임의 주체인 반면 후자는 배상책임보험의 피보험자[58]라는 데에 있다.[59]

3) 운전자

운행자와 자동차보유자 외에 운전자 개념도 살펴볼 필요가 있다. 자배법상 운전자란 "다른 사람을 위하여 자동차를 운전하거나 운전을 보조하는 일에 종사하는 자"(제2조 제4호)이다. 자배법상 운전자는 앞에서 언급한 자동차관리법상 운전자[60]와는 그 의미가 다르다. 비록 자동차관리법은 운전자 및 운전에 대한 정의를 규정하고 있지 않지만 그 기능이

---

55 대법원 2004.4.23. 선고 2004도1018 판결.
56 "자동차손해배상보장법상 자동차 보유자의 운행지배는 현실적으로 보유자와 운전자 사이에 사실상의 지배관계가 존재하는 경우뿐만 아니라 간접적이거나 제3자의 관리를 통한 관념상의 지배관계가 존재하는 경우도 포함"한다[대법원 1994. 9.23. 선고 94다21672 판결].
57 서울중앙지방법원 교통·산재손해배상실무연구회, 손해배상소송실무(교통·산재), 한국사법행정학회(2005), 42면.
58 자배법 제5조(보험 등의 가입의무) 제2항에 따라 자동차보유자는 책임보험 등에 가입할 의무가 있다.
59 박영민, "자동차손해배상보장법상 운행자의 의미," 법학논총 제27집 제3호(2010), 152면.
60 자동차관리법 제2조 제1의3호: '자율주행자동차'란 운전자 또는 승객의 조작 없이 자동차 스스로 운행이 가능한 자동차를 말한다.

나 목적이 유사한 도로교통법상의 운전 정의["도로에서 차마(車馬)를 그 본래의 사용방법에 따라 사용하는 것(조종을 포함한다)을 말한다."]에 기초하여 판단해 보면 자동차관리법상 운전자는 최소한 '자동차를 그 본래의 사용방법에 따라 사용하는 자'라고 좁게 이해해도 무방하다. 중요한 것은 자동차관리법에서 운전자를 판단하는 데 운전행위의 양상이 핵심을 이룬다는 점이다. 이에 반하여 자배법상 운전자는 '다른 사람을 위하여' 운전하는 자(가령, 고용관계 또는 위임 기타 계약관계에 의해서 운전하는 자) 또는 운전보조자로서 원칙적으로 운행자가 되지 않는 자이다. 운행자는 운행이익과 운행지배를 향유하여야 하므로 항상 '자신을 위하여' 운전한다. 이런 면에서 자배법상 운전자는 'driver'보다는 'chauffeur' 개념에 더 가깝다고 할 수 있다. 그러므로 자배법에서는 운전행위 그 자체가 아니라 운전의 목적 또는 동기가 결정적인 의미를 갖는다고 할 수 있다.[61]

이처럼 '운전자'라는 같은 용어가 서로 다른 의미를 갖는 것은 자동차의 성능 및 안전을 규율하는 자동차관리법이나 교통질서를 규율하는 도로교통법과 달리 자배법은 자동차사고로 인한 손해배상제도를 규율하는 데서 비롯된다. 무엇보다도 자배법은 손해배상책임의 주체를 특정하기 위해서 운행자 개념에 '자기를 위하여'를 포함시켰으며 그 결과 이에 대응되는 개념으로 운전자 개념에는 '다른 사람을 위하여'라는 특수한 의미를 포함시킨 것으로 판단된다.

(2) 자율주행자동차와 운행자 및 운전자

그렇다면 자율주행자동차를 규율하는 데 현행 자배법상 운행자 및 운전자 개념에는 무리가 없을까? 일반자동차와 달리 자율주행자동차에 대

---

61 운전자는 일반적으로 보수를 받고 타인을 위하여 자동차를 운전하는 자이지만 보수의 존재여부는 운전자 개념의 요건이 아니며, 보수 없이 타인을 위하여 운전하는 자도 운전자로 이해할 수 있다[박세민, "판례를 통한 자배법 제3조의 운행자 개념의 분석," 비교사법 제6권 제1호(통권 제10호)(1999), 475면].

해서도 운행자와 운전자 개념을 그대로 유지할 수 있는지 고찰해 보기로 한다.

우선 레벨 0~2에 해당하는 자율주행자동차는 일반자동차와 본질적으로 다를 바가 없기 때문에 기존의 개념을 사용하는 데 큰 문제가 없어 보인다. 자동차보유자는 특별한 사정(가령, 도난 등)이 있지 않는 한 운행이익과 운행지배를 계속해서 향유하기 때문에 자배법상 운행자로서 손해배상책임의 주체가 된다. 한편 레벨 2 이하의 자율주행자동차와 관련해서는 운전자도 "다른 사람을 위하여" 자동차를 운전하는 데 문제될 것이 없다.

다음으로, 레벨 3의 경우 특정 환경을 조건으로 이루어지는 자율주행에서 자동차의 운행을 통제하는 것은 자동차보유자가 아니라 자율주행시스템이다. 그러나 이런 사정만으로 자동차보유자가 운행이익과 운행지배를 상실한다고 볼 수 없다. 자동차가 자율주행모드 상태에 있더라도 자동차보유자는 운행을 제어할 최종적인 권한을 그대로 유지한다. 자동차보유자가 직접 운행을 재개하고자 할 때 언제든지 이를 자율주행시스템으로부터 전환받을 수 있다. 또한 자동차가 자율주행 중인 경우에도 교통 환경의 변화로 인하여 자율주행이 강제로 종료될 수 있기 때문에 자동차보유자는 궁극적으로 운행에 대한 통제권을 자신의 의사와 무관하게 반드시 행사해야만 한다. 이처럼 레벨 3에서는 현행 자배법상 운행자 개념을 그대로 유지하더라도 문제가 되지 않을 것으로 판단된다.[62] 한편 레벨 3의 자율주행자동차가 도입된다고 해서 운전자 개념도

---

62 다만 예외적으로 자율주행 모드에서 수동 모드로 전환하는 과정에서 교통사고가 발생할 경우 누구에게 운행지배가 있는지에 대해서는 더 고민해 볼 필요가 있다. 일반적으로 자율주행에서 수동전환이 바로 이루어지지 않고 (적어도 현 단계에서는) 최소 수 초가 걸린다는 점, 더 나아가 (기술적으로 빠른 전환이 가능하더라도) 안전한 수동조향 전환을 위해서 시간을 충분하게 제공하는 것이 필요할 수 있다는 점을 감안할 때 전환 과정에서 발생하는 운행지배의 귀속 문제는 간단하지 않다.

본질적으로 달라지지 않는다. 현실적인 운전행위 자체가 바뀌지 않기 때문에 "다른 사람을 위해서" 운전을 하는 데에도 문제가 없다.

마지막으로 레벨 4 자율주행자동차의 경우는 다르다. 자동차보유자는 자동차를 전혀 제어하지 못하는 단계에 이르기 때문에 현행 자배법상 운행자와 운전자 개념의 적용이 쉽지 않을 것으로 생각된다. 자동차의 운행이 시작되면 목적지에 도착할 때까지 자율주행시스템이 도로상의 모든 상황을 전적으로 통제한다. 자동차보유자는 목적지 입력 등을 위해서 내비게이션을 간단하게 조작할 수 있겠지만 이러한 사정만으로 운행지배가 유지된다고 볼 수 있을지는 의문이다. 이 단계에서는 가속/브레이크 페달이나 운전대가 아예 없기 때문에 설사 자동차보유자가 원하더라도 운행을 제어할 수 없다.[63] 이런 이유로 레벨 4의 자율주행자동차와 관련해서는 자동차보유자가 운행지배를 상실한다고 봐야 하지 않을까? 이렇게 되면 자율주행자동차 보유자는 운행자의 지위를 상실하게 되며, 이로써 자배법상 손해배상책임의 주체인 운행자가 사라지게 된다. 결국 자율주행자동차가 완성되는 최종 발전단계에 도달하면 현행법 아래에서 적용하는 운행자 개념을 적어도 지금처럼 유지할 수 없게 된다.

한편, 레벨 4 자율주행자동차에서 자배법상 운전자의 개념도 인정하기 어려워진다. 자율주행시스템이 직접 운행을 통제하기 때문에 사람에 의한 운전이 개념적으로 성립하지 않으며 현실로 운전행위가 없는 상황이라면 "다른 사람을 위해서"라는 운전 동기나 목적도 성립할 수 없다.[64]

---

63 혹자는 이 경우에도 운행을 아예 중단하도록 내비게이션을 조작할 수 있는 가능성이 남아 있기 때문에 운행지배를 인정할 여지가 남아 있다고 주장할지 모르겠다. 그러나 레벨 4의 자율주행자동차를 현실로 운행할 수 없는 승객으로 하여금 급박한 상황에 대비해서 언제든 운행 중단 명령을 내릴 준비태세를 갖추도록 요구하는 것은 완전한 자율주행시스템의 개념 자체를 부인하는 것으로서 받아들이기 어렵다. 그러므로 운행 중단에 대한 통제권에 기초하여 자동차에 대한 운행지배를 인정할 여지는 없다고 봐야 할 것이다.

이처럼 자율주행자동차와 관련하여 운행자 개념이 적절하지 않다면 자동차 사고로 인한 손해배상의 주체는 누가 되어야 하는 것일까?

(3) 운행자 개념의 대안으로서 자동차보유자

자율주행자동차 시대에는 현행 자배법상 운행자 개념 대신 자동차보유자를 책임주체로 생각해 볼 수 있다. 자동차보유자, 즉 소유자 또는 자동차를 사용할 권리가 있는 자가 자동차사고로 발생하는 손해에 대해서 배상책임을 부담하는 것이다. 다만 여기서 주의할 것은 현행 자배법상 자동차보유자 개념에서 '자기를 위한 운행'을 배제할 필요가 있다는 점이다. 이는 결국 손해배상책임의 주체를 기존의 운행자성이 아니라 자동차에 대한 본권에 기초하여 인정하겠다는 것을 의미한다. 이러한 접근은 새로운 것이 아니라 다수의 외국 법제에서 오래전부터 도입하여 채택하고 있다. 관련 제도를 독일, 미국 그리고 러시아의 법제를 통해 살펴보기로 한다.

1) 독일: 자동차보유자

독일 도로교통법(Straßenverkehrsgesetz, StVG) 제7조(Haftung des Halters, Schwarzfahrt)상 손해배상책임 주체는 자동차보유자(Fahrzeughalter)이다. 동법 제18조(Ersatzpflicht des Farhzeugführers)상 과실책임을 지는 운전자(Führer)와 달리 보유자(Halter)는 자동차와 같이 위험한 물건을 사용하는 자로서 그 운영으로 인하여 발생하는 손해에 대해서 위험책임을 진다.[65] 독일의 확립된 판례에 따르면 보유자[66]는 자신의 비용으로 자동

---

64 비슷한 취지의 글로 장병일, "자율주행자동차에 의한 손해와 제조물책임―독일에서의 논의를 중심으로," 법학연구 제16권 제4호(통권 제64호)(2016.12), 98면 참조.

65 반홍식, "표현증명―독일도로교통법상에 있어서의 표현증명을 중심으로," 원광법학 제25권 제2호(2009.6), 20면.

66 보유자(Halter) 개념은 위험책임규정인 독일민법 제833조[동물보유자(Tierhalter)]

차를 사용하고 이를 처분할 수 있는 권리(Verfügungsgewalt)를 갖는 자이며, 이러한 처분권을 일정 기간 동안 상실함에 따라 보유자로서의 지위도 상실한다.[67] 일반적으로 자동차 소유자가 그 보유자가 되며, 타인이 며칠 동안 소유자로부터 자동차를 빌린 경우에도 소유자가 그대로 보유자의 지위를 유지한다.[68] 독일에서 보유자의 지위는 안정적으로 유지되는 편이며 자동차에 대한 법적 처분권뿐만 아니라 사실적 처분권을 고려하더라도 소유자가 상당한 기간 동안 이를 상실해야 보유자로서의 지위도 상실한다.[69] 다만 절도운전자가 사고를 낸 경우 소유자는 (과실로 절도의 빌미를 제공한 것이 아니라면) 손해배상책임을 부담하지 않게 된다.[70] 결국 독일에서 자동차 보유자를 판단하는 데 중요한 기준 가운데 하나로 고려되는 것은 자동차에 대한 처분권의 행사가능성이다.[71]

2) 미국: 자동차 소유자(owner of motor vehicle)

미국에서는 주(州)마다 차이가 있을 수 있지만 대부분의 경우 자동차 소유자(owner of motor vehicle)가 자동차 운행으로 야기되는 손해에 대

에서도 찾아볼 수 있다.

67 BGH, 26.11.1996 - VI ZR 97/96; Ius Commune Casebooks for the Common Law of Europe: Cases, Materials and Text on National, Supranational and International Law, - Tort Law, 587/4, 〈www.casebooks.eu/documents/tortLaw/heading6.2.1.A.pdf〉, (2017.3.29. 확인).

68 임대계약을 체결하는 경우에는 임차인이 보유자가 된다[Cees Van Dam, European Tort Law, Oxford University Press (2006), p.362].

69 Ius Commune Casebooks for the Common Law of Europe: Cases, Materials and Text on National, Supranational and International Law, - Tort Law, 587/5, 〈www.casebooks.eu/documents/tortLaw/heading6.2.1.A.pdf〉, (2017.3.29. 확인).

70 F. H. Lawson & B.S. Markesinis, Tortious liability for unintentional harm in the Common law and the Civil law, Volume I: Text, Cambridge University Press (1982), p.175.

71 독일 도로교통법에도 운행(Betrieb)이라는 개념이 있지만 운행자라는 개념은 사용하지 않는다.

한 배상책임을 부담한다. 가령 '캘리포니아 주(州) 자동차법(California Vehicle Code, 이하 '자동차법'이라 한다)'을 살펴보면 제9장 제1절 제2조 §17150(Division 9 Chapter 1 Article 2 Section 17150)에 따라 자동차의 소유자는 자동차의 운행(operation)으로 인한 사람의 사망·상해 또는 재산상의 손해를 배상할 책임을 부담한다.[72] 소유자는 명시적 또는 묵시적 허락(permission)하에 자동차를 운행한 자가 야기한 손해에 대해서도 책임을 지지만 책임한도액이 규정되어 있어 1인의 사망 또는 상해는 최대 $15,000, 2인 이상은 최대 $30,000, 재산적 손해에 대해서는 최대 $5,000까지만 부담한다.[73] [74] 자동차법상 자동차 소유자 개념은 엄격하게 해석되지 않기 때문에 자동차의 소유자는 다수가 될 수 있으며, 소유자는 일반적으로 인정되는 소유권의 모든 권원을 다 향유할 필요는 없다.[75]

---

72 Vehicle Code 17150. Every owner of a motor vehicle is liable and responsible for death or injury to person or property resulting from a negligent or wrongful act or omission in the operation of the motor vehicle, in the business of the owner or otherwise, by any person using or operating the same with the permission, express or implied, of the owner.

73 17151. (a) The liability of an owner, bailee of an owner, or personal representative of a decedent imposed by this chapter and not arising through the relationship of principal and agent or master and servant is limited to the amount of fifteen thousand dollars ($15,000) for the death of or injury to one person in any one accident and, subject to the limit as to one person, is limited to the amount of thirty thousand dollars ($30,000) for the death of or injury to more than one person in any one accident and is limited to the amount of five thousand dollars ($5,000) for damage to property of others in any one accident.

74 다만 제3자에게 자동차를 빌려주면서 소유자가 그의 무면허운전, 음주운전, 과속운전과 같은 교통위반 사실을 아는 등의 과실이 있는 경우 책임한도가 적용되지 않는다[Fremont Compensation Insurance Co. v. Hartnett (1993) 19 Cal.App. 4th 669, 675-676].

75 Campbell v. Security Pacific Nat. Bank (1976) 62 Cal.App.3d 379, 385 [133 Cal.Rptr. 77].

3) 러시아연방: 고도(高度)위험원 보유자

러시아연방에서도 자동차손해배상책임의 주체는 자동차에 대한 본권, 즉 법률상의 권리를 향유하는 자가 된다. 자동차 운행은 주위에 대하여 고도의 위험을 야기할 수 있는 활동의 원천, 즉 고도(高度)위험원(источник повышенной опасности)으로 인정되므로 위험책임을 규정하는 러시아연방민법전(이하 러시아민법) 제1079조(주위에 고도의 위험을 초래하는 활동으로 입힌 손해에 대한 책임)에 의해서 규율된다. 이에 따르면 고도위험원 보유자(владелец источника повышенной опасности)는 소유권 등 본권에 기초하여 손해배상책임을 진다(제1항 제1단락).[76] 다만 타인의 위법행위로 인하여 고도위험원에 대한 점유가 이탈된 예외적인 경우에는 보유자가 아닌 타인이 손해배상책임을 부담한다(제2항 제1문).[77]

(4) 평 가

이상에서 살펴본 바와 같이 독일, 미국, 러시아연방은 각각 자동차보유자, 자동차소유자 그리고 고도위험원 보유자를 위험책임의 주체로 규정하고 있다. 세 법제의 공통점은 책임을 인정하는 기준이 자동차에 대한 정당한 권원의 향유 여부이다. 운행지배와 직접적인 관련이 없는 기준을

---

76 Обязанность возмещения вреда возлагается на юридическое лицо или гражданина, которые владеют источником повышенной опасности на праве собственности, праве хозяй ственного ведения или праве оперативного управления либо на ином законном основании (на праве аренды, по доверенности на право управления транспортным средством, в силу распоряжения соответствующего органа о передаче ему источника повышенной опасности и т.п.).

77 Владелец источника повышенной опасности не отвечает за вред, причиненный этим источником, если докажет, что источник выбыл из его обладания в результате противоправных действий других лиц.

인정하는 법제의 최대 이점은 자율주행자동차가 보급되더라도 기존의 책임주체를 어느 정도 그대로 유지할 수 있다는 데에 있다. 실제로 독일은 자율주행자동차의 발전과 상용화에 대비하여 2017년 초 도로교통법을 적지 않게 개정[78]하였지만 책임의 주체[자동차보유자(Fahrzeughhalter)]는 그대로 두었다.[79] 이런 면에서 우리나라에서도 자동차보유자를 자배법상 책임주체로 인정하는 방안을 고려해 볼 수 있다. 이는 현행 자배법에서 전제가 되고 있는 보상책임의 원리와 위험책임의 원리에도 반하지 않는다. 자동차보유자가 자율주행자동차를 소유하거나 사용하면서 운행이익을 누린다는 점을 고려하면 그가 배상책임을 지는 것은 보상책임의 원리에 부합한다. 또한 운행지배가 없지만 위험원에 해당하는 자율주행자동차를 소유하는 것만으로도 위험을 지배하게 되는 것이기 때문에 자동차보유자가 책임을 지는 것은 위험책임의 원리로도 정당화될 수 있다.

물론 이와 관련하여 혹자는 다음과 같은 반론을 제기할지 모른다. 일반자동차의 보유자는 운행지배를 상실한 경우에 면책되는 데 반해 자율주행자동차의 보유자는 애초부터 운행지배를 향유할 수 없음에도 단지 소유권 기타 사용할 권리가 있다는 이유만으로 자배법상 위험책임의 주체가 되는 것이므로 이는 형평성에 어긋난다고 주장할 수 있다. 그러나 반드시 그렇지는 않다.

현행 법제도에 따르면 일반자동차의 사고로 인하여 발생한 손해에 대

---

78 이와 관련된 자세한 내용은 김진우, "자동주행에서의 민사책임에 관한 연구—개정된 독일 도로교통법과 우리 입법의 방향," 강원법학 제51권(2017.6), 46면 이하 참조.

79 자율주행자동차 시대에는 공유경제(sharing economy) 모델에 따라 자동차를 단독 소유하지 않고 공동으로 소유하거나 아예 소유를 하지 않으면서 공동으로 사용할 것으로 예측되고 있는데, 더 이상 운행지배를 논하기 어려워진다는 점을 고려하면 책임주체는 소유권 또는 사용권 등 자율주행자동차에 대한 본권에 기초하여 정할 수밖에 없을 것이다.

한 배상책임은 우선적으로 자동차의 운행자가 부담한다. 다만 손해가 제조물책임법에서 인정하는 유형의 결함으로 인한 것이면 제조업자에게 구상권을 행사할 수 있다. 반면 자율주행자동차와 관련해서는 우선적으로 제조업자가 책임을 지도록 하거나 최소한 제조업자가 보유자와 연대책임을 지도록 하여 운행지배를 향유하지 않는 보유자의 부담을 덜어주는 방안을 생각해 볼 수 있다. 이 밖에 캘리포니아 자동차법에서와 같이 보유자가 부담하는 손해배상액의 최고한도를 설정하는 방안도 고려할 수 있다. 이런 성격의 조치를 취한다면 손해배상책임의 주체가 운행자에서 보유자로 바뀐다고 하더라도 그 지위가 반드시 더 불안정해진다고 할 수 없다.

3. 타인성의 문제

(1) 타인성의 개념

자배법 제3조에 따라 운행자는 '다른 사람'이 사망하거나 부상한 경우 배상책임을 진다. 여기서 운행자 또는 운전자(운전보조자)가 자배법상 타인으로 인정받을 수 있는지가 문제된다. 운행자는 손해배상책임의 주체라서, 그리고 운전자(운전보조자)는 사고를 방지할 의무를 부담하기 때문에 자배법상 보호대상자인 타인이 되지 않는 것이 일반적이다.[80]

판례에 의하더라도 "자동차손해배상보장법 제3조에서 말하는 '다른 사람'이란 '자기를 위하여 자동차를 운행하는 자 및 당해 자동차의 운전자를 제외한 그 이외의 자'를 지칭하므로, 당해 자동차를 현실로 운전하거나 그 운전의 보조에 종사한 자는 법 제3조 소정의 타인에 해당하지 아니한다."[81] 다만 운행자와 운전자 모두 예외적으로 자배법 목적상 타

---

80 서울중앙지방법원 교통 · 산재손해배상실무연구회, 손해배상소송실무(교통 · 산재), 한국사법행정학회(2005), 80-81면.
81 대법원 1999.9.17. 선고 99다22358 판결.

인으로 인정되기도 한다. 운행자가 자배법상 타인으로 인정받아 손해배
상청구권을 향유하기 위해서는 운행이익 및 운행지배를 상실하거나,
(수인의 공동운행자가 있고 1인의 운행자에 의해서 다른 1인의 운행자가 피해
를 당한 경우) 손해를 야기한 운행자가 손해에 대한 배상을 받고자 하는
운행자보다 그 운행이익과 운행지배가 더 주도적이거나 직접적이어야
한다.[82] [83] 또한 운전자나 운전보조자도 "사고 당시에 현실적으로 자동
차의 운전에 관여하지 않고 있었다면 그러한 자는 법 제3조 소정의 타
인으로서 보호된다."[84]

물론 이러한 논의는 자배법에 국한된 것이다. 운행자나 운전자(운전
보조자) 모두 일반불법행위로 돌아가서 과실책임에 기초한 손해배상청
구권을 행사하는 데에는 아무런 제한이 없다.

(2) 자율주행자동차와 타인성

그렇다면 자율주행자동차가 상용화되면 타인성의 개념 적용에는 문
제가 없는 것일까? 레벨 0~3의 경우 운행자 및 운전자 개념을 유지한다
고 할 때 자율주행자동차라고 해서 일반자동차와 다를 것이 없다. 운행
자는 특별한 사정으로 인하여 운행이익과 운행지배를 상실하지 않는
한, 그리고 운전자는 현실로 자동차 운전에 관여할 수 없는 사정이 있지
않은 한 원칙적으로 자배법상 타인이 되지 않는다.

레벨 4 자율주행자동차의 경우 운행자 개념 대신 자동차보유자가 전
면에 등장하더라도 자배법 제3조상의 '다른 사람'에 대한 해석이 달라지
지 않는다. 레벨 3 이하의 자율주행자동차와 달리 레벨 4 자율주행자동

---

82 대법원 2009.5.28. 선고 2007다87221 판결, 대법원 2000.10.6. 선고 2000다32840
   판결.
83 일본에서도 운행자의 타인성에 관한 논쟁이 있다가 1975년 일본대법원이 운행자
   도 타인이 될 수 있음을 처음 인정하였다[김상찬, "일본 자배법상 '타인성'에 관한
   판례의 동향," 법학연구 제25권(2007.2), 한국법학회, 190면].
84 대법원 1999.9.17. 선고 99다22358 판결.

차의 경우 보유자는 애초부터 자동차에 대한 운행지배를 향유하지 못한
다. 자율주행시스템에 의해서 자동차가 운행된다는 점을 고려하면 보유
자 역시 피해자로서 손해배상을 받을 필요가 있다. 그러나 레벨 4의 자
율주행자동차 보유자가 배상받는 것은 자배법이 아닌 제조물책임법에
기초한다. 그러므로 레벨 4의 경우에도 타인성이 문제되지 않는다(또한
완전한 자율주행자동차의 경우 공동소유자 간의 손해배상 문제가 발생할 여지
도 없다). 물론 자동차보유자가 민법 제750조에 따라 제조업자 등에게
과실책임에 기한 손해배상을 요구하도록 하는 것은 가능하다.

4. 손해배상의 범위

(1) 승객·비승객 구분의 문제점

현행 자배법은 손해배상의 범위를 상당히 제한적으로 규정하고 있다.
승객과 승객이 아닌 자(이하 '비승객'이라 한다)를 구분하여 승객에 대해
서만 무과실책임을 인정하고 보행자 등 비승객의 경우에는 주의의무를
위반하지 않았다는 점, 피해자 또는 제3자에게 과실이나 고의가 있다는
점, 자동차에 구조상의 결함이나 기능상의 장해가 없다는 점[85]을 증명한
경우에만 책임을 부여한다(자배법 제3조 제1호). 승객과 달리 비승객은
세 가지 요건이 모두 충족되어야 배상을 받을 수 있는데 이 가운데 운행
자가 주의의무를 다하여 자신에게 과실이 없었음을 증명하면 배상책임
을 면할 수 있다는 점에 주목할 필요가 있다. 이는 자배법이 단순히 과
실책임적 요소를 도입한 것을 넘어 사실상 과실을 요건으로 하는 손해
배상책임을 인정한 셈이다.[86] 이처럼 비승객에 대해서 사실상 과실책임

---

85 자배법상 '자동차 구조상의 결함이나 기능상의 장해'는 제조물책임법상 제조상·
   설계상·표시상 결함과 일치하지 않는다.
86 책임의 완화를 위하여 입증책임의 전환이 이루어지고 과실이 추정되지만 과실이
   성립요건이라는 점에서 비승객에 대한 책임은 과실책임에 해당한다. 이런 점에서
   대법원이 자배법 제3조 단서 제2호가 자동차사고에 관하여 일반불법행위책임과

을 인정하는 것은 비교법적으로 보더라도 이례적인 경우에 해당한다. 외국의 법제를 보면 승객과 비승객을 구분하는 경우[87]가 드물 뿐 아니라[88] 설사 구분을 한다고 하더라도 승객보다는 오히려 비승객에 대해서 더 강한 보호를 제공한다.[89]

문제는 자율주행자동차가 도입되고 그 발전단계가 상승할수록 과실을 논하는 것이 어려워진다는 데 있다. 앞에서 언급한 바와 같이 레벨 4의 자율주행자동차에 이르면 운행지배를 논할 수 있을 정도의 운행통제권 자체가 더 이상 존재하지 않게 된다. 그럼에도 자율주행자동차로 인한 손해배상책임을 인정하기 위해서 주의의무 위반을 논해야 하는 것은 부적절하다. 더욱이 자율주행시스템의 오작동으로 인하여 자율주행자동차가 사고를 내는 경우 승객뿐만 아니라 비승객도 동일한 정도의 위험에 직면할 수 있다는 점을 감안하면 양자를 구분하여 차별적으로 규율하는 것은 바람직하지 않다.

(2) 인적·물적 손해 구분의 문제점

자배법 제3조에서 규정하는 손해배상의 범위는 물적 손해를 배제하고 인적 손해("다른 사람을 사망하게 하거나 부상하게 한 경우")만 포함한다. 그러므로 물적 손해는 특별법인 자배법이 아니라 민법 제750조로

달리 위험책임의 법리를 도입한 것(대법원 1998.7.10. 선고 97다52653 판결)이라고 판시한 것은 정확한 평가라고 보기 어렵다.

87 승객과 비승객을 구분하고 승객에 대해서만 무과실책임을 인정하는 주요 법제로는 일본을 들 수 있다. 이는 우리 자배법이 일본 자동차손해배상보장법(自動車損害賠償保障法, 1955)에 의해서 영향을 받았다는 점을 잘 보여 준다.

88 앞에서 살펴본 독일 도로교통법과 러시아민법은 물론 프랑스 자동차손해배상법(*Loi Badinter*, 1985) 등 주요 법제는 손해배상과 관련하여 승객과 비승객의 구분을 알지 못한다.

89 네덜란드 도로교통법(*Wegenwerkeerswet*, 1994)은 행인 또는 자전거 탑승자 등 비승객에 대해서만 위험책임을 인정한다. 승객에 대해서는 과실책임을 규정하는 네덜란드 민법이 적용된다[이제우, "우리 민사법상 위험책임에서의 손해배상범위에 관한 비판적 고찰," 민사법학 제70호(2015.3), 296면].

돌아가서 이에 따라 그 배상이 이루어진다. 이는 대부분의 외국 법제에서 인적 · 물적 손해를 구분하지 않고 자동차사고로 인한 손해를 포괄적으로 배상하는 것과 차이가 있다.[90] 자동차사고로 인한 손해배상책임이 위험책임이라는 점, 다시 말해 신체이든 재산이든 손해를 야기하는 원인이 자동차의 운행이라는 위험에서 비롯되었다는 점을 고려하면 인적 손해와 물적 손해를 구분하여 자배법으로 하여금 전자만 규율하게 하는 것은 어색하다.

물론 이는 입법정책의 문제이기 때문에 구분을 하는 사실 자체를 비판만 할 수는 없다. 그럼에도 위험책임을 최초로 규정했던 1838년 프로이센 철도법(Gesetz über die Eisenbahnunternehmungen)에서조차 신체와 재산에 대한 침해를 구분하지 않았던 사실을 다시금 되새길 필요가 있다.

무엇보다도 자율주행자동차가 상용화되면 지금처럼 물적 손해에 대해서 과실책임을 적용하는 것이 더 부적절해진다. 자동차보유자는 사실상 승객이나 다름없는 상태가 되어 운행을 제어하지 못하게 되며, 이런 점으로 인하여 그에게 과실책임을 지우는 것은 더 힘들어진다. 게다가 자율주행자동차의 경우 최첨단 과학기술이 탑재되어 차체를 비롯하여 각종 부품의 가격이 크게 상승할 것으로 예상된다. 이러한 여러 이유로 자배법상 인적 손해와 물적 손해의 구분은 지양할 필요가 있다. 다만 보유자의 부담이 지나치게 커지는 것을 방지하기 위해 물적 손해에 대한 별도의 책임한도액을 설정하는 방안을 생각해 볼 수는 있다.

(3) 불가항력의 항변 가능성

불가항력이란 자연재해나 천재지변 등 회피할 수 없는 사건을 말한

---

[90] 외국 법제에서 인적 손해와 물적 손해를 항상 동일하게 규율하는 것은 아니다. 캘리포니아 주 자동차법에서 살펴본 바와 같이 구분하더라도 책임한도액을 달리하는 점만 다를 뿐 손해배상의 요건이 달라지는 것은 아니다.

다.[91] 불가항력을 면책사유로서 인정하는 것은 위험책임이 절대책임이 아니기 때문이다. 그런데 자배법은 불가항력의 항변을 규정하고 있지 않다. 이는 적어도 성문법을 원칙으로 하는 대륙법에서는 이례적인 일이다. 독일 도로교통법은 보유자로 하여금 원칙적으로 손해배상책임을 부담하게 하는 대신 책임을 면할 수 있는 사유로 제7조 제2항에서 불가항력('초자연적인 힘', höhere Gewalt)을 인정한다. 이는 보유자의 책임이 위험책임이기 때문에 위험이 아닌 회피불가능한 외적 요인으로 발생한 손해에 대해서는 책임을 부담하지 않는다는 점을 의미한다. 러시아민법도 제1079조에 따라 고도위험원 보유자는 면책사유로 제3자의 고의와 더불어 불가항력(непреодолимая сила)을 주장할 수 있다. 이처럼 외국 법제에서는 불가항력 항변을 규정하여 손해배상책임을 일정하게 제한한다.

우리 사법(私法)도 불가항력 규정을 모르는 것은 아니다. 대표적으로 상법에 불가항력 규정(제796조 제2호, 제877조, 제913조 제1항 제5호, 제931조 제4호 등)이 많으며 유류오염손해배상보장법도 불가항력을 면책사유로 인정(제5조 제1항 제1호[92])한다. 한편 우리 민법에는 불법행위와 관련하여 불가항력 규정을 찾아볼 수 없지만[93] 판례는 일반불법행위의 경우 불가항력을 면책사유로서 인정하며, 가해자위법성설에 따라 불가항력이 기여한 부분만을 제외하고 나머지 손해에 대해서만 가해자가 책임을 부담한다고 본다.[94] 그러므로 자배법에 따로 규정이 없더라도 불가항력

---

91 예견되었다면 회피할 수 있는 우연과 달리 예견하더라도 회피할 수 없는 것이 불가항력이다[이제우, "위험책임에서 일반조항의 도입가능성과 그 과제," 강원법학 제43권(2014.10), 527면]. 불가항력에 관한 자세한 논의로는 윤용석, "불가항력에 관한 일고찰," 재산법연구 제33권 제1호(2016.5), 139면 이하 참조.

92 "전쟁·내란·폭동 또는 천재지변 등 불가항력으로 발생한 경우."

93 민법에서는 전세권(제308조, 제314조) 및 질권(제336조)과 관련해서만 규정하고 있다.

94 "불법행위에 기한 손해배상 사건에 있어서 피해자가 입은 손해가 자연력과 가해자의 과실행위가 경합되어 발생된 경우 가해자의 배상범위는 손해의 공평한 부담

을 면책사유로서 인정할 여지가 있다. 다만 가해자위법성설에 따라 불가항력 외에 가해자의 과실이 손해를 야기한 부분이 인정되면 그 부분에 대해서는 면책이 되지 않아 가해자가 배상책임을 진다고 봐야 한다.

자율주행자동차가 상용화되어도 마찬가지다. 레벨 3 이하는 물론 레벨 4의 자율주행자동차의 경우에도 불가항력을 면책사유로 인정할 필요가 있다. 특히 레벨 4의 경우 자동차보유자는 자동차에 대해서 운행지배를 향유하지 못하지만 위험을 지배하기 때문에 원칙적으로 배상책임을 부담한다. 다만 불가항력적 요인으로 손해가 발생하였다면 그 면책을 인정할 수 있다. 그러나 과실책임 아래 가해자의 과실이 기여한 부분에 대해서 면책이 되지 않는 것과 마찬가지로 자동차운행으로 인한 위험이 기여한 부분에 대해서는 보유자의 책임을 인정할 여지가 있다. 다시 말해, 자동차는 빠르게 운행되고 있는 사실만으로도 위험을 야기하기 때문에 위험을 지배하는 보유자는 여기에 해당하는 부분에 대해서는 책임을 진다고 할 수 있다.

5. 소 결

지금까지 현행 자배법에 의한 자율주행자동차의 규율과 관련된 논의를 하였다. 제조물책임법과 달리 자배법은 현행 법제도로 자율주행자동차 시대를 맞이하는 데 일정한 한계가 존재하는 것으로 판단된다. 제조물책임법과 반대로 자배법은 그 개정 없이는 해결하기 어려운 문제가 대부분이다.

자율주행자동차가 레벨 4를 달성하게 되면 자배법에서 손해배상책임의 주체로서 운행자를 그대로 인정하기 어려워진다. 법의 해석 또는 적

이라는 견지에서 손해발생에 대하여 자연력이 기여하였다고 인정되는 부분을 공제한 나머지 부분으로 제한하여야 함이 상당"하다(대법원 2003.6.27. 선고 2001다734 판결).

용의 범위를 넘어서 입법적 해결이 요구되는 부분이다. 인공지능에 의해서 자동차가 운행되기 때문에 운행자성의 판단 기준 가운데 운행지배를 더 이상 고려할 수 없게 된다. 그 결과 현실적으로 운행을 하지 않는 자를 손해배상책임으로 인정할 근거가 없는 상황에서 이를 대체할 주체로 자동차 보유자를 인정할 것을 제안할 수 있다. 독일, 미국, 러시아 등 많은 법제에서 오래전부터 자동차 보유자 또는 소유자를 손해배상책임의 주체로 인정해 왔듯이 우리 자배법도 운행자 개념보다는 보유자 개념을 고려해 볼 수 있다.

한편 개정이 요구되는 문제로 손해배상의 범위도 들 수 있다. 이는 자율주행자동차에만 국한된 문제는 아니지만 일반자동차에 비해서 자율주행자동차의 경우 법적 흠결 정도가 증폭될 수 있다. 자배법 제3조에서 승객과 비승객을 구분하고 비승객에 대해서는 사실상 과실책임을 적용하는 것은 일반자동차에 대해서는 물론 자율주행자동차에 대해서도 바람직하지 않다. 위험책임을 규정하는 것으로 알려진 자배법이 과실을 논하기 어려운 자율주행자동차에 대해서 사실상 과실책임을 적용하는 것은 지양해야 한다. 그러므로 가장 바람직한 개정방안은 승객과 비승객의 구분을 제거하고 위험책임만 인정하는 것이 필요하다. 이는 인적 · 물적 손해의 구분도 마찬가지다. 인적 손해에 대해서만 배상책임을 인정하는 자배법은 개정되어야 마땅하다. 자율주행자동차 시대에는 물적 손해액이 크게 상승할 것으로 예상됨에도 계속해서 인적 손해와 물적 손해를 구분하여 전자에 대해서만 위험책임을 적용하는 것은 합리적인 접근이 될 수 없다. 다만 인적 · 물적 손해의 구분을 삭제하되 이로 인하여 증가하는 가해자 측의 부담은 책임한도액의 설정과 자동차보험제도[95]의 개발을 통해서 그 해결책을 모색하는 것이 바람직하다.

---

95 자율주행자동차와 보험에 관한 내용으로는 박은경, "자율주행자동차의 등장과 자동차보험제도의 개선방안," 법학연구 제16권 제4호(통권 제64호)(2016.12), 120면 이하 참조.

한편 자배법과 관련해서 입법적 해결을 요하지 않는 부분도 있다. 바로 타인성의 문제이다. 자율주행자동차에 대해서 설사 운행자를 대신하여 자동차 보유자를 손해배상책임의 주체로 인정하더라도 운행자가 원칙적으로 타인이 되지 못하였던 것과 마찬가지로 자동차 보유자도 타인이 되지 못할 사정은 변하지 않는다. 운행자든 보유자든 원칙적으로 손해배상을 부담하는 주체로서 손해를 입더라도 자배법에 기하여 이를 배상받아야 하는 것은 아니다. 피해자인 자동차 보유자에 대해서는 일반불법행위에 기하여 과실책임을 인정하면 족하다.

IV. 자율주행자동차의 등장과 민법

자동차사고로 야기되는 손해는 기본적으로 과실책임을 규정하는 민법 밖에서, 즉 위험책임을 규정하는 제조물책임법과 자배법에 의해서 규율된다. 이는 자율주행자동차의 도입 이후에도 크게 변하지 않을 것으로 보인다. 결과적으로 자율주행자동차가 발전할수록 인간의 개입이 축소되고 그 결과 과실이 문제될 여지가 줄어들기 때문에 현행 민법은 자율주행자동차와 크게 관련이 없을 것으로 생각할 수 있다. 그러나 유의할 것은, 제조물책임법이나 자배법이 직접적으로 규정하고 있지 않은 부분에 대해서는 민법이 적용된다는 점이다. 바로 이런 이유에서 자율주행자동차로 인한 손해배상과 관련하여 민법이 어떤 방식으로든 적용될 수밖에 없기 때문에 민법 역시 인공지능 등 과학기술의 발전에 따른 변화를 제대로 반영할 수 있어야 한다. 그러므로 자율주행자동차를 규율하는 데 과실책임을 전제로 하는 민법의 역할 및 그 한계를 짚어볼 필요가 있다.

자율주행자동차와 관련해서 실질적으로 문제가 될 수 있는 부분은 바로 손해배상의 범위이다. 제조물책임법과 자배법 모두 손해배상의 범위를 직접 규율하지 않기 때문에 민법 제763조(제393조)를 적용해야 한다.[96] 이에 따라 손해는 통상손해와 특별손해로 구분되며 이 가운데 특별손해는 가해자가 그 사정을 알았거나 알 수 있었을 때에 한하여 배상책임을 부담한다. 그런데 앞에서도 살펴보았듯이 자율주행자동차, 특히 레벨 4의 경우 보유자는 일반적으로 손해가 발생하리라는 사실을 알았거나 알 수 있는 상황에 놓일 수 없다. 일반자동차의 경우에도 손해를 통상손해와 특별손해로 구분하고 현행 민법에서처럼 특별손해의 기준으로 손해의 예견가능성을 인정하는 것이 바람직하지 않는데[97] 자율주행자동차로 인한 손해의 경우에는 더욱더 부적절하다. 최소한 손해배상의 범위와 관련하여 위험책임을 규율하는 특별법을 개정하여 적절한 입법을 하거나 민법의 관련 규정을 개정할 필요가 있다.

V. 맺음말

자율주행자동차의 상용화가 빠르게 진행되고 있다. 이와 관련하여 우리나라에서도 자율주행자동차 시대에 부합하는 법제도를 정비하기 위한 노력을 보이기 시작하였다. 다만 손해배상제도를 규율하는 제조물책임법, 자배법 그리고 민법에 대해서는 개정의 필요성에 관한 논의가 이제 막 이루어지기 시작한 상황이다. 이 글에서 현행 법률로써 자율주행자동차의 규율 가능성 여부를 살펴본 결과 그 결론을 다음과 같이 정리해 볼 수 있다.

첫째, 제조물책임법의 경우 제조물 개념을 유연하게 해석하는 이상

96　민법 제393조 자체의 입법론적 타당성에 대해서부터 의문을 제기하는 학설이 있으며, 이에 대해서는 명순구, "손해배상의 범위에 관한 한·중·일 법규정의 계통," 아세아민상법학 제2호(2009.1), 89면 이하 참조.

97　이에 관한 비판적 논의로는 이제우, "우리 민사법상 위험책임에서의 손해배상범위에 관한 비판적 고찰," 민사법학 제70호(2015.3), 275면 이하 참조.

현행 법률의 근본적인 개정이 없이도 자율주행자동차 시대에 대한 대비가 가능하다고 보인다. 자율주행자동차에서 핵심을 이루는 소프트웨어가 제조물책임법상 제조물로서 인정될 수 있는지와 관련하여 현재 학설대립이 존재하지만 자율주행자동차에서 사용하는 임베디드 소프트웨어의 특성은 물론 그 기능적 측면에 중점을 두어 제조물을 광의로 이해하는 입장을 취할 경우 자율주행자동차가 레벨 3 또는 4까지 발전하더라도 큰 무리 없이 규율이 가능할 것으로 판단된다. 다만 장기적으로는 법의 해석이 아닌 입법적 해결을 통해 소프트웨어 시대에 부합하는 제조물의 개념정의를 제조물책임법에 두는 것이 바람직하다.

둘째, 자배법은 제조물책임법과 달리 자율주행자동차 시대의 도래와 더불어 개정의 필요성이 높은 것으로 평가된다. 현행 법률은 운행자성 개념을 중심으로 운용되고 있다. 그러나 자율주행자동차의 경우 운행자성의 판단기준 가운데 하나인 운행지배를 논하는 것이 부적절하게 된다. 레벨 3, 특히 레벨 4를 달성하면 전적으로 자율주행시스템에 의해서 자동차가 운행되기 때문이다. 결국 운행 여부를 기준으로 손해배상책임 주체를 결정하는 것은 적절하지 않다. 이런 이유로 운행자를 대신하여 외국 법제에서 일반적으로 손해배상책임 주체로서 인정하는 자동차 보유자를 고려해볼 필요가 있다. 보유자를 손해배상책임의 주체로 인정하게 되면 운행지배와 무관하게 자동차에 대한 정당한 권원의 향유 여부가 중요해진다. 보유자 중심의 자배법 재편은 자율주행자동차의 특성에도 부합할 뿐만 아니라 일반자동차와 자율주행자동차에 대해서 동일한 기준의 적용을 가능하게 해주는 이점까지 갖는다. 그러므로 모든 자동차들이 자율주행에 의해서 운행되는 먼 미래가 아니라 일반자동차와 자율주행자동차가 도로 위에서 공존하는 긴 기간 동안 손해배상책임의 규율을 수월하게 해 준다.

이 밖에 자배법과 관련하여 손해배상의 범위도 개정이 필요하다. 현행 법률 아래에서도 문제가 되는 부분으로서 자배법이 실질적으로 위험책임이 아닌 과실책임에 근접하게 만드는 요인들을 제거할 필요가 있다. 승객과 비승객, 인적 손해와 물적 손해를 구분하여 이를 차별적으로 규율함에 따라 자배법은 위험이 아닌 과실에 기초하여 손해배상책임을 인정하는 결과를 가져온다. 자율주행자동차의 운행과 관련하여 과실이 갖는 의미가 현저하게 축소된다는 점을 고려하면 자배법상 손해배상의 범위와 관련하여 개정이 반드시 이루어져야 한다. 이를 위하여 승객과 비승객, 그리고 인적 손해와 물적 손해에 대한 책임의 근거를 통일시키되 가해자의 부담을 완화시켜 주기 위해서 책임한도액의 설정, 자율주행자동차에 대한 보험제도 개발 등을 고려할 수 있다.

한편, 타인성 개념은 현행 자배법상에서처럼 자율주행자동차 시대에도 그대로 유지할 수 있다. 자배법은 본래 피해자가 아닌 손해배상책임의 주체를 보호하는 데 목적을 두고 있지 않으며, 보유자를 보호할 필요가 예외적으로 발생하더라도 자배법이 아닌 제조물책임법에 기초해서 손해를 배상받을 수 있는 길이 열려 있기 때문이다.

셋째, 민법은 특별법인 제조물책임법 및 자배법과 달리 자율주행자동차를 직접적으로 규율하지 않기 때문에 개정의 대상이 되지 않는다고 생각할 수 있다. 그러나 실제로는 그렇지 않다. 제조물책임법과 자배법 모두 손해배상책임과 관련하여 민법을 준용하기 때문에 민법 제763조(제393조)에 따라 손해를 통상손해와 특별손해로 구분하게 된다. 그러나 자율주행자동차의 경우 가해자가 그 사정을 알았거나 알 수 있었을 때에 한하여 배상책임을 부담하는 특별손해의 인정은 자율주행자 운행에 전혀 부합하지 않는 법규범이다. 특별손해를 인정하는 것은 운행지배가 없는 보유자에게 손해발생의 사정과 관련하여 실질적으로 과실을 요구함을 의미하기 때문이다. 그러므로 이와 관련해서는 민법을 준용하지 않고 특별법에서 별도의 규정을 마련하는 것이 필요하다.

기술의 발전 속도와 법제도의 발전 속도 사이에 격차가 존재하는 것은 새로운 현상이 아니다. 기차가 빠르게 보편화되던 19세기 중후반 법률가들은 기존의 과실책임주의에 대한 예외를 인정할 필요성을 놓고 오랫동안 논쟁을 벌였다. 이후 20세기 중반 자동차가 일반대중에게 본격적으로 보급되면서 위험책임으로서 제조물책임의 도입이 뜨거운 이슈가 되었다. 이처럼 인류의 역사를 보면 과학 기술이 눈부신 발전을 보이면서 일반인들의 일상생활에 큰 영향을 미칠 때마다 이런 변화를 반영하고 규율해야 할 법제도는 기껏해야 더딘 걸음으로 뒤따라갔을 뿐이다. 비록 입법과정의 특성상 어쩔 수 없는 부분이 있다고 하더라도 과학기술의 발전 속도가 계속해서 빨라지고 있는 21세기에는 그 격차를 최소화하기 위한 노력이 절실하다. 특히 자율주행자동차의 상용화가 아주 먼 미래의 일이 아니라는 점을 감안할 때 이에 대한 대비가 하루 빨리 이루어져야 한다. 우리나라가 자율주행자동차 시장에서 후발주자이긴 하지만 국내기업들도 기술개발에 박차를 가하고 있을 뿐만 아니라 자율주행자동차 기술에서 앞서가는 해외자동차제조사들이 국내시장 진출을 모색하고 있다는 점에서 법제도의 기반을 마련하는 데 기다릴 수 있는 시간이 많지 않다. 우리는 현행 법제도가 앞으로 자율주행자동차 시대가 도래할 경우 새로운 환경을 제대로 규율할 수 있는지, 어떤 제도적 변화가 요구되는지 더 적극적으로 논의할 필요가 있다. 그런 의미에서 이 글이 그러한 논의에 조금이라도 기여할 수 있길 기대한다.

자율주행자동차의 등장과 공법의 변화

박종수*

I. 서 론

오늘날의 도로교통은 매우 근본적인 변화 앞에 놓이게 될 것이다. 즉, 사람에 의해 조종되는 자동차로부터 자율적으로 운전되는 로봇자동차로의 이전이 그것이다. 우리는 이것을 이른바 '자율주행차' 또는 '자율주행자동차'라고 부른다. 4차산업혁명 시대라 불리는 요즘 이러한 변화는 어느 날 갑자기 찾아오는 것이 아니라, 이미 오래전부터 승용자동차 및 화물자동차에 반자율적으로 기능하는 에어백이나 안티브레이크시스템 장착 등의 형태로 시작되었다. 오늘날엔 반자율적 주차보조, 차선유지 및 교통체증보조 등이 등장했다. 나아가 가까운 미래에는 자동차에 대한 통제를 자율적으로 운행, 정지 및 추월할 수 있는 자동시스템에 맡기는 것이 기술적으로 가능한 시대가 올 것이다. 이러한 발전의 이상적 및 기술적 종착점은 인공지능 로봇자동차로서, 이제 승객은 스스로 운전하지 않아도 말이나 제스처로 원하는 목적을 달성할 수 있어서 원하는 대

---

* 고려대학교 법학전문대학원 교수, 법학박사.

로 교통흐름을 관찰하거나 책을 읽고 휴식을 취하거나 또는 잠을 청할 수도 있게 될 것이다.[1]

이러한 자율주행 관련 기술발전의 사회적 효과는 대체적으로 긍정적인 것으로 평가할 수 있다. 가령 먼저 들 수 있는 장점은 교통사고의 획기적인 감소이다. 도로교통에서 일어나는 대다수의 교통사고는 인간의 잘못으로 귀착된다. 기술이 성숙하면 기계는 비교가 안 될 만큼 더 안전하게 운전할 것이다. 이러한 상황은 이미 오늘날 느낄 수 있는바, 전 세계적으로 교통사고로 인한 사망이 현격히 줄고 있는 것은 많은 부분 에어백 및 안티브레이크시스템과 같은 반자율적 요소의 도입에 기인한다고 보고되고 있다. 자율적 또는 반자율적 시스템의 도입에 따라 매년 도로교통 사망사고는 멀지 않아 더욱 현격히 줄어들 것임을 예상할 수 있을 것이다.

둘째로 자동차에 있어서 자율기능의 증가는 노인 및 장애인의 이동성(Mobilität)을 증가시킬 것이다. 이를 통해 그들 중 많은 수가 더 강화된 계속적 이동수단을 통해 공적인 삶에 다시 참여할 수 있는 기회를 얻을 수 있게 된다.

셋째로 반자율 또는 완전자율 자동차는 에너지 효율성의 증대는 물론, 대도시의 원활한 교통흐름에도 기여할 것이며, 이는 다시 교통체증으로 인한 시간낭비나 환경침해를 현격히 줄이는 효과도 가져올 것이다.

그러나 이러한 기술의 발달과 새로운 시스템의 도입에 따른 자동차문화의 변화는 아직 많은 법적 문제를 안고 있고, 이러한 문제들의 해결을 위하여 법학은 이전에 없던 새로운 도전에 직면하고 있다. 그중에는 제조물책임이나 책임보험 등 민사법적 문제도 있지만, 무엇보다 「자동차관리법」이나 「도로교통법」과 같은 행정법규(허가법규 또는 행위법규)와

---

1 Wisselmann, "Technische Fahrzeugentwicklung – Hochautomatisiertes Fahren ab 2020?", in: Hilgendorf/Hötitzsch/Lutz(Hrsg.), *Rechtliche Aspekte automatisierter Fahrzeuge*, 2015, S. 11 f.

관련한 행정법적 문제들이 많이 도사리고 있다. 그리고 이러한 행정법규의 근저를 이루고 있는 헌법적 가치의 문제도 점검을 요한다. 행정법규의 해석 및 적용에 있어서 헌법은 헌법합치적 해석을 통해 부단히 행정법규와 교감을 가지기 때문이다. 자율주행자동차의 도입 및 상용화와 이를 통한 미래 자동차문화의 획기적인 변화를 위해서는 민간과 산업에서의 투자뿐 아니라 정부차원에서의 지원과 배려가 절실한데, 무엇보다 법제적 측면에서 장애요소를 파악하여 선제적으로 제거해 주는 것이 필요하다. 이미 각국은 이러한 노력을 경주하고 있는데, 독일을 비롯한 유럽연합에서도 아직 자율주행자동차의 등장에 따른 명확한 법제도 마련이라는 과제를 완벽하게 달성한 나라는 없다. 다만 국가적 차원에서 자율주행시스템의 개발 및 활용에 대해 구체적으로 연구를 진행한 것은 미국 국방부 DARPA(Defence Advanced Research Projects Agency)의 "DARPA Grand Challenge 2005"와 "DARPA Urban Challenge 2007"이다. DARPA는 자동 조종되는 육상이동체의 신속한 개발과 군사목적의 이용을 위하여 창설되어 운영되었다.

본 연구에서는 이러한 배경에서 국내에 자율주행자동차가 도입 및 상용화되어 미래 자동차문화의 획기적인 변화를 이끌기 위하여 제기되는 공법적 이슈들을 점검하여 필요한 법제개선방안을 제시하는 것을 목적으로 삼고자 한다.

II. 자율주행자동차와 관련한 헌법적 고찰

1. 자율주행자동차의 의의

전통적인 자동차와 ICT의 융합의 산물인 자율주행자동차의 의미에 대하여는 아직 확립된 개념정의가 존재하지는 않는다. 이런 상황에서는 단지 전통적인 자동차의 개념과 비교하여 일반적으로 사람들이 머릿속에 상상하는 자율주행자동차의 모습을 묘사할 수밖에 없는데, 일반적으로는 자율주행자동차란 운전자의 개입 없이 주변환경을 인식하고 주행상황을 판단하여 차량을 제어함으로써 스스로 주어진 목적지까지 주행하는 자동차를 말한다고 설명한다.

　이러한 의미의 자율주행자동차는 2020년 이후에나 온전한 모습으로 우리 앞에 나타날 것으로 예상되는데, 이와 비슷하면서도 구별하여야 할 개념들이 몇 가지 있다. 우선 무인자동차는 여기서 말하는 자율주행자동차와 구별되어야 하는데, 자율주행자동차는 운전자의 탑승 여부보다 차량이 완전히 독립적으로 판단하고 주행하는 자율주행기술에 초점을 맞추는 것이라는 점에서 양자는 상이하다. 또한 자율주행자동차는 정보통신 연동형 자동차(일명 '커넥티드카')와도 구별되어야 하는데, 커넥티드카는 정보통신기술을 자동차와 융합하여 양방향 인터넷 서비스 등이 가능한 차량으로서 네트워크 연결이 핵심을 이룬다. 한편 자율주행자동차는 전기자동차와도 구별되어야 한다. 전기자동차는 자동차의 연료계통을 혁신하여 종래의 화석연료가 아닌 충전된 전기에 의하여 자동차를 구동하도록 하여 환경에 유해한 배기가스를 축소하거나 제거하는 데 주안점이 두어져 있다.[2]

　결국 자율주행자동차는 사람을 대신하여 인공지능로봇이 주변환경을 스스로 인식하고 주행상황을 스스로 판단하여 정해진 목적지까지 자동차를 주행한다는 점에서 최신의 자동차 기술과 ICT기술이 융합 및 총망라된 종합체라는 점에서 미래 신성장동력의 하나로 중요하게 각광을 받고 있다. 우리나라도 독일과 마찬가지로 2020년을 목표로 자율주행자동차의 상용화를 위하여 민관이 함께 노력하고 있다.

　이러한 자율주행자동차의 도입 및 확산과 관련한 행정법적 측면을 검

2　강소라, "자율주행자동차 법제도 현안 및 개선과제", KERI Brief 16-21(2016.8.24), 3면.

토함에 있어서는 그와 관련한 행정법규들의 헌법적 기초 또한 면밀히 검토하는 것도 필요하다. 행정법규는 헌법의 이념을 실현하고 구체화하는 기능을 가지며, 행정법규의 해석에 있어서는 헌법합치적 해석이 필요하다는 점에서도 이 점은 명확해진다. 특히 자율주행자동차 관련 행정법규를 제정하거나 개정하는 경우 해당 입법의 방향과 구체적 내용을 정함에 있어서도 헌법적 정신 및 이념과의 부합여부를 검토하여 반영하는 것은 매우 의미 있는 일이라고 할 것이다. 이하에서는 먼저 자율주행자동차의 헌법적 근거를 찾을 수 있는지 여부와 헌법상의 기본권보장과의 관련성을 중심으로 몇 가지 쟁점으로 나누어 살펴보기로 한다.

2. 자율주행자동차의 헌법적 근거

자율주행자동차의 헌법적 근거를 어디서 찾을 수 있는가? 헌법이 특별히 규정하는 헌법기관이나 헌법정신 또는 기본권에 관한 것이 아닌한 어떤 특정한 사항의 헌법적 근거를 헌법문언에서 직접 찾아내기란 쉽지 않다. 하물며 자율주행자동차와 같은 미래 신기술에 관한 사항은 그 직접적인 헌법적 근거를 찾기는 어렵다. 그러한 용어를 헌법문언에서 직접 찾아보는 것이 어렵기 때문이다.

그러나 헌법이론적으로 접근해 보면 자율주행자동차와 관련한 헌법적 근거를 전혀 찾을 수 없는 것은 아니다. 즉, 기본권적으로 볼 때 사업자의 입장에서 보면 기술에 관한 연구활동은 학문의 자유 또는 연구의 자유에 의하여 보호된다고 볼 수 있으며, 이미 개발된 기술은 원칙적으로 특허등재 등의 수단을 통해 재산권(헌법 제23조)적 보호를 받는다고 말할 수 있다. 한편 소비자의 측면에서 보면 소비자에 의한 그러한 기술의 이용은 우리 헌법이 보장하는 일반적 행동의 자유 또는 행복추구권의 보호영역에 속한다고 볼 수 있다.[3]

또한 이러한 헌법에 명시적으로 열거된 기본권 외에도 헌법 제37조

제1항은 "국민의 자유와 권리는 헌법에 열거되지 아니한 이유로 경시되지 아니한다"고 규정하고 있는데, 자율주행자동차와 관련하여 필요할 수 있는 기타의 헌법적 가치나 권리 등도 비록 열거되어 있지 않아도 헌법상 보장되고 있다고 보아야 하며, 국가는 이를 존중할 의무가 있다고 말할 수 있다.

여하튼 자율주행자동차와 관련하여 헌법적 근거가 결여되어 있다는 지적은 이러한 점들을 고려할 때 설득력이 없다는 것을 알 수 있다. 그러나 이러한 헌법적 근거를 찾는 노력보다 더 중요한 것은 헌법을 구체화하는 개별법률 단계에서 자율주행자동차와 관련한 법체계가 과연 또는 어느 정도나 완비되어 있느냐의 문제가 실제적으로는 더 중요하다고 판단된다. 하지만 현시점에서 평가할 때 법은 아직 자율주행자동차와 관련하여서는 지금까지 그렇게 충분한 준비가 되어 있는 것 같지는 않다. 제기되는 문제영역은 도로교통법을 넘어 민사책임법 및 보험법과 형법에 미치고 나아가 제조물책임과 정보보호법에까지 미친다. 자율주행자동차와 관련하여 제기되는 문제들은 매우 다양하고 또한 복잡하며, 단순한 적용 문제는 물론 법학적 기초문제도 포함한다. 이를 해결하기 위해서는 한편으로 기존의 규범체계를 확장해석하여 이에 포섭시키는 것이 필요할 수도 있고, 다른 한편으로는 새로운 기술과 이에 근거하는 사업모델이 법의 회색지대로 추방되거나 또는 법적으로 금지되는 것이 되지 않도록 하기 위해서는 입법론적으로 광범위한 법개정이 필요할 수도 있다. 향후 헌법하위 법령단계에서의 법적 규율을 좀 더 세밀하고 밀도 있게 마련하는 작업에 이론과 실무의 노력이 더 경주될 수 있기를 기대하는 것도 이러한 점 때문이다. 이 점에 대해서는 이하에서 다시 논의하기로 하고 여기서는 헌법적 쟁점과 관련하여 국가의 기본권보호의무

---

3 헌법재판소는 헌법 제10조에서 규정하고 있는 행복추구권에서 국민의 일반적 행동의 자유가 보장된다고 보고 있다. 이에 대해서는 헌법재판소 2001.2.22. 선고 99헌마613 결정(전원재판부) 참조.

침해 문제와 인간의 존엄 침해 문제에 초점을 맞추어 간략히 검토해 보기로 한다.[4]

3. 국가의 기본권보호의무 침해 여부

자율주행자동차 기술의 발전 및 확산과 관련하여 그 자체가 국가의 기본권보호의무를 침해하는 것인지 여부가 검토를 요할 수 있다. 만약 그렇다면 기본권이나 인간의 존엄과 같은 헌법적 대전제로부터 여기서 문제되는 기술의 발전에 대한 한계가 나오는 것은 아닌지 살펴보아야 하기 때문이다.

기본권은 국가작용에 대한 단순한 방어권만을 의미하는 것이 아니라, 객관적·법적 차원 또한 가지고 있다는 것이 오늘날 일반적으로 받아들여지고 있다(기본권의 이중적 성격). 이러한 기본권의 객관적·법적 차원으로부터 인간다운 삶이나 신체의 불가침성과 같은 핵심적 법익에 대한 국가의 보호의무가 도출될 수 있다.

이러한 법리를 기술과 관련하여 적용하면 새로운 기술이 유해한 효과를 가져올 수 있는 가능성으로부터 국가가 보호해야 할 의무는 무엇보다도 기본권의 객관적 측면으로부터 도출할 수 있다. 이는 특히 높은 위해의 잠재성을 지닌 기술에 있어서 더욱 그러하며, 이는 다시 국가는 핵심적 법익을 현저하게 위태롭게 하는 기술의 발전을 함부로 수인하거나 진흥해서는 안 된다는 것을 의미한다.

그렇다면 자율주행자동차와 관련한 도로교통 기술의 발전과 확산은 도로교통을 더 위태롭게 해서는 아니 되고 오히려 더 안전하게 하여야 한다는 전제 아래에만 논의가 가능하게 된다. 물론 완전한 안전성이란

---

4 Hilgendorf, "Teilautonome Fahrzeuge: Verfassungsrechtliche Vorgaben und rechtspolitische Herausforderungen", in: Hilgendorf/Hötitzsch/Lutz(Hrsg.), *Rechtliche Aspekte automatisierter Fahrzeuge*, 2015, S. 17 f.

달성하기 어렵다. 그러나 자율주행자동차가 가지는 여러 가지 장점에서
보는 바와 같이, 비록 향후 기대되는 반자율 및 완전 자율주행자동차의
등장과 확산이 도로교통상의 새로운 위해원인을 발생시킨다 하더라도,
이러한 새로운 시스템은 도로교통을 이전에 비해 획기적으로 안전하게
만들 것이라는 점은 분명할 것으로 보인다. 따라서 자율주행자동차의
발전과 도입을 수인하고 적극적으로 지원하는 것이 헌법이 보장하는 기
본권들로부터 도출되는 국가의 보호의무를 침해할 것이라는 결론을 바
로 도출할 수 있는 것은 아니다.

　도로교통이 과거로부터 철저하고 상세하게 법적으로 규율되고 있고
이로부터 나오는 위해가 지속적인 국가의 통제하에 놓이고 있는 것도
그리 놀라운 일은 아니다. 도로교통과 관련하여 흔히 하는 '교통의 안전
과 원활'이라는 말은 교통안전과 이동성 보장이라는 국가의 이중적 과
제를 여실히 보여 준다 할 것이다.

　자율 또는 반자율 자동차와 관련한 연구는 원칙적으로 자유로우며 심
지어 기본권적으로 보호된다. 그러나 자율주행자동차의 연구와 도로에
의 투입은 그에 내재해 있는 위해잠재성(Gefahrenpotenzialität) 때문에
처음부터 법의 테두리 내에서 이루어지고 있으며, 이러한 법이 추구하
는 과제는 새로운 자동차로부터 만약의 경우 생길 수 있는 위해를 억제
하고 손해가 발생할 경우 분쟁을 해결하고 필요한 적절한 보상규정을
마련하는 것이다. 그러나 기술과 법은 마치 토끼와 거북이처럼 상호 경
주하는 관계에 있다. 기술은 법보다 빠르게 발전하지만, 기술은 끝내 법
을 따돌리지는 못한다. 법은 어느새 기술 앞에 있기 마련이기 때문이다.

　자율주행자동차와 관련한 법적인 논의에 있어서 진흥과 규제의 이중
주를 이해함에 있어서는 상기와 같은 기본권적 측면에서의 논의가 좋은
시사점을 줄 수 있을 것이다.[5]

5　Hilgendorf, "Teilautonome Fahrzeuge: Verfassungsrechtliche Vorgaben und
　rechtspolitische Herausforderungen", in: Hilgendorf/Hötitzsch/Lutz(Hrsg.),

4. 인간의 존엄 침해 여부

그 다음으로 헌법 제10조가 행복추구권과 함께 규정하고 있는 인간의 존엄으로부터 도로교통의 지속적인 자동화에 대한 반대논거가 도출되는 것은 아닌지 검토를 요한다. 1950년대에는 사람인 운전자에게 빨간 신호등(즉, 기계) 앞에서 정지하라고 법적으로 의무지우는 것은 운전자의 인간의 존엄에 대한 침해라고 주장된 바 있다고 한다. 그러나 이러한 견해는 오늘날 당연히 그 설 자리를 잃었다. 자율주행기술이 상용화를 위해 달리고 있는 오늘날 문제는 전혀 새로운 곳에서 제기된다. 즉, 반자율 또는 자율주행자동차로의 발전은 인간을 도로교통에 있어서 행위주체로서의 역할로부터 축출하고 이전에는 인간에게 유보되어 있었던 판단과 결정이 이제는 기계가 대신하는 시대가 된 것이다.

그러나 자율주행자동차가 등장하고 그에 따라 기계가 인간이 할 일을 대신하게 된다고 해도 이러한 상황이 인간의 존엄을 침해한다고 보려는 것은 잘못된 것이다. 인간의 존엄 보장은 기술적 보수주의나 기술적대주의의 보루(Bollwerk)가 아니다. 헌법상의 인간의 존엄 조항의 임무는 오히려 인종차별주의에 기인하는 대량학살, 노예제도 및 고문과 같은 인간성의 핵심에 대한 극도의 침해행위로부터 보호하는 최후의 보호벽으로서의 역할에 있다. 도로교통에서의 인간의 행위자로서의 역할을 제한하는 것은 아무리 후하게 보아도 이러한 부류에 해당한다고 볼 수는 없다. 자동차 기술의 발전을 통해 레벨3 이상의 자율주행자동차가 등장하고 이로 인해 자동차이용자가 더 이상 도로교통에 있어서의 1차적 책임주체가 아닐 수 있다는 사실도 기본권침해, 특히 인간의 존엄 침해라고 평가될 수는 없다. 새로운 기술과 헌법상의 인간의 존엄 보장 간의 충돌이란 존재하지 않는다고 보아야 한다.

Rechtliche Aspekte automatisierter Fahrzeuge, 2015, S. 19 f.

5. 신기술의 이용강제 가능성

더 재미있는 문제는 개인이 어느 날 갑자기 자율주행자동차와 관련한 새로운 기술을 이용하도록 법적으로 강제하는 것이 가능하겠는가라는 의문이다. 반자율 및 완전자율자동차나 커넥티드카의 도입은 도로교통을 이전보다 획기적으로 안전하게 만들 것이라는 전제로부터 출발하면, 도로교통의 안전성은 그와 같은 반자율 또는 완전자율 승용자동차나 화물자동차가 증가할수록 그 증가율이 증대될 것임을 쉽게 추측할 수 있다. 이는 역으로 말하면 기존의 구식 자동차들은 자율주행자동차와 같은 해당 기술이 없이는 점점 더 수인하기 힘든 위해원인으로 될 수밖에 없음을 의미한다. 그렇다면 국가는 법률로써 그와 같이 충분히 갖추어지지 않은 자동차를 이용하는 것을 제한하거나 심지어 완전히 금지할 수 있을까?

이 문제는 반자율 또는 완전자율주행자동차와 관련해서는 아직까지 긴급한 문제는 아니다. 그러나 이 문제는 다른 현대적인 자동차기술에도 바로 전이되어 논의될 수 있다. 국가는 교통의 안전과 용이성을 증진하기 위하여 계속적 이동수단을 자유로이 선택할 시민의 자유를 제한할 수 있을까?

생각건대 우리 헌법이 보장하고 있는 기본권에는 거주이전의 자유뿐 아니라 이동의 자유도 포함된다고 보아야 한다. 또한 국가가 이러한 주관적 권리를 제한함에 있어서는 비례성 원칙 등 기본권 제한의 한계원리를 준수하여야 할 것이다. 그리고 이러한 보호는 반자율 또는 완전자율자동차뿐 아니라 이러한 신기술을 갖추지 못한 기존의 구식 자동차에 대해서도 보장된다고 보아야 한다. 어쩌면 신기술을 전혀 갖추지 못한 재래식 자동차도 빈곤층이나 산간벽지 등에서는 보편적인 이동수단으로서 비용을 들여서라도 계속 존재하여야 할 필요성도 있을 것이다. 따라서 만약 국가가 자율기능과 같은 신기술을 갖추지 못한 구식 자동차

를 금지하는 조치를 강구하고자 할 때에는 이를 정당화할 충분한 근거
를 갖추어야 하는 것이다.[6]

6. 소 결

이상 헌법적 시각에서 자율주행자동차의 등장에 따라 제기될 수 있는
몇 가지 쟁점들을 짚어 보았다. 자율주행자동차는 이를 개발하는 주체
와 이를 이용하는 주체와 관련해서는 우리 헌법이 보장하는 기본권의
테두리 내에서 그 근거와 정당성을 찾을 수 있다. 아울러 과거 인간운전
자가 수행하던 주행 관련 업무를 기계가 대신 수행하게 되더라도 이것
이 인간의 존엄을 침해하는 것도 아니며, 아무리 신기술이 편리하고 안
전성이 증대된다고 하더라도 재래식 자동차를 완전 대체하여 신기술이
적용된 자율주행자동차만 이용하도록 법으로 강제하는 것도 정당하지
않음을 알 수 있었다.

결국 향후로는 자율주행기술의 발전단계에 따라 인간과 기계가 공존
하는 상황이 야기될 것이며 그러한 상황이 종래 인간 중심의 법체계와
여하히 부합할 수 있는지, 부합하기 위하여는 어떤 개선이 필요한지 등
을 논의하여야 할 필요성이 제기됨을 알 수 있다. 이하에서는 이러한 헌
법적 검토를 통해 현행 법체계 내에서 자율주행자동차가 어떻게 구현되
고 있으며 어떤 개선점이 있는지를 행정법적 시각에서 살펴보고자 한
다.

---

6 Hilgendorf, "Teilautonome Fahrzeuge: Verfassungsrechtliche Vorgaben und
   rechtspolitische Herausforderungen", in: Hilgendorf/Hötitzsch/Lutz(Hrsg.),
   Rechtliche Aspekte automatisierter Fahrzeuge, 2015, S. 20 f.

Ⅲ. 자율주행자동차 관련 국제규범의 변화와 시사점

자율주행자동차와 관련한 도로교통 관련 행정법규의 규범적 체계는 크게 행위법체계와 허가법체계로 나누어 볼 수 있다. 행위법체계는 도로에서 자동차를 운전하는 운전자와 관련하여 요구되는 각종 작위 또는 부작위의무를 규율하는 것으로서 공공의 안녕과 질서 유지에 주안점을 둔 체계이고, 허가법체계는 자동차가 제작되어 도로에 나아가기 위해 필요한 인허가 등 사항을 규율하는 체계로 되어 있다. 전자에 대해서는 도로교통법이 그 주요한 근간을 이루고 있고, 후자에 대해서는 자동차관리법이 주요한 근간을 이루고 있다. 그런데 이들 행위법 및 허가법 체계는 국제규범인 「도로교통에 관한 비엔나협약」에 근거를 두고 있으며, 국내규범인 도로교통법과 자동차관리법은 이러한 비엔나협약의 정신을 국내법에 반영하고 구체화하는 관계에 있기 때문에, 자율주행자동차와 관련한 국내법 규범을 검토함에 있어서는 기본적으로 그 근간이 되는 비엔나협약 등 국제규범을 먼저 검토하는 것이 전제되어야 한다. 아울러 비엔나협약에 가입한 국가들은 대부분 유럽연합에 속한 국가들이기 때문에 관련하여 유럽연합의 도로교통 관련 규범체계와의 관계도 간략히 검토해 보고 그로부터 우리 법제에 도움이 될 만한 시사점을 도출해 보기로 한다.

1. 「도로교통에 관한 비엔나 협약」

(1) 개관 및 협약상의 의무

「도로교통에 관한 비엔나 협약」은 독일, 러시아 등 유럽연합(EU) 국가들을 포함하여 75개 국가가 가입한 국제법상의 조약으로서,[7] 비엔나협약 그 자체는 체약국 국내에 대하여 직접적인 효력을 발휘하지는 않

는다. 다만, 체약국들은 다음과 같은 협약상의 의무를 지기 때문에 체약
국들의 국내입법자는 도로교통 관련 입법을 함에 있어서 비엔나협약이
규율하는 바를 반드시 고려하여야 한다.

- 체약국 국내에 효력을 발하고 있는 교통규정은 그 내용에 있어서 협
약이 추구하는 바에 부합하여야 한다(협약 제3조 제1항).
- 각 체약국의 국내 허가규정은 최소한 부록5에 규정된 기술적 요건에
부합하여야 한다(협약 제3조 제2항 a목).
- 체약당사국은 국경을 넘는 교통에 있어서 협약에 따라 허용되는 자동
차가 자국의 영역에 들어오는 것을 가능하도록 하여야 한다(협약 제3
조 제5항).

자동차 및 도로교통과 관련한 규범체계는 이러한 구조하에 있기 때문
에 만약 자율주행자동차가 이러한 비엔나협약과 부합하지 않다면, 자율
주행자동차는 이러한 협약상의 의무에 근거하고 있는 국내법과도 부합
할 수 없게 될 것이다. 따라서 자율주행자동차와 관련하여 비엔나협약
이 어떤 문제가 있을 수 있는지에 관한 논의가 전제될 필요가 있다.

(2) 자율주행자동차와 관련해 문제되는 협약상의 규정

자율주행자동차 및 주행보조시스템과 관련하여 비엔나협약에서는 지
금까지 다음의 두 가지 조문이 문제되는 것으로 지적되어 왔다.

제8조(운전자) ① 모든 차량 및 상호 연결된 차량은 운행 중에 있을 때 운전자
가 있어야 한다.
③ 모든 운전자는 필요한 신체적·정신적 능력을 갖추고 있어야 하며, 자동차
운행에 적합한 신체적·정신적 상태에 있어야 한다.

---

7 한국은 협약가입국은 아니지만 이를 국제규범으로 승인한 국가에 속한다.

⑤ 모든 운전자는 계속적으로 자신의 자동차를 지배하거나 자신의 동물을 조종할 수 있어야 한다.

제13조(속도 및 차간거리) ① (1문)모든 차의 운전자는 어떠한 상황하에서든 주의의무를 다할 수 있기 위하여 및 상시 자신에게 의무가 있는 차량움직임을 수행할 수 있는 상태에 있기 위하여 자신의 차를 지배하여야 한다. (2문)운전자는 자신의 차의 속도를 선택함에 있어서는 전방으로부터 예측할 수 있는 차로 범위내에서 및 모든 예견할 수 있는 장애물 앞에서 자신의 차를 정지할 수 있기 위하여 상시 주변상황, 특히 장소적 관계, 도로상황, 차의 상황과 적재물, 일기와 기상 및 교통량 등을 고려하여야 한다. (3문)운전자는 차를 천천히 운전하여야 하며, 필요한 경우에는 시야가 좋지 않은 등 주변상황이 요구하는 경우에는 즉시 차를 정지하여야 한다.

양 조문을 대충 일견하여 보더라도 인간 운전자의 존재를 전제로 하기 때문에 자율주행자동차는 이러한 규정이 요청하는 바에 부합할 수 없다는 것을 분명히 알 수 있다.[8]

자율주행자동차를 단순히 관념적으로만 생각하는 입장에서는 비엔나 협약 제8조 제1항의 운전자 요건에서부터 자율주행자동차는 이를 충족하지 못한다고 볼 여지가 있다. 실제로 그러한 주장을 하는 입장도 보인

---

8 이처럼 자율주행자동차와 관련하여 가장 문제되는 조문은 협약 제8조와 제13조인데, 이들 규정은 행위법적 내용만을 규정한다고 볼 것인지, 아니면 허가법적 사항도 관련한다고 볼 것인지 해석의 문제가 제기될 수 있다. 일각에서는 협약 제8조와 제13조는 협약의 제2장 교통규정에 위치해 있는 반면, 기술적 허가요건은 협약에서는 부록5에만 규정되어 있을 뿐, 협약 자체에는 자율주행에 배치될 수 있는 어떠한 (허가)요건도 규정하는 바가 없고, 협약 제8조와 제13조는 운전자의 의무에 대해서만 명시적으로 규정하고 있는 점에서 허가법적 문제제기에는 전혀 적용할 수 없다는 견해가 주장된다(이른바 분리이론). 그러나 다수의 견해는 협약 제8조와 제13조 제1항은 본래 행위법적 사항을 담는 규정들이긴 하지만 자율주행차의 허가법적 문제를 검토함에 있어서도 함께 고려될 필요가 있다고 보고 있다.

다. 그러나 자율주행자동차가 비엔나협약과 부합하는지 여부의 검토에 있어서는 제8조 제1항의 단순 운전자 요건보다는 협약 제8조 제5항 및 제13조 제1항 1문에서 요구하는 자동차 지배에 따라 검토해 보아야 한다는 것이 다수의 입장이다. 이에 따르면 운전자는 자신의 자동차를 상시 지배하여야 하며, 어떠한 상황하에서든 자신에게 의무가 있는 차량 움직임을 수행할 수 있는 상태에 있기 위하여 필요한 모든 주의의무를 다하여야 한다. 이를 자율주행자동차에 적용해 보면 동적 주행과 관련한 주도적인 영향력을 인간 운전자가 수행하여야 하는 레벨0에서부터 레벨2까지는 비엔나협약과 나름 부합한다고 말할 수 있지만, 동적 주행과 관련한 주도적인 역할을 시스템이 수행하여야 하는 레벨3부터는 비엔나협약과 부합한다고 말하기 어려울 수 있다.

개인적으로도 비엔나협약과 자율주행자동차의 부합 여부를 검토함에 있어서는 단순히 협약 제8조 제1항의 운전자 존재요건에만 천착하여 논의하기보다는 제8조 제5항과 제13조 제1항 1문과 관련하여 검토하는 것이 타당하다고 본다. 그렇게 볼 경우 레벨3 이상의 자율주행자동차는 비엔나협약과 부합하기 어렵고, 비엔나협약과 부합하지 않은 이상, 조약변경이 없는 한 협약에 참여한 각국은 협약상의 의무 때문에 자동화된 자동차를 허용할 국내법개정을 감행할 수도 없다. 이러한 점에서 비엔나협약의 개정논의가 수면위로 등장한 것이다.[9]

(3) 협약의 개정 및 개정규정의 평가

비엔나협약의 개정제안은 독일, 프랑스, 이탈리아, 오스트리아 및 벨기에에 의하여 이미 제출되었으며, 2014년 초 비엔나협약의 개정을 위탁받은 유엔유럽경제위원회(UNECE: United Nations Economic Comission for Europe)의 도로교통안전에 관한 글로벌 포럼(WP.1)에 의하여 의결

---

9 Lutz, "Zulassung - eine Frage des Verhaltensrechts?", in: Hilgendorf/Hötitzsch/
   Lutz(Hrsg.), *Rechtliche Aspekte automatisierter Fahrzeuge*, 2015, S. 35 f.

(결정)되었다. WP.1는 협약체약국의 대표들로 구성되어 있기 때문에, WP.1의 결정은 보통의 경우 그대로 받아들여진다. 그 결과 비엔나협약 개정안은 큰 문제 없이 통과되고 2016년부터 발효되고 있다. 개정안은 비엔나협약 제8조에 새로운 제5bis항을 신설하고, 제39조 제1항에 3문을 추가하는 안이었다.

제8조 제5bis항

(1문) 자동차가 운행되는 방식에 영향을 미치는 자동차 시스템은 바퀴구동 자동차 및 바퀴구동 자동차에 부가되거나 사용될 수 있는 장비 및 부품에 관한 국제규범(예컨대 1958년 ECE협약 및 1998년 GTR협약)에 따른 구조, 형식 및 성능 요건과 부합하는 한, 본 조 제5항 및 제13조 제1항과 부합하는 것으로 본다. (2문) 자동차가 운행되는 방식에 영향을 미치는 자동차 시스템 및 위에 언급한 자동차의 구조, 형식 및 성능에 관한 요건과 부합하지 아니하는 자동차 시스템은, 운전자가 오버라이드할 수 있거나 전원차단될 수 있는 경우 본 조 제5항 및 제13조 제1항과 부합한 것으로 본다.

제39조 제1항

(1문) 국제적 교통에 있는 모든 모터 자동차, 모든 트레일러 및 모든 운송수단의 집합은 본 협약 부록5의 기술기준을 준수하여야 한다. (2문) 또한 잘 작동하는 상태에 있어야 한다. *(3문) 이러한 운송수단들이 본 협약 제8조 제5bis항에 의한 국제규범의 기술기준에 따른 구조, 형식 및 성능에 관한 요건에 부합한 시스템, 부품 및 장비와 조화된 경우에는 본 협약 부록5와 부합한 것으로 본다.*

개정규정은 협약 제8조에 새로이 제5bis항을 신설하고 제39조 제1항에 제3문을 추가하였는데, 양 개정조문은 공히 의제의 방법을 사용하여 자동화된 자동차가 비엔나협약에 부합할 수 있도록 하는 것이 특징이다.

먼저, 새로 추가된 비엔나협약 제8조 제5bis항은 1문에서 자동차 시스템이 ECE규칙과 같은 국제규범과 부합하면 위에서 특별히 문제되는 것으로 언급되었던 제8조 제5항과 제13조 제1항도 충족된 것으로 보도록 규정하고 있다. 그리고 비엔나협약 제8조 제5bis항 2문에 따르면 그러한 국제규범에 부합하지 않는 경우라도 자동차 시스템이 운전자에 의하여 오버라이드될 수 있거나 전원차단이 될 수 있는 때에도 비엔나협약 제8조 제5항 및 제13조 제1항에 부합한 것으로 의제된다. 다만, 이러한 의제의 효과에 대해서는 다음과 같은 몇 가지 점을 주의할 필요가 있다.

첫째, 제8조 제5bis항 1문은 2문과 비교하여 보면 자동차 시스템이 ECE규칙과 같은 국제규범에 부합한 이상 운전자에 의한 오버라이드나 전원차단이 불가능한 경우라 하더라도 제8조 제5항 및 제13조 제1항과 부합한 것으로 간주하도록 한다. 2문은 자동차 시스템이 ECE규칙과 같은 국제규범과 부합하지 않더라도 운전자에 의한 오버라이드나 전원차단이 가능하면 제8조 제5항 및 제13조 제1항과 부합한 것으로 간주하도록 하고 있다. 그러한 한에서 1문과 2문은 각각 나름대로의 적용영역을 가지게 되며, 유럽연합에 속한 국가들은 당연히 ECE규칙을 준수하여야 하므로 대부분 1문을 통하여 오버라이드나 전원차단에 상관없이 해당 자동차 시스템은 비엔나협약과 부합한 것으로 간주 받을 수 있을 것이며, 우리나라와 같이 유럽연합에 속하지 아니한 나라들은 ECE규칙을 준수할 의무는 없으므로 대부분 2문에 따라 운전자에 의한 오버라이드 가능성이나 전원차단 가능성 기준을 통하여 비엔나협약 제8조 제5항 및 제13조 제1항과의 부합여부를 판단받게 될 것이다.

둘째, 제8조 제5bis항은 의제함에 있어 제8조 제5항과 제13조 제1항만을 언급하고 협약상의 다른 조문들은 전혀 언급하고 있지 않다. 즉, 제8조에는 제5항 이외에도 제1항부터 제4항도 있고 또한 제6항도 있다. 그런데 개정조항은 제5항만을 지목하여 의제하였고, 제8조나 제13조 이외에 협약상의 다른 조문들도 전혀 언급하고 있지 않다. 이는 의문인 것처럼 보일 수 있으나 비엔나협약의 구조와 체계에서 그 이유를 찾아볼 수 있다. 즉, 이 두 조항은 그 명문의 문언이 보여 주는 바와 같이 운전자의 자신의 자동차에 대한 관계에 관한 특별규정을 포함하고 있다. 다른 모든 그 밖의 협약상 (최소한 자동차 관련) 요청사항은 논리필연적으로 운전자가 자동차를 지배한다는 점을 전제로 한다. 따라서 비엔나협약 제8조 제5항 및 제13조 제1항 1문은 비엔나협약상의 다른 조문들에 우선한다.

제8조 내에서도 각 항들은 일정한 적용우위의 관계에 있다. 즉, 제8조 제1항은 우선 무조건 운전자 1명은 있어야 됨을 규정하고 있는데, 제8조 제3항에 따르면 이 운전자는 육체적 및 정신적으로 자동차를 운행할 수 있는 상태에 있어야 하며, 제4항에 따라 필요한 지식과 능력을 갖추어야 하고, 제5항에 따라 자신의 자동차를 항상 지배하여야 한다. 끝으로 제8조 제6항은 운전자로 하여금 부수활동을 최소화하도록 요구하고 있다. 결국 이러한 요청사항들은 일련의 분명한 위계질서하에 놓여 있다. 즉, 앞에 있는 항은 각각 뒤에 오는 항의 요구사항의 요건을 규율하는 규정을 포함하고 있다. 따라서 예컨대 장래에 운전자가 존재하여야 한다는 요건이 포기된다면, 분명히 비엔나협약 제8조 제3항 및 운전자의 육체적 · 정신적 능력은 더 이상 중요하지 않을 것이다. 운전자가 이러한 육체적 · 정신적 능력을 가지고 있지 못하면, 그에게 제4항에 따라 필요한 지식과 능력을 제공하는 것은 의미 없거나 경우에 따라서는 불가능할 것이다. 운전자가 제4항에 따라 필요한 능력을 제대로 사용할 수 없으면, 그는 또한 자신의 자동차를 제5항에 따라 지배할 수도 없다. 운전자가 자신의 자동차를 지배하지 못하면, 그가 제6항에 위배하여 부수활동에 몰두하는지 여부는 아무런 역할을 못한다. 이처럼 어떤 자동차 시스템이 비엔나협약 제8조의 어느 항에 부합한다고 추정되면, 이러한 추정의 효력은 그 다음 항에도 미친다. 요컨대 비엔나협약 제8조 제5항 및 제13조 제1항은 운전자의 자신의 자동차에 대한 관계와 관련하여

비엔나협약의 다른 내용에 대하여 우선 적용된다. 따라서 이에 준하여 비엔나협약 제8조 제5bis항이 의제하는 것도 다른 협약상의 내용에 우선하여 적용되며, 그에 따라 비엔나협약 제8조 제5bis항은 1문 및 2문에 열거된 요건하에 원칙적으로 자율주행자동차에 탑승한 운전자의 부수활동도 가능하도록 한다.

셋째, 제8조 제5bis항은 제8조의 제5항만을 언급하고 제1항은 언급하지 않았다. 즉, 무조건 운전자 1명은 존재하여야 한다는 제1항의 규정이 언급되지 않음에 따라 제5bis항에 따른 의제범위에는 운전자가 없는 경우란 상정할 수 없는 것이다. 따라서 레벨3이후 단계의 자동화 자동차가 일정한 요건하에 제5bis항에 의하여 비엔나협약에 부합한 것으로 의제되기는 하지만 운전자가 전혀 없는 상태, 즉 무인 자율주행자동차의 경우는 제외되는 것이다. 결국 종전 비엔나협약의 개정에 의하여 허용되는 자율주행자동차는 운전자가 언제든지 유사시에는 오버라이드 하거나 전원을 차단할 수 있는 정도의 단계가 주내용이며 아직 이상적 단계의 자율주행자동차를 완전하게 허용한 취지는 아니라는 점을 알 수 있다.[10]

2. 자동차 허가에 관한 유럽법 규정

앞서 비엔나협약의 개정 과정에서 본 바에 의하면 ECE규칙 등 유럽연합 차원의 국제규범이 자주 등장한다. 따라서 비엔나협약을 검토함에 있어서는 이러한 관련 유럽법규범에 대한 검토 또한 필요하게 된다. 이하에서는 도로교통에 관한 유럽연합의 규범체계와 비엔나협약의 관계에 대하여 간략히 살펴보기로 한다.

---

10 Tom M. Gasser et al., "Rechtsfolgen zunehmender Fahrzeugautomatisierung", *Bericht der Bundesanstalt für Straßenwesen*, 2012, S. 54 f.

(1) 유럽연합지침 2007/46/EG

비엔나협약 이외에 유럽법 차원의 자동차 허가 등에 관한 사항을 규율하는 규범내용은 유럽연합지침 2007/46/EG에 담겨 있으며, 이른바 EG-자동차허가령(EG-FGV)에 의하여 회원국 국내법에 반영되었다. 특히 자동차의 주요한 기술기준에 대해서는 1차적으로 지침 2007/46/ EG가 원용하는 다수의 개별 지침에 담겨 있었는데, 그사이 이것들은 대부분 폐기되었고 ECE규칙의 의무적 적용에 의하여 대체되었다. 오늘날 ECE규칙은 지침 2007/46/EG 제34조 제1항에 따라 EU 고유의 지침과 동일한 조건으로 적용된다. EU에 의하여 채택된 규정의 전체 리스트는 지침 2007/46/EG의 부록4 제1장에 담겨 있다.

(2) ECE규칙

먼저 확인할 것은 자동화된 자동차를 위한 ECE규칙의 특별한 규정은 지금까지 존재하지 않는다는 점이다. 자동화된 자동차는 따라서 ECE규칙의 일반적인 요청에 따라서 판단되어야 하며, 이때 중요한 것은 특히 브레이크에 관한 ECE규칙 13-H와 조향장치에 관한 ECE규칙 79이다.

ECE규칙 13-H에서는 자동적으로 조종되는 브레이크가 명시적으로 언급되고 있는바, 그 결과 자동으로 조종되는 브레이크는 원칙적으로 허용되는 것이다. 유일한 제한적 요건으로서 제5.2.2.22.2항에 따르면 자동화된 브레이크에 있어서도 시간지체가 0.7㎳를 초과하는 즉시 브레이크등의 점등 신호가 켜져야 한다. 그 밖에는 부록8에 따른 개발 및 보고규정만 주의하면 된다. 결과적으로 브레이크의 허가에 관한 요건은 따라서 자동화된 자동차에 배치되지 아니한다.

그러나 모든 자동화된 자동차의 중요한 본질적 요소는 자동화된 조종이다. 그 허용성 여부는 ECE규칙 79에 따라 판단하여야 하는데, ECE규칙 79의 제1.2.2항에 따르면 이른바 자동화된 조종장치는 일반적으로 허용되지 않는다. 일반적인 이해와는 달리 제2.3.3항 1문은 자동조종장치에 대해 다음과 같이 정의하고 있다.

> 자동조종장치는 복잡한 전자적 조종시스템에서 자동차를 확정된 운행궤적을 따르도록 하거나 그 운행궤적을 자동차 외부에서 발생되거나 외부로부터 이전되는 신호에 의하여 변경하는 기능을 갖춘 장치이다.

이러한 금지의 이유로서 ECE규칙 79의 개관에서는 자동차의 운행에 대한 주된 책임과 관련한 우려와 국제적으로 합의된 정보이전의정서가 없다는 점이 제시되고 있다.

ECE규칙 79에 따르면 허가가 가능한 것은 오히려 이른바 '운행보조 조향장치'로서, 제2.3.4항은 이를 "주된 조향장치를 위해 추가적으로 존재하는 것으로서 운전자를 자동차를 조종함에 있어서 보조하고 그러면서도 운전자는 자동차의 운행에 대한 주된 책임을 항상 가지는 장치"로 정의하고 있다. 그에 따라 운행보조 조향장치는 운전자가 자동차 운행에 대한 주된 책임을 부담하는 경우에만 허용된다. 그러한 한에서 본래 행위법적인 요청이 이미 ECE규칙에 삽입된 결과를 가져온다. 더 나아가 운행보조 조향장치는 제5.1.6항에 따라 주된 조향장치의 기능을 방해하지 않아야 하며 그 밖에 언제든지 운전자의 의도적인 개입에 의하여 오버라이드 가능하여야 한다.

요컨대 운전자가 자율주행자동차를 더 이상 상시적으로 감시하여야 할 필요가 없는 SAE 레벨3부터는, 운전자는 제2.3.4항에 따라 요구되는 자동차의 운행에 대한 주된 책임을 부담하지 아니한다. 그러한 자동차는 따라서 현행 ECE규칙 79에 의할 때 허용되지 않는다.

이에 대한 해결책은 단지 ECE규칙 79를 개정하는 것으로부터만 찾을 수 있을 것인데, 그러나 이러한 개정은 유럽연합에서는 이 개정에 대하여 2007/46/EG 지침 제34조 제2항 1문에 따라 특별동의를 할 때 비로소 효력을 발하게 된다. 과거에는 ECE규칙은 이미 자주 개정된 바 있

고, 가급적 신속히 기술의 발전에 적응해 왔다. 이러한 이유에서 바람직
하기로는 ECE규칙 79는 장래에 자동조향장치의 허가에 있어서도 기술
적 해법이 가능해져서 충분한 안전성을 보장할 수 있는 전제하에 개정
되어 규율범위를 확대할 필요가 있다.[11]

(3) 규범의 계층구조

1) ECE규칙과 국내법의 관계

지침 2007/46/EG가 부록4에서 ECE규칙을 언급하고 있기 때문에, 그
러한 한에서 ECE규칙은 유럽 2차법원의 구성부분이 된다. 유럽연합이
새로운 ECE규칙을 수용하면, 회원국들은 지침 2007/46/EG 제34조 제2
항 3문에 따라 모든 그와 배치되는 국내 규정들을 폐지하거나 개정할
의무가 명시적으로 있다. 물론 이는 1차적으로 국내법상의 형식승인이
나 허가와 관련될 것이다. 그러나 유럽연합법에는 모든 그와 배치되는
회원국 국내규범에 대하여 적용우위가 부여된다. 특히 국내규정들은 유
럽연합법이 추구하는 결과에 상당한 정도로(in qualifizierter Weise) 저해
될 때에는 이미 적용되지 않아야 한다. 지침 설명자료 23에 의하면 지침
2007/46/EG는 역내시장을 자동차 형식승인에 관한 구속적 시스템을 도
입함으로써 완성하는 목적을 추구한다. 만약 EU에서 적용되는 ECE규
칙에 따라 승인된 자율주행자동차의 현실적 운행이 이와 배치되는 국내
규정에 따라 허용되지 않는다면, 여기에는 단순한 장애가 존재하는 것
이 아니라 오히려 완전한 제한이 존재하는 것과 같을 것이다. 결국에 가
서 통일적인 형식승인은 사실상 의미 없는 것이 된다면, 자동차들은 개
별 국가에 존재하는 추가적인 규정들로 인해 운행될 수 없게 될 것이다.
따라서 유럽연합에 의하여 수용된, 자율주행자동차에 대한 의제적 ECE
규칙에는 국내법에 대하여 포괄적인 우위가 두어져야 할 것이다.

---

11 Lutz, "Zulassung - eine Frage des Verhaltensrechts?", in: Hilgendorf/Hötitzsch/
    Lutz(Hrsg.), *Rechtliche Aspekte automatisierter Fahrzeuge*, 2015, S. 45 f.

2) ECE규칙과 비엔나협약의 관계

원칙적으로 비엔나협약은 국제조약으로서 단지 그 체약국만을 구속하며 아무런 국내적 효력을 발하지 아니한다. 그러나 다행히도 자율주행자동차와 관련한 비엔나협약 개정은 널리 보아 ECE규칙과 같은 내용을 담고 있으며, 그에 따라 ECE규칙과 부합한 자율주행자동차는 비엔나협약에 따를 때에도 허용되는 것으로 볼 수 있다.

그런데 비엔나협약 체약국이 동시에 유럽연합 회원국인 경우에는 양자 간의 관계 설정이 필요할 것인데, 유럽연합이 아니라 단지 유럽연합 회원국이 체결한 국제조약은 유럽연합법질서 속에서는 원칙적으로 아무런 법적 효력이 없다. 그러나 유럽연합 내에서의 효력은 유럽연합이 (내부관계에 있어서) 앞서 존재하는 회원국의 국제법적 구속에 참가할 수 있는, 이른바 기능적 권리승계의 원칙에 따라 발생할 수 있다. 이를 위해서는 모든 회원국들이 체약국이어야 하고 회원국의 전체 권한이 조약의 사항적 적용영역 내에서 배타적 권한으로서 유럽연합에 이전될 것이 필요할 것이다. 그러나 비엔나협약과 관련하여는 이미 그 첫 번째 요건이 충족되지 못한다. 유럽연합 회원국인 말타, 아일랜드 및 사이프러스는 비엔나협약에 가입하지 않았기 때문이다.

결국 현재로서 ECE규칙과 비엔나협약의 관계는 사실적인 것이고 규범적으로는 특별한 관계는 없다고 판단할 수 있다. 단지 ECE규칙은 유럽법의 일부로서 유럽연합 회원국을 구속할 뿐이며, 유럽연합이 회원국의 비엔나협약상의 의무를 기능적으로 권리승계하지 않는 한, 유럽연합 회원국들은 유럽법을 준수할 수밖에 없으므로, 결과적으로 ECE규칙은 유럽연합 내에서는 비엔나협약보다도 우선하는 결과를 가져온다.[12]

---

12 Lutz, "Zulassung – eine Frage des Verhaltensrechts?", in: Hilgendorf/Hötitzsch/
Lutz(Hrsg.), *Rechtliche Aspekte automatisierter Fahrzeuge*, 2015, S. 48 f.; 물론
유럽연합 회원국이 아닌 국가는 ECE규칙의 구속을 받지 않으므로 비엔나협약에
따른 의무만을 고려할 뿐이다.

IV. 자율주행자동차 관련 현행 법제 분석 및 개선방안

자율주행자동차에 관한 현행 법령으로는 크게 자동차관리법과 도로교통법이 있다. 전자는 자동차가 도로에 나아가기 위한 제반 사항을 규율하는 법이고, 후자는 도로에서의 자동차 운행을 규율하는 법이다. 현재까지 도로교통법과 관련해서는 자율주행자동차와 관련한 법개정 사항은 가시화되지 않고 있는 가운데, 「자동차관리법」에서는 자동차의 등록과 관련하여 자율주행자동차와 관련한 몇몇 개정이 있었다.

이하에서는 전자를 허가법적 문제로, 후자를 행위법적 문제로 나누어 살펴보고 자율주행자동차의 발전 및 활성화를 위해 필요한 법제적 측면에서의 문제점과 개선방안을 지적해 보고자 한다.

1. 자율주행자동차의 허가법적 문제―자동차관리법 관련

(1) 개 관

자동차관리법은 자동차의 등록, 안전기준, 자기인증, 제작결함 시정, 점검, 정비, 검사 및 자동차관리사업 등에 관한 사항을 정하여 자동차를 효율적으로 관리하고 자동차의 성능 및 안전을 확보함으로써 공공의 복리를 증진함을 목적으로 한다. 이를 위하여 자동차의 개념을 "원동기에 의하여 육상에서 이동할 목적으로 제작한 용구 또는 이에 견인되어 육상을 이동할 목적으로 제작한 용구를 말한다"고 정의하고, 자동차의 등록(제2장), 안전기준(제3장), 점검과 정비(제4장) 및 검사(제5장) 등에 관한 사항을 세부적으로 규정하고 있다.

이 법에 의하면 자동차(이륜자동차는 제외한다)는 자동차등록원부에 등록한 후가 아니면 이를 운행할 수 없으며(제5조), 자동차는 자동차사용자가 운행하여야 한다(제24조의2). 또한 자동차는 대통령령으로 정하는 구조 및 장치가 안전 운행에 필요한 성능과 기준(이하 "자동차안전기준"이라 한다)에 적합하지 아니하면 운행하지 못하며(제29조 제1항), 자동차에 장착되거나 사용되는 부품·장치 또는 보호장구(保護裝具)로서 대통령령으로 정하는 부품·장치 또는 보호장구는 안전운행에 필요한 성능과 기준에 적합하여야 한다(제29조 제2항).

자동차를 등록하지 아니하고 일시 운행을 하려는 자는 대통령령으로 정하는 바에 따라 국토교통부장관 또는 시·도지사의 임시운행허가를 받아야 한다(제27조 제1항).

자동차사용자가 자동차를 정비하려는 경우에는 국토교통부령으로 정하는 범위에서 정비를 하여야 하며(제36조), 자동차 소유자는 해당 자동차에 대하여 국토교통부령으로 정하는 바에 따라 국토교통부장관이 실시하는 검사를 받아야 한다(제43조 제1항).

자동차관리법에서는 자동차의 개념정의는 종전대로 그대로 유지한 채 새로이 자율주행자동차의 개념을 "운전자 또는 승객의 조작 없이 자동차 스스로 운행이 가능한 자동차를 말한다"고 하여 신설하였다(제2조 1의3호).

(2) 자율주행자동차와 임시운행허가

「자동차관리법」 제27조 제1항에서는 임시운행의 허가와 관련하여 자동차를 등록하지 아니하고 일시 운행을 하려는 자는 대통령령으로 정하는 바에 따라 국토교통부장관 또는 시·도지사의 임시운행허가를 받아야 하도록 규정하고 있는데, 같은 항 단서에서 "다만, 자율주행자동차를 시험·연구 목적으로 운행하려는 자는 허가대상, 고장감지 및 경고장치, 기능해제장치, 운행구역, 운전자 준수 사항 등과 관련하여 국토교통부령으로 정하는 안전운행요건을 갖추어 국토교통부장관의 임시운행허가를 받아야 한다"고 규정하고 있다.

이를 받아 「자동차관리법시행령」 제7조에서는 임시운행허가기간을 각각의 경우별로 규정하고 있는데, 동조 제4항에서는 "자율주행자동차를 시험·연구 목적으로 운행하려는 경우 임시운행허가의 기간은 5년 이내로 한다"고 규정하고 있다.

(3) 자율주행자동차의 안전운행요건

자율주행자동차의 임시운행허가와 관련하여 필요한 안전운행요건에 대해서는「자동차관리법시행규칙」제26조의2 제1항에서 정하고 있다. 이에 따르면 자율주행자동차의 임시운행허가에 있어서 준수하여야 할 안전운행요건은 다음과 같이 7가지이다.

- 자율주행기능(운전자 또는 승객의 조작 없이 자동차 스스로 운행하는 기능을 말한다. 이하 이 조에서 같다)을 수행하는 장치에 고장이 발생한 경우 이를 감지하여 운전자에게 경고하는 장치를 갖출 것
- 운행 중 언제든지 운전자가 자율주행기능을 해제할 수 있는 장치를 갖출 것
- 어린이, 노인 및 장애인 등 교통약자의 보행 안전성 확보를 위하여 자율주행자동차의 운행을 제한할 필요가 있다고 국토교통부장관이 인정하여 고시한 구역에서는 자율주행기능을 사용하여 운행하지 아니할 것
- 운행정보를 저장하고 저장된 정보를 확인할 수 있는 장치를 갖출 것
- 자율주행자동차임을 확인할 수 있는 표지(標識)를 자동차 외부에 부착할 것
- 자율주행기능을 수행하는 장치에 원격으로 접근·침입하는 행위를 방지하거나 대응하기 위한 기술이 적용되어 있을 것
- 그 밖에 자율주행자동차의 안전운행을 위하여 필요한 사항으로서 국토교통부장관이 정하여 고시하는 사항

(4)「자율주행자동차의 안전운행요건 및 시험운행 등에 관한 규정」

「자동차관리법시행규칙」제26조의2 제3항에서는 "제1항 및 제2항에 따른 안전운행요건의 확인에 필요한 세부사항은 국토교통부장관이 정하여 고시한다"고 규정하고 있는데, 이에 따라 2016.2.11. 국토교통부 고시로 「자율주행자동차의 안전운행요건 및 시험운행 등에 관한 규정」 (이하 "규정"이라 한다)이 제정되었다. 그 주요 내용은 다음과 같다.[13]

1) 안전운행 일반요건

자율주행자동차는 「자동차관리법」(이하 "법"이라 한다) 제30조 제1항에 따라 자동차자기인증이 완료된 자동차이어야 한다. 다만, 법 제30조 제3항 및 「자동차관리법 시행규칙」(이하 "규칙"이라 한다) 제34조에 따른 자기인증능력 요건을 충족한 자동차제작자 등(이하 "대규모 제작자"라 한다)은 그러하지 아니하다. 자율주행자동차에는 두 가지 운전 모드가 있다. 즉, 운전자우선모드와 시스템우선모드가 그것인데, 전자는 자율주행자동차의 운전조작에 대한 권한이 운전자에게 부여된 자율주행시스템의 작동모드를 말하고, 후자는 자율주행자동차의 운전조작에 대한 권한이 자율주행시스템에게 부여된 자율주행시스템의 작동모드를 말한다. 자율주행자동차는 시스템우선모드에서도 「도로법」, 「도로교통법」을 포함한 모든 공공도로 주행 관련 제반 법령을 준수하도록 제작되어야 한다.[14]

자율주행자동차를 시험·연구 목적으로 임시운행허가를 받으려는 자(이하 "자율주행자동차 임시운행허가 신청인"이라 한다)는 「자동차손해배상보장법」 제5조 제1항 및 제2항에 따른 보험 등에 가입하여야 한다.[15] 또한 자율주행자동차 임시운행허가 신청인은 자율주행 기능의 작동을 확

---

13   「자율주행자동차의 안전운행요건 및 시험운행 등에 관한 규정」은 2017.3.31. 일부개정이 이루어진바 아래에서는 개정된 규정에 따라 서술하겠다.

14   규정 제3조.

15   규정 제4조.

인할 수 있도록 시험시설 등에서 충분한 사전 주행을 실시하여야 하며,[16] 이 규정에 의한 안전운행요건 확인을 위해 다음의 시험품 및 관련 자료를 규칙 제26조의2 제2항에 따라 성능시험대행자에게 제출하여야 한다.

- 허가신청 대상 자동차
- 별지 제1호서식의 자율주행자동차의 기술단계, 구조 및 기능에 대한 설명서
- 별지 제2호서식의 시험·연구계획서
- 제4조에 따른 보험 등 가입증명서
- 별지 제3호서식의 사전시험주행 보고서
- 「자동차등록규칙」에 따른 자동차제작증(대규모 제작자는 제외한다)

자율주행자동차 임시운행허가 신청인은 자율주행자동차를 운행하기 위해서는 자동차의 후면에 규정이 정하는 바에 따라 표지를 붙여야 하는바, "자율주행자동차 시험운행"의 글자를 표시하고, 글자의 크기는 길이·너비 각각 70밀리미터 이상으로 하여야 하며, 표지는 운전자가 주행 중 후방시계 확보에 지장이 없는 범위 내에서 후방 자동차의 운전자가 용이하게 볼 수 있는 적절한 높이의 위치에 부착하고 쉽게 떨어지지 않도록 하고, 야간에도 식별이 가능하도록 하여야 한다.[17]

성능시험대행자는 자율주행자동차 임시운행허가 신청인에게 안전운행요건 등을 확인하기 위하여 시험시설 등에서 시험운행을 요청할 수 있다.[18]

2) 자율주행자동차의 구조 및 기능

자율주행자동차에는 운전자 및 동승자가 좌석안전띠를 착용한 상태에서 쉽게 조작할 수 있도록 ① 운전자우선모드와 시스템우선모드를 선

---

16 규정 제5조.
17 규정 제8조.
18 규정 제9조.

택하기 위한 조종장치, ② 자율주행시스템의 시스템우선모드에서 강제적으로 운전자우선모드로 전환시키는 조종장치를 갖추어야 한다.[19]

자율주행자동차는 운전자가 이전에 선택한 모드에 관계없이 시동 시마다 항상 운전자우선모드로 설정되어야 하며,[20] 운전자가 좌석안전띠를 착용한 상태에서 쉽게 식별할 수 있도록 ① 운전자우선모드인지 시스템우선모드인지 알려주기 위한 표시장치, ② 자율주행시스템의 기능고장을 알려주기 위한 표시장치를 갖추어야 하고,[21] 자율주행시스템의 기능고장 발생 시 이를 자동으로 감지할 수 있는 구조이어야 한다.[22] 자율주행자동차는 이러한 자율주행시스템의 기능고장의 경우를 포함하여 운전전환요구가 있는 경우 또는 기타 운전자에게 경고를 줄 필요가 있는 경우 즉시 운전자에게 경고를 주어야 하며, 경고 수단은 시각이나 청각 또는 촉각에 의한 수단 중 2개 이상의 조합에 의하되 시각에 의한 수단을 포함하여야 한다.[23]

자율주행시스템은 운행 중 언제라도 운전자가 가속, 제동, 조향 중 어느 하나라도 작동하는 경우에는 운전조작의 전부 또는 일부에 대해 자동적으로 안전하게 운전자우선모드로 전환되어야 하며,[24] 자율주행시스템의 시스템우선모드에서는 ① 자율주행시스템의 작동속도를 초과하지 않도록 하는 최고속도제한기능과 ② 앞차와의 충돌을 회피하거나 완화시키는 전방충돌방지기능을 갖추어야 한다.[25]

자율주행자동차에는 「교통안전법」 제55조 제1항에 따른 운행기록장치를 장착하여야 하고,[26] 자율주행자동차를 「도로법」 제2조에 따른 도

---

19 규정 제10조.
20 규정 제11조.
21 규정 제12조.
22 규정 제13조.
23 규정 제14조.
24 규정 제15조.
25 규정 제16조.
26 규정 제17조.

로에서 주행할 때에는 규정이 정하는 위치에 해상도 1280 × 720(초당 24 프레임) 이상의 영상기록장치를 설치하여 사고 전·후 주행상황을 확인할 수 있어야 한다.[27]

3) 임시운행

자율주행자동차 임시운행허가 신청인은 해당 자율주행자동차를 안전하게 운행할 수 있고 비상시 대응이 가능한 자율주행자동차의 특징과 기능(인지, 판단, 제어기능 등)에 대하여 충분히 습득하고 있는 자를 자율주행자동차 운전자로 지정하여야 하며, 자율주행자동차 운전자의 소속, 직급, 성명, 운행지역, 주행거리, 비상상황에서의 운전자우선모드로의 전환 등 주행 중 특이사항에 대해 기록, 관리하여야 한다. 자율주행자동차 운전자는 자율주행자동차가 주행하는 동안 주변 교통상황 확인, 자율주행시스템 정상 작동 여부 확인, 시스템의 운전자전환요구에 대한 즉각적인 대응, 운전자의 상황 판단에 따른 비상상황에서의 운전자우선모드로의 전환 등 주행상황에 따른 적절한 대응을 통해 자율주행자동차가 안전운행 의무를 지켜 운행될 수 있도록 하여야 한다.[28] 임시운행을 하는 자율주행자동차에는 피견인자동차를 연결하여 운행하여서는 아니 된다.[29]

(5) 문제점 및 개선방안

1) 자동차의 개념 및 운행 관련

자동차의 개념과 관련하여서는 자동차관리법 제2조 제1호에서 정의한 "원동기에 의하여 육상에서 이동할 목적으로 제작한 용구 또는 이에 견인되어 육상을 이동할 목적으로 제작한 용구"라는 개념정의를 그대로 유지한 채, 제1의3호에서 새로이 "운전자 또는 승객의 조작 없이 자동차

---

27 규정 제18조.
28 규정 제19조.
29 규정 제20조.

스스로 운행이 가능한 자동차"라고 추가하여 자율주행자동차의 개념을
새롭게 제시하였다.

그런데, 제1호에서의 개념정의와 제1의3호에서의 개념정의는 일정한
차이를 보인다. 즉, 제1호에서는 운행이라는 관념을 배제하고 순수하게
일정한 목적을 위하여 제작된 용구 개념으로 정의한 반면, 제1의3호에서
는 그러한 개념을 전혀 배제하고 운행을 중심으로 개념정의하고 있다.

문언적 해석에 의하면 자율주행자동차는 제1호에 의한 자동차 중 운
전자나 승객의 조작 없이 자동차 스스로 운행이 가능한 경우를 지칭한
다고 이해할 수 있는데, 제24조의2 제1항에서는 자동차는 '자동차사용
자'가 운행하여야 한다고 규정하고 있다. 자율주행자동차도 기본적으로
제2조 제1호의 자동차 개념을 충족하는 것이라면, 제24조의2 제1항에
따라 자율주행자동차의 운행은 자동차사용자가 하여야 한다고 이해된
다. 그러나 이는 제1의3호에 따른 자율주행자동차의 개념정의와 부합하
지 아니한다. 왜냐하면 자율주행자동차는 운전자나 승객의 조작 없이
운행이 가능하여야 하기 때문이다. 이러한 혼란을 제거하기 위해서는
제24조의2 제1항에서 자율주행자동차의 경우를 예외로 하도록 할 필요
가 있다.

그리고 차제에 자동차관리법상 자동차의 운행 개념에서 그 주체를 자
동차사용자라고 규정하는 것은 재고할 필요가 있다. 자동차관리법상 자
동차사용자란 "자동차 소유자 또는 자동차 소유자로부터 자동차의 운행
등에 관한 사항을 위탁받은 자"를 말하는데, 자동차의 소유관계를 중심
으로 규정하고 있을 뿐 비엔나협약 제8조에서 규정하는 바와 같은 자동
차의 '지배' 관념은 배제되어 있다. 물론 소유한 자가 운행도 하여 그 운
행을 지배하는 것도 가능하지만 항상 소유자가 운행의 지배를 한다고
보는 것은 현실에 부합하지 않는다. 소유 중심적 관념에서 벗어나 지배
중심적 관념으로 전환하는 것이 국제규범에 더 부합한 입법이 될 것이
라고 본다.

2) 자율주행자동차의 등록 관련

자동차의 운행이란 사람 또는 화물의 운송 여부에 관계없이 자동차를 그 용법(用法)에 따라 사용하는 것을 말하는데(자동차관리법 제2조 2호), 이륜자동차를 제외한 모든 자동차는 자동차등록원부에 등록한 후가 아니면 이를 운행할 수 없다. 다만, 임시운행허가를 받아 허가 기간 내에 운행하는 경우에는 그러하지 아니하다(제5조).

자율주행자동차도 이를 그 용법에 따라 사용(즉, 운행)하기 위해서는 자동차등록원부에 이를 등록하여야 하나, 현재로서는 아래에서 보는 바와 같이 임시운행허가만을 받을 수 있을 뿐 자동차등록원부에 등록하는 길은 열려 있지 않다고 보인다. 아마도 자율주행기술의 발전정도를 기다려 그에 맞추어 입법화하려는 취지로 보인다. 다만, 자율주행자동차를 자동차등록원부에 등록할 수 있도록 하는 때에는 현재 임시운행허가를 받을 때 갖추어야 하는 안전기준 등 자동차의 형식 등에 관한 기준들을 상용화단계의 자율주행자동차에 대해서도 마련할 것을 필요로 한다.

안전기준 등 자율주행자동차에 특유한 기술적 요청 이외에 그 밖의 등록관련 사항은 일반 자동차와 크게 다르지 아니하다. 따라서 자동차관리법 제5조 내지 제28조까지의 규정은 그 대강에 있어서 자율주행자동차의 경우에 준용할 수 있을 것이다.

한편 기존의 자동차등록제도는 인간 운전자의 존재를 전제로 한 규율체계이기 때문에 자율주행자동차는 원칙적으로 이에 부합하지 아니한다고도 말할 수 있다. 그리고 자율주행자동차는 그 외관으로도 일반 자동차가 아니라 자율주행자동차임을 알 수 있어야 하기 때문에 등록원부역시 일반 자동차등록원부와 달리 별도의 체계로 마련할 필요도 있고, 자동차번호판 또한 별도의 체계로 마련할 필요가 있다.

3) 의제개념의 부재와 임시운행에 한정한 자율주행자동차 관련 규정 체계

앞서 국제규범에 관한 고찰에서 본 바와 같이 비엔나협약에서는 일정한 요건을 갖춘 경우 자동화 기능을 갖춘 자동차가 종래의 비엔나협약

규정을 충족한 것으로 본다는 의제규정을 두어, 자율주행자동차와 관련한 비엔나협약상의 여타의 규정들의 충족여부를 명확히 정리하고 있는 것을 볼 수 있다.

그런데 현행 자동차관리법은 임시운행허가와 관련하여서만 자율주행자동차에 관한 사항을 일부 규정하고 있어서 임시운행허가 이외의 상황에서 자율주행자동차가 일반 도로에 나아가 주행하여도 좋은지에 관한 명확한 규정이 결여되어 있다. 어찌 보면 현행법은 자율주행자동차와 관련하여 일정한 시험주행 공간에서 임시운행만 가능하도록 허용하고 있을 뿐 자율주행자동차의 상용화에 따른 일반도로에의 진입 등에 관한 사항은 아직 준비가 되지 않은 상태라고 평가된다.

이는 아마도 아직 우리의 자율주행기술의 발전 정도가 자율주행자동차를 상용화할 수 있을 정도에 이르지 못했다는 점을 인식한 것이라고 생각되지만, 향후 기술의 발전에 따라 일반 도로에도 자율주행자동차가 등장하는 것이 가능할 수 있는 상황을 상정한 자동차관리법의 규정체계를 마련해 두는 것이 필요하다고 생각된다.

물론 비엔나협약이 취한 것처럼 의제의 방법이 자율주행자동차와 관련한 모든 문제를 일거에 해결하는 좋은 방법이 되는 것이라고는 장담하기 어렵다. 다만, 자율주행자동차도 어느 정도의 요건을 갖추면 자동차관리법상 일반 자동차와 동일하게 취급할 수 있는지의 기준을 명확히 제시한다면 좀 더 예측가능성과 기대가능성을 높일 수 있어서 바람직하다고 판단되므로 의제의 방법도 참조는 할 수 있으리라 생각된다.

2. 자율주행자동차의 행위법적 문제―도로교통법 관련

(1) 개 관

도로교통법은 도로에서 일어나는 교통상의 모든 위험과 장해를 방지하고 제거하여 안전하고 원활한 교통을 확보함을 목적으로 한다. 이를 위하여 보행자의 통행방법(제2장), 차마의 통행방법(제3장), 운전자의 의무(제4장), 도로의 사용(제6장), 운전면허(제8장) 등 주요한 사항을 규율하고 있다. 이처럼 도로교통법은 도로에서 자동차를 사용하는 사람의 행위를 규율하고 이를 통해 공공의 안녕과 질서를 유지하고자 하는 경찰법적 사항들이 규정되어 있다. 이러한 체계가 자율주행자동차와 관련하여 제기할 수 있는 몇 가지 문제점들에 대해서 이하에서 살펴보기로 한다.

(2) 문제점 및 개선방안

1) 자동차의 개념과 구분 관련

앞서 본 자동차관리법에서는 자동차의 개념을 자동차의 종류와 구분하여 규정하고 있다. 즉, 자동차관리법에서는 자동차를 "원동기에 의하여 육상에서 이동할 목적으로 제작한 용구 또는 이에 견인되어 육상을 이동할 목적으로 제작한 용구"로 정의하고, 이러한 자동차의 종류에 대해서는 별도로 이 법 제3조에서 승용자동차, 승합자동차, 화물자동차, 특수자동차, 이륜자동차로 나누어 규정하고 있다.

그런데 도로교통법에서는 "철길이나 가설된 선을 이용하지 아니하고 원동기를 사용하여 운전되는 차(견인되는 자동차도 자동차의 일부로 본다)로서 자동차관리법 제3조에 따른 자동차 이외에도 건설기계관리법 제26조 제1항 단서에 따른 건설기계"를 자동차로 정의하고 있다. 자동차관리법과 달리 자율주행자동차에 대해서는 따로이 정의규정을 두고 있지 않다.

자동차관리법에 비하면 도로교통법에서는 자율주행자동차와 관련하여 아직 명확한 대응을 하고 있지 못하다고 평가할 수 있다. 이미 국내에서도 자율주행자동차가 임시운행허가를 받아 시험운행을 하고 있는 상황임을 감안하면 도로교통법에서 아직 이에 관한 명확한 규정체계를 마련하고 있지 못한 것은 문제이다.

자동차관리법과 도로교통법에서 자동차의 개념정의가 서로 상이한 것은 양 법의 소관부처가 다르다는 점과 양 법의 추구하는 입법목적이 서로 다르다는 점 등이 이유일 수 있다. 그러나 양 법은 자동차라는 동일한 규율대상과 관련하는 것이고 자동차가 제작되어 도로에 나아가 운행되기까지의 일련의 과정을 함께 규율하는 측면이 있다는 점에서 입법론적으로는 최소한 자동차의 개념 정도는 통일하는 것이 바람직할 것으로 사료된다.

이때 자율주행자동차의 개념을 도로교통법에 반영함에 있어서 그 방법은 자동차관리법에서와 같이 종전의 자동차 개념을 유지한 상태에서 자율주행자동차의 개념을 별도로 창설할 수도 있다. 그러나 그러한 방법을 취할 경우 앞서 자동차관리법 관련 문제점 및 개선방안에서 본 바와 같이 운행의 주체 측면에서 개념적 혼선이 빚어질 우려가 있으므로 가급적 자동차 개념과 자율주행자동차 개념은 하나의 조문으로 규정하는 것이 바람직할 것이다.

또한 자동차의 개념과 자동차의 종류는 자동차관리법에서와 같이 별도로 분리하여 규정하는 것도 타당해 보인다. 자동차관리법상의 자동차의 종류를 보면 자동차의 용도에 따라 구분되고 있음을 알 수 있다. 자율주행자동차는 운전자 또는 승객의 조작 없이도 운행가능한 자동차라는 점에서 그 자동차의 용도와는 직접적인 관련성은 없기 때문이다.

요컨대 도로교통법상 자동차의 개념정의에 자율주행자동차의 개념을 함께 규율할 수 있는 방안을 검토하여야 하며, 이때 자동차의 개념정의와 자동차의 종류는 서로 분리하여 규율할 필요가 있다.

2) 도로 관련

도로교통법은 도로에서 일어나는 교통상의 모든 위험과 장해를 방지하고 제거하여 안전하고 원활한 교통을 확보함을 목적으로 하기 때문에 (제1조) 도로의 개념이 매우 중요하다. 이에 따라 도로교통법 제2조 제1호에서는 이 법에서 말하는 도로에 대해서 도로법에 따른 도로, 유료도로법에 따른 유료도로, 농어촌도로정비법에 따른 농어촌도로로 열거하여 규정하고 있다.

그런데 자율주행자동차는 일반 자동차와 달리 최신의 IT기술 및 센싱기술을 통해 외부의 주행환경과 교통신호, 도로표지만 등을 스스로 인지해서 자율적으로 운행을 하여야 하기 때문에 자율주행자동차가 달리는 도로는 일반 도로와는 달리 이러한 IT기술이 내장된 이른바 스마트 도로일 것을 요한다. 레벨3 이상의 자율주행기능은 자동차 단독의 기능만으로는 불가능하고 반드시 도로와의 협력이 필요하다. 주행 중인 도로에서 현재의 물리적인 도로상황, 교통상황, 기상상황 및 기타 돌발상황 등 다양한 정보가 실시간으로 자동차에 제공될 수 있어야 안정적인 자율주행이 가능하기 때문이다. 최근 우리나라를 비롯한 미국, 일본 및 유럽연합에서는 차세대 지능형교통체계(C-ITS) 개발을 위한 노력이 활발히 진행 중이라고 한다. 여기에 인공지능기술이 접목되면 자율주행자동차와 일반 자동차가 병존해서 주행하는 상황에서도 안전하고 최적화된 주행환경을 마련할 수 있고, 교통사고와 교통체증을 획기적으로 줄이는 등 비용적 요소도 대폭 줄일 수 있을 것으로 기대된다.

따라서 자율주행자동차의 도입을 전제로 하는 한 도로교통법상의 도로의 개념에는 이러한 스마트 도로도 포함되는 것이 필요하다. 물론 스마트 도로를 도로법을 개정해서 도입할 것인지, 아니면 별도의 스마트 도로법을 제정하여 마련할 것인지는 국토교통부 등 관련 부서에서 확정할 정책사안이다. 그 결론 여하에 따라 도로교통법상의 도로의 개념에 반영하면 될 것이다.

3) 운전자 개념 위주의 규정체계 문제

도로교통법은 그 입법목적에서 나타나듯이 일종의 위해방지법으로서 도로에서 자동차를 운전하는 운전자에게 공공의 안전과 질서유지를 위한 일정한 의무를 부과하는 체계로 규정되어 있다. 그 대표적인 주요내용은 다음과 같다.

조 문	규정내용
제5조 (신호 또는 지시에 따를 의무)	① … 차마의 운전자는 교통안전시설이 표시하는 신호 또는 지시와 다음 각 호의 어느 하나에 해당하는 사람이 하는 신호 또는 지시를 따라야 한다. ② … 모든 차마의 운전자는 제1항에 따른 교통안전시설이 표시하는 신호 또는 지시와 교통정리를 하는 국가경찰공무원·자치경찰공무원 또는 경찰보조자의 신호 또는 지시가 서로 다른 경우에는 경찰공무원 등의 신호 또는 지시에 따라야 한다.
제13조 (차마의 통행)	① 차마의 운전자는 보도와 차도가 구분된 도로에서는 차도로 통행하여야 한다. 다만, 도로 외의 곳으로 출입할 때에는 보도를 횡단하여 통행할 수 있다. ② 제1항 단서의 경우 차마의 운전자는 보도를 횡단하기 직전에 일시정지하여 좌측과 우측 부분 등을 살핀 후 보행자의 통행을 방해하지 아니하도록 횡단하여야 한다. ③ 차마의 운전자는 도로(보도와 차도가 구분된 도로에서는 차도를 말한다)의 중앙(중앙선이 설치되어 있는 경우에는 그 중앙선을 말한다. 이하 같다) 우측 부분을 통행하여야 한다. ④ 차마의 운전자는 제3항에도 불구하고 다음 각 호의 어느 하나에 해당하는 경우에는 도로의 중앙이나 좌측 부분을 통행할 수 있다. ⑤ 차마의 운전자는 안전지대 등 안전표지에 의하여 진입이 금지된 장소에 들어가서는 아니 된다. ⑥ 차마(자전거는 제외한다)의 운전자는 안전표지로 통행이 허용된 장소를 제외하고는 자전거도로 또는 길가장자리구역으로 통행하여서는 아니 된다.
제17조 (자동차등의 속도)	③ 자동차등의 운전자는 제1항과 제2항에 따른 최고속도보다 빠르게 운전하거나 최저속도보다 느리게 운전하여서는 아니 된다. 다만, 교통이 밀리거나 그 밖의 부득이한 사유로 최저속도보다 느리게 운전할 수밖에 없는 경우에는 그러하지 아니하다.

제18조 (횡단 등의 금지)	① 차마의 운전자는 보행자나 다른 차마의 정상적인 통행을 방해할 우려가 있는 경우에는 차마를 운전하여 도로를 횡단하거나 유턴 또는 후진하여서는 아니 된다. ③ 차마의 운전자는 길가의 건물이나 주차장 등에서 도로에 들어갈 때에는 일단 정지한 후에 안전한지 확인하면서 서행하여야 한다.
제19조 (안전거리 확보 등)	① 모든 차의 운전자는 같은 방향으로 가고 있는 앞차의 뒤를 따르는 경우에는 앞차가 갑자기 정지하게 되는 경우 그 앞차와의 충돌을 피할 수 있는 필요한 거리를 확보하여야 한다. ② 자동차등의 운전자는 같은 방향으로 가고 있는 자전거 운전자에 주의하여야 하며, 그 옆을 지날 때에는 자전거와의 충돌을 피할 수 있는 필요한 거리를 확보하여야 한다. ③ 모든 차의 운전자는 차의 진로를 변경하려는 경우에 그 변경하려는 방향으로 오고 있는 다른 차의 정상적인 통행에 장애를 줄 우려가 있을 때에는 진로를 변경하여서는 아니 된다. ④ 모든 차의 운전자는 위험방지를 위한 경우와 그 밖의 부득이한 경우가 아니면 운전하는 차를 갑자기 정지시키거나 속도를 줄이는 등의 급제동을 하여서는 아니 된다.
제20조 (진로 양보의 의무)	① 모든 차(긴급자동차는 제외한다)의 운전자는 뒤에서 따라오는 차보다 느린 속도로 가려는 경우에는 도로의 우측 가장자리로 피하여 진로를 양보하여야 한다.
제21조 (앞지르기 방법 등)	① 모든 차의 운전자는 다른 차를 앞지르려면 앞차의 좌측으로 통행하여야 한다. ③ 제1항과 제2항의 경우 앞지르려고 하는 모든 차의 운전자는 반대방향의 교통과 앞차 앞쪽의 교통에도 주의를 충분히 기울여야 하며, 앞차의 속도·진로와 그 밖의 도로상황에 따라 방향지시기·등화 또는 경

	음기(警音機)를 사용하는 등 안전한 속도와 방법으로 앞지르기를 하여야 한다. ④ 모든 차의 운전자는 제1항부터 제3항까지 또는 제60조 제2항에 따른 방법으로 앞지르기를 하는 차가 있을 때에는 속도를 높여 경쟁하거나 그 차의 앞을 가로막는 등의 방법으로 앞지르기를 방해하여서는 아니 된다.
제23조 (끼어들기의 금지)	모든 차의 운전자는 제22조 제2항 각 호의 어느 하나에 해당하는 다른 차 앞으로 끼어들지 못한다.
제24조 (철길 건널목의 통과)	① 모든 차의 운전자는 철길 건널목(이하 "건널목"이라 한다)을 통과하려는 경우에는 건널목 앞에서 일시정지하여 안전한지 확인한 후에 통과하여야 한다. 다만, 신호기 등이 표시하는 신호에 따르는 경우에는 정지하지 아니하고 통과할 수 있다.
제25조 (교차로 통행방법)	① 모든 차의 운전자는 교차로에서 우회전을 하려는 경우에는 미리 도로의 우측 가장자리를 서행하면서 우회전하여야 한다. 이 경우 우회전하는 차의 운전자는 신호에 따라 정지하거나 진행하는 보행자 또는 자전거에 주의하여야 한다.
제27조 (보행자의 보호)	① 모든 차의 운전자는 보행자(제13조의2 제6항에 따라 자전거에서 내려서 자전거를 끌고 통행하는 자전거 운전자를 포함한다)가 횡단보도를 통행하고 있을 때에는 보행자의 횡단을 방해하거나 위험을 주지 아니하도록 그 횡단보도 앞(정지선이 설치되어 있는 곳에서는 그 정지선을 말한다)에서 일시정지하여야 한다.
제29조 (긴급자동차의 우선 통행)	④ 모든 차의 운전자는 교차로나 그 부근에서 긴급자동차가 접근하는 경우에는 교차로를 피하여 도로의 우측 가장자리에 일시정지하여야 한다. 다만, 일방통행으로 된 도로에서 우측 가장자리로 피하여 정지하는 것이 긴급자동차의 통행에 지장을 주는 경우에는 좌측 가장자리로 피하여 정지할 수 있다.

	⑤ 모든 차의 운전자는 제4항에 따른 곳 외의 곳에서 긴급자동차가 접근한 경우에는 긴급자동차가 우선통행할 수 있도록 진로를 양보하여야 한다.
제31조 (서행 또는 일시정지할 장소)	① 모든 차의 운전자는 다음 각 호의 어느 하나에 해당하는 곳에서는 서행하여야 한다. ② 모든 차의 운전자는 다음 각 호의 어느 하나에 해당하는 곳에서는 일시정지하여야 한다.
제32조 (정차 및 주차의 금지)	모든 차의 운전자는 다음 각 호의 어느 하나에 해당하는 곳에서는 차를 정차하거나 주차하여서는 아니 된다. 다만, 이 법이나 이 법에 따른 명령 또는 경찰공무원의 지시를 따르는 경우와 위험방지를 위하여 일시정지하는 경우에는 그러하지 아니하다.
제33조 (주차금지의 장소)	모든 차의 운전자는 다음 각 호의 어느 하나에 해당하는 곳에 차를 주차하여서는 아니 된다.

그러나 자율주행자동차는 기본적으로 운전자나 승객의 조작 없이 운행이 가능한 자동차이고 위에 언급된 각종 의무사항들은 자율주행 자동화 시스템이 스스로 인지하고 준수할 사항이고, 운전자는 기껏해야 돌발적인 상황이 발생하였을 때 개입하여 오버라이드 하거나 자율주행자동차의 전원을 끄는 행위를 할 뿐이다. 즉, 개정된 비엔나협약 제8조 제5bis항에 따르더라도 운전자의 존재 자체가 부정되는 것은 아니지만, 레벨3 이상의 단계의 자율주행자동차에 있어서 운전자는 1차적 행위의무자가 아니기 때문에 상기 표에 적시된 도로교통법 조문들은 자율주행자동차의 상용화 시대를 대비해서 개정될 필요가 있다.[30]

구체적인 방법론으로는 두 가지 방안을 생각할 수 있다. 1안은 문제

---

30 이종영 · 김정임, "자율주행자동차 운행의 법적 문제", 중앙법학 제17집 제2호, 2015, 169면 이하; 황창근 · 이중기, "자율주행자동차 운행을 위한 행정규제 개선의 시론적 고찰", 홍익법학 제17권 제2호(2016), 45면.

되는 조문에서 개별적으로 운전자에 "자율주행 시스템도 포함한다"는 문구를 삽입하는 방법과, 2안으로 법 전체에 미치는 조문 하나를 신설하여 "이 법에서 자동차란 자율주행자동차를 포함한다"고 포괄적으로 규정하거나 제2조의 자동차의 개념정의에 "자율주행자동차를 포함한다"는 규정을 추가하는 방법 또는 운전자의 의무사항을 규정하는 제4장에 "이하에서 운전자의 의무에 관한 규정은 자율주행자동차에도 이를 준용한다"는 일반규정을 삽입하는 방법을 생각할 수 있다. 제2안은 일반적, 포괄적 규정을 둠으로써 문제를 쉽게 해결할 수 있는 장점은 있지만, 모든 운전자의 의무사항이 항상 자율주행자동차에도 관련된다고는 말할 수 없어서 최선의 해결책이라고는 말할 수 없는 문제가 있다. 그러한 점에서 해당 조문마다 선별적으로 자율주행자동차 관련 사항을 반영할 수 있는 1안의 방법이 더 합리적이라고 생각된다.

4) 운전면허 관련

도로교통법 제80조 제1항에 따르면 자동차등을 운전하려는 사람은 지방경찰청장으로부터 운전면허를 받아야 한다. 여기서 운전이라 함은 도로에서 차마를 그 본래의 사용방법에 따라 사용하는 것(조종을 포함한다)을 말한다(제2조 26호). 문제는 이때의 차마가 자율주행자동차일 때 과연 자율주행자동차에 탑승하여 원하는 목적지까지 가는 것이 여기서 말하는 운전 개념에 포함되는지에 있다. 만약 이것이 운전에 해당한다면 도로교통법 제80조에 따라 운전면허가 필요할 것이기 때문이다. "차마를 그 본래의 목적대로 사용하는 것"의 개념을 넓게 해석하면 자율주행자동차를 사용하는 행위도 그것에 포함된다고 해석할 수 있다.

생각건대 운전면허와 관련해서는 주행 자동화 기술의 각 레벨별로 검토해볼 필요가 있을 것 같다. 즉, 운전자가 동적 주행행위의 주도권을 쥐는 레벨2까지는 일반적인 자동차의 경우처럼 운전자는 도로교통법상 운전면허를 득하여야 할 것이다. 문제는 사람 운전자가 아닌 시스템이 동적 주행행위의 주도권을 쥐는 레벨3 단계 이후를 어떻게 할 것이냐에 있는데, 개인적으로는 레벨3 단계 이후에도 돌발상황의 발생 등 일정한 상황에서는 운전자가 오버라이드하거나 전원을 차단하는 등으로 개입하여 직접 운전을 이어서 하여야 할 상황이 생길 수 있기 때문에 자율주행자동차를 사용하는 경우에도 운전면허는 필요하다고 생각된다. 다만, 자율주행자동차와 관련한 운전면허의 정도를 일반 자동차의 경우와 동일한 것으로 할 것인지 아니면 일반 자동차의 경우와 달리 자율주행자동차와 관련한 별도의 운전면허 종류를 창설할 것인지는 정책적 판단의 문제라고 생각된다. 만약 사람의 역할을 유사시에 전원을 차단하는 정도로 한정한다면 자율주행자동차를 사용하려는 자에게 필요한 운전면허는 일반 자동차 운전면허와는 달리 간략한 몇 가지 사항의 숙달 정도를 확인하는 것에 그칠지도 모른다. 그러나 2020년경 가까운 미래에 인류가 도달할 수 있을 것으로 예상되는 자율주행기술은 레벨3 정도에 이를 것으로 예상되기 때문에 자율주행자동차를 사용하려는 자는 많은 수가 이미 일반 자동차의 운전면허도 가지고 있는 사람일 것이다. 기존에 일반 자동차의 운전면허를 가지고 있는 사람은 자율주행자동차와 관련한 특수한 안전요건 등을 추가로 습득함으로써 자율주행자동차를 사용할 수 있도록 할 필요가 있다. 그렇게 보는 한 도로교통법 제80조 이하의 운전면허 관련 규정체계는 어떤 모습으로든 변화가 불가피할 것으로 보인다. 향후 자율주행자동차가 자동차운전면허 체계에 미치는 영향에 대한 심도 있는 연구가 필요하다.[31]

3. 자율주행자동차와 정보보호 이슈

이상 자율주행자동차와 관련한 공법적 이슈로서 허가법적 사항과 행위법적 사항에 대하여 개괄적으로 살펴보았다. 그러나 4차산업혁명이

---

31 이종영 · 김정임, "자율주행자동차 운행의 법적 문제", 중앙법학 제17집 제2호, 2015, 174면 이하.

논해지고 ICT와 접목하여 이전과 획기적으로 다른 산업별 발전을 논하는 자리에서 빼놓을 수 없는 중요한 문제가 하나 더 있다. 바로 정보보호의 문제이다.

기술의 발전에 따라 자동차가 점점 더 인간의 통제와 조종에서 벗어날수록, 자동차가 주어진 운행과업을 완수하기 위하여 필요로 하는 안전한 정보에 대한 수요는 점점 더 늘어나게 된다. 앞서 스마트 도로의 필요성에서 언급한 바와 같이 자율주행자동차는 도로와 주변상황으로부터 수많은 정보를 수집하여 분석하고 처리하여야 한다. 그러한 정보들 중에는 개인정보보호법이나 정보통신망법이 규율대상으로 하는 개인정보 또는 개인이 식별가능한 정보도 포함될 것이다. 자율주행자동차는 이러한 정보를 대량으로 사용하고 처리하는 모바일 정보집합체라고 해도 과언이 아닐 것이다. 그러나 자율주행자동차가 운행과정에서 수집한 정보를 과연 어떻게 처리하여야 하는지에 대해서는 이를 규율하는 법규정도 없고, 논하는 사람도 아직 없다. 자율주행자동차의 사용에 따라 남겨진 정보를 저장하여도 좋은지, 그 저장된 정보는 자동차 제조사에 귀속하는지 아니면 운전자나 그 밖의 정보주체에게 속한다고 보아야 하는지 불분명하다. 또 자율주행자동차와 스마트 도로 등 주변 시설과 주고받는 정보 속에 들어 있는 개인정보와 관련하여 동의를 사전에 받아야 하는지 여부도 불분명하다. 또 사고 등이 발생한 경우 경찰이나 검찰은 어떤 요건하에서 자율주행자동차에 저장된 정보에 접근할 수 있는지도 명확하지 않다.[32]

더 어려운 문제는 오늘날 이른바 data-mining을 통해 거의 모든 데이터에서 개인정보가 얻어질 수 있다는 점에서 제기된다. 즉, 이른바 빅데이터 분석을 위하여 자율주행자동차에서 얻어진 정보를 저장하였다가

---

32 Hilgendorf, "Teilautonome Fahrzeuge: Verfassungsrechtliche Vorgaben und rechtspolitische Herausforderungen", in: Hilgendorf/Hötitzsch/Lutz(Hrsg.), *Rechtliche Aspekte automatisierter Fahrzeuge*, 2015, S. 29 f.

빅데이터 분석을 하려고 하는 제3자에게 이전하는 경우 이것이 허용될 수 있을 것인지의 문제가 제기된다. 이는 비단 자율주행자동차에서만 제기되는 것은 아니고 이른바 4차산업혁명이라고 일컬어지는 거의 모든 신산업분야에서 제기되는 핫이슈이다.

이와 관련하여 정부에서는 일정한 가이드라인을 만들어 일정한 비식별화조치를 한 정보에 대해서는 이를 산업적으로 활용할 수 있도록 하는 방안을 강구한 바 있다. 그러나 이 가이드라인에서 말하는 비식별화조치가 다시 재식별될 수 있는 경우에는 다시금 엄격하게 보호되는 개인정보로 다루어야 하는 문제가 있어서 과연 안전하게 믿고 해당 정보를 사용하여도 된다는 신뢰를 산업에 줄 수 있는지의 문제가 제기되며, 가이드라인 자체는 규범이 아니기 때문에 분쟁이 생길 경우 종국적으로는 개인정보보호법과 같은 법규범만이 판단의 기준이 될 수 있으므로 과연 산업이 가이드라인만을 믿고 빅데이터 분석을 적극 활용할 수 있을지 의문이 제기되는 등 아직까지 정보보호 분야에서도 명확한 산업활성화책이 제시되지는 못한 것으로 평가된다.

향후 자율주행자동차와 관련하여서도 위에서 언급한 바와 같은 정보보호 이슈에 대한 면밀한 분석이 없이는 자율주행자동차의 안전한 사용을 보장할 수 없기 때문에 이 부분에 대해서도 종합적인 분석과 점검이 요구된다고 사료된다.

V. 요약 및 결어

이상 4차산업혁명의 대표 신산업 분야에 해당하는 자율주행자동차와 관련한 공법적 쟁점에 대하여 살펴보았다. 자율주행자동차는 기존의 인간 운전자의 존재를 전제로 하는 일반 자동차의 경우와 달리 공법적 및 민사법적 관점에서 많은 차이점을 가진다. 이 글에서는 그중 공법적 측면에서의 쟁점을 중심으로 살펴보았다.

자율주행자동차라는 새로운 기술을 도입하는 것은 그 공급자의 측면에서나 수요자의 측면에서나 우리 헌법이 기본권적으로 보호하는 가치에 해당한다. 또한 기본권의 이중적 성격에서 보더라도 자율주행자동차를 도입하고 활성화시키는 것이 일반 자동차와의 관계에서 국가의 기본권 보호의무를 침해하는 것도 아님을 알 수 있었다. 오히려 자율주행자동차의 도입 및 확산과 관련한 헌법적 가치를 실현하기 위한 행정법적 관점을 하나하나 짚어가는 것이 더 중요할 것이다.

행정법적 측면에서 이 글에서는 크게 허가법적 측면과 행위법적 측면 및 정보보호의 측면으로 나누어 현행 제도의 문제점과 개선방안을 검토하여 보았다. 허가법적 측면이란 자동차가 제작되어 도로에 나아가기 위한 전제조건들을 규율하는 것으로서 현행법에서는 자동차관리법이 그 주요사항을 규율하고 있다. 현재 자동차관리법에서는 자율주행자동차의 개념을 신설하고 있지만 자동차관리의 기본수단인 자동차등록제도는 아직까지 자율주행자동차에까지 적용하지 못하고 있다. 단지 등록 없이 자율주행자동차의 시험 등을 위한 운행을 위하여 임시운행허가를 받을 수 있는 방편만을 마련하고 있다. 임시운행허가를 위하여는 국토교통부 고시로 정하는 안전기준 등의 사항을 준수하여야 하는데, 일정한 경우 인간 운전자에 의한 오버라이드 및 전원차단을 요소로 하는 안전기준을 마련하고 있다. 이는 개정된 비엔나협약의 내용과도 부합하는 것이고, 레벨3 정도의 자율주행자동차를 상정한 기술기준을 전제로 하고 있다고 평가된다.

한편 행위법적 측면이란 자동차를 운행하는 운전자를 대상으로 도로상에서의 공공의 안녕과 질서를 유지하기 위한 경찰법적 규율을 내용으로 하는 사항을 말한다. 이와 관련하여 도로교통법은 운전자에 대한 각종 작위의무 및 부작위의무를 규정하고 있다. 그러나 이들 규정은 기본적으로 인간 운전자의 존재를 전제로 하고 있기 때문에 자율주행자동차와 같이 운전자나 승객의 조작 없이도 운행이 가능한 자동차와는 기본적으로 부합하지 않는 문제가 있다. 이를 완화하기 위해서는 개별적으로 검토하여 의무의 이행 주체에 인간 운전자뿐 아니라 자율주행자동차의 경우도 해당하는 경우에는 적극적으로 이를 명문화하여 자율주행자동차와 관련해서도 도로상의 공공의 안녕과 질서가 유지될 수 있도록 배려하여야 할 것이다.

비록 우리나라는 비엔나협약의 체약국은 아니지만 비엔나협약은 일반적으로 승인된 국제규범으로서 우리나라의 자동차 관련 법제에 있어서도 그 근간이 되는 중요한 국제규범이다. 자율주행자동차의 등장에 따라 그사이 비엔나협약은 그동안 문제시되어 왔던 제8조와 제13조를 보완하기 위하여 제8조 제5bis항을 신설하고 제39조 제1항에 3문을 신설하였다. 비엔나협약상의 규정들은 그 해석에 있어서 자동차에 관한 허가법적 요소와 행위법적 요소가 모두 들어 있다고 보고 해석함이 타당하다고 함은 앞서 살펴본 바와 같고, 우리 국내규범인 자동차관리법과 도로교통법에도 이러한 정신을 제대로 반영할 수 있는 입법적 수단을 강구할 필요가 있다. 따라서 단순히 가이드라인을 만들어 문제를 해결하려는 시도보다는 법률, 시행령 및 시행규칙 등 법령의 형식으로 관련 사항을 직접 규율하는 것이 필요하다. 판례는 고시의 형식이라 하더라도 상위법령의 수권을 받아 제정된 경우는 상위법령과 합하여 법규명령의 성질을 가진다고 인정하고 있으므로 최소한 법령에 근거한 고시까지는 비엔나협약을 국내에 구체화하기 위한 적법한 수단이 될 수 있을 것이다.

마지막으로 정보보호와 관련해서도 자율주행자동차에 집적되는 개인정보의 취급과 관련하여 명확한 기준을 마련할 필요가 있고, 인공지능과 연계한 빅데이터 분석이 적용될 수 있는 상황까지도 염두에 두고 자율주행자동차에 대한 개인정보보호법 및 빅데이터 가이드라인의 적용방안 등에 대한 연구가 필요하다.

비엔나협약이 개정되었다고는 하나 그에 따라 벌써 레벨5 정도의 완전 자율주행자동차가 바로 상용화될 수 있는 것은 아니다. 아직 세계 어느 나라도 레벨3 이상의 자율주행자동차를 시현한 나라는 없다. 우리나라도 2020년을 목표로 상용화 전략을 산업과 공공섹터에서 추진하고 있으나 레벨3 단계를 달성하는 것도 아직은 요원하다고 말할 수 있다.

자율주행자동차가 자동차사고를 획기적으로 줄이고 교통관련 기회비용을 대폭 줄이는 긍정적인 면이 많다고 하지만 기존의 재래식 일반 자동차를 완전히 대체할 수는 없다. 일정 기간동안은 일반 자동차와 자율주행자동차가 병존하는 기간이 상당히 길게 우리 앞에 펼쳐질 것으로 생각된다. 말 그대로 기계와 인간이 공존하는 시대가 도래할 것이다. 이제는 과거와 같이 인간만 존재함을 전제로 한 입법의 시대는 가고 기계와 인간이 공존함을 전제로 하는 입법의 시대가 도래할 것이다. 앞으로의 법학의 과제는 이러한 새로운 패러다임에 개인과 공동체를 얼마나 잘 적응시키느냐에 달려 있다고 말할 수 있다. 향후 법학 연구의 빛나는 발전을 기대해 본다.

〈저자 약력〉

김기창
영국 Cambridge 대학교(법학박사)
고려대학교 법학전문대학원 교수

김현철
University of Florida 전산정보학 박사
고려대학교 정보대학 컴퓨터학과 교수

명순구
프랑스 Paris 1 대학교(법학박사)
고려대학교 법학전문대학원 교수

박종수
독일 Regensburg 대학교(법학박사)
고려대학교 법학전문대학원 교수

이상돈
독일 Frankfurt 대학교(법학박사)
고려대학교 법학전문대학원 교수

이제우
러시아 쌍트 페테르부르크 국립대학교(Saint-Petersburg State University) 법학박사
강남대학교 부동산건설학부 조교수

정채연
고려대학교 대학원 법학과(법학박사), 미국 New York University School of Law(LL.M.)
포항공과대학교(POSTECH) 인문사회학부 대우교수, 뉴욕 주 변호사

파안연구총서 개척 01

인공지능과 자율주행자동차, 그리고 법

-

초판 1쇄 발행 2017년 11월 15일

초판 3쇄 발행 2023년 11월 10일

-

저 자 명순구 · 김기창 · 김현철 · 박종수

      이상돈 · 이제우 · 정채연

발행인 이방원

-

발행처 세창출판사

      신고번호 제1990-000013호

      주소 03736 서울시 서대문구 경기대로 58 경기빌딩 602호

      전화 02-723-8660 팩스 02-720-4579

      이메일 edit@sechangpub.co.kr 홈페이지 www.sechangpub.co.kr

      블로그 blog.naver.com/scpc1992 페이스북 fb.me/Sechangofficial 인스타그램 @sechang_official

-

값 18,000원

ISBN 978-89-8411-721-1 94360

      978-89-8411-719-8 (세트)